唐开国

于赓哲 著

GUANGXI NORMAL UNIVERSITY PRESS
广西师范大学出版社
·桂林·

唐开国
TANG KAI GUO

图书在版编目（CIP）数据

唐开国／于赓哲著. —桂林：广西师范大学出版
社，2018.9
ISBN 978-7-5598-1073-1

Ⅰ. ①唐… Ⅱ. ①于… Ⅲ. ①中国历史－唐代－
通俗读物 Ⅳ. ①K242.09

中国版本图书馆 CIP 数据核字（2018）第 159633 号

广西师范大学出版社出版发行

（广西桂林市五里店路 9 号　邮政编码：541004）
网址：http://www.bbtpress.com
出版人：张艺兵
全国新华书店经销
北京盛通印刷股份有限公司印刷
（北京经济技术开发区经海三路 18 号　邮政编码：100176）
开本：889 mm×1 194 mm　1/32
印张：11.25　　字数：220 千字
2018 年 9 月第 1 版　　2018 年 9 月第 1 次印刷
印数：00 001~10 000 册　　定价：58.00 元

目 录

风云骤收

贞观九年（635年）五月庚子，太上皇李渊咽下了最后一口气，撒手人寰。他在临去世之前脑海里想些什么已不可知。唐朝之前是隋朝，享国只有三十余年，隋朝之前是北周和北齐，分别享国二十余年，南方的陈朝享国三十余年。唐朝是在这一系列短命王朝的废墟上建立起来的。唐高祖李渊去世前可以看到，整个王朝政局稳定、经济逐渐恢复、朝野上下风清气正。坦白来讲，整个贞观时期是中国专制时代少有的清明时期，基本制度得以建立，基本精神得以塑造，唐朝正在朝着繁荣富强的方向发展。这将是一个国祚近三百年的强盛王朝。

临去世的李渊目睹这一切应该感到欣慰——这都是他一手创造的，虽然他不知道死后自己的儿子将怎么评价自己。

时光荏苒，一千多年过去了。大唐王朝留在国人记忆里的是唐太宗的叱咤风云，他的陵墓昭陵每日游客如织，众多名臣猛将陪葬其旁，烘托出这位千古一帝的崇高地位。

相比较而言，唐高祖的献陵就显得落寞多了。我曾自驾前往凭吊，偌大的原野上，献陵孤零零地矗立着，周边没有任何人

唐高祖献陵远眺（杨明／摄）

气，只有冢上树木无言沉寂。

　　我并不是来为唐帝国的两位皇帝断是非的，他们父子两人的确有矛盾，但并不能以善与恶或者谁更有能力来做评断。唐太宗是不折不扣的千古一帝，唐高祖则是当仁不让的帝国缔造者。实际上，大唐开国史绝非一两位英雄可以决定的，即将展现在大家面前的不仅仅是英雄们创造历史的过程，也是整个社会由动乱走向安定、由分裂走向统一的过程，这是个广大民众创造历史的过程，是多种势力互相角逐、较力的过程。

　　当然，在这个过程中涌现出了无数的风云人物，日本著名中国史专家谷川道雄在《中国中世社会与共同体》一书中说：在北朝和隋唐帝国形成过程中，财力、武力、家族力都是决定性因素，但更具有影响力的则是当时豪族或者地方豪强的道德力、伦理力。因此，唐朝开国史就是一部英雄交响乐，人物众多，旋律波荡起伏，曲目发人深省。他们的家族背景在起作用，他们的个人才干在起作用，他们的道德感召力在起作用，一言以蔽之，那是个乱世出英雄的时代，也是一个拨乱反正的时代，中国历史上一切正面的、负面的、光明的、黑暗的要素在这里交替展现。所以，不是所有的音符都那么悦耳，但这就是历史。

纵观从南北朝到隋唐建国的历史，我们可以看到南北方走上了不同的道路：南方更多地保留有汉魏以来的传统文化，而北方则被注入了游牧民族的新鲜血液。隋朝的大一统为民族复兴奠定了基础，这一点是需要充分肯定的。隋朝的统一使得南北方文化得以交融，诞生出一个新的中国文化，促生了唐朝盛世。隋唐时代，既保留了中国传统文化的基本面貌，又焕发出勃勃生机，例如科举制的出现、三省六部制的最后形成、新型文学的诞生、科技的进步、女性地位的抬升都是引人注目的。

其实隋唐本是一家，他们都出身于关陇贵族集团。这个关陇贵族集团是西魏宇文泰创立的，为了与东魏集团的高欢相对抗，所以要最大限度发掘关陇地区人力物力资源，并实现高度集权。他在鲜卑旧制基础上创立了府兵制度，即成年男子平时为民，战时为兵，兵农合一。而且这些府兵都交给八大柱国将军加以统领，他们下面还有十二大将军，这二十人组成了关陇集团的金字塔尖，他们军政合一，出将入相，王朝大权被他们牢牢掌握在手里。后来的北周、隋、唐都出自这个集团，清代赵翼《廿二史札记》指出，北周、隋、唐都出身于北魏武川镇，他说："则周、隋、唐三代之祖皆出于武川。……区区一弹九之地，出三代帝王。周幅员尚小，隋、唐则大一统者，共三百余年，岂非王气所聚，硕大繁滋也哉！"（《廿二史札记》）

　　这当然不是王气，而是因为这个集团又有汉族文化血脉，又有游牧民族勇武之气魄，再加上把握住了历史命脉，才有这样的历史成就。有趣的是，周、隋、唐之间还有姻亲关系，比如隋文帝杨坚的皇后独孤氏是八大柱国将军之一独孤信的七女儿，而唐高祖李渊的母亲是独孤信的四女儿，独孤信的长女则是北周明帝皇后，所以独孤信号称天下第一老丈人，这不是偶然的，就是因为这个小集团高度集权，互相又喜欢通婚，所以才有这样的小概率事件。

　　所以有一种看法——隋唐的朝代交替，不过是一个集团内部的权力交替。这话是有道理的，隋和唐，有血缘关系，同出一个政治集团，统治基础也相似，甚至唐朝建国后还大量启用隋朝旧臣、行使隋朝典章制度，一直到武德七年（624年）之后才开始大规模创建自己的典章制度。那么既然如此，为何还会改朝换代？其实，隋朝完全可以不灭亡。第一，国力强盛。元人马端临在《文献通考》中说："古今称国计之富者莫如隋。"所谓"隋唐盛世"，隋绝非是一个附属品、一个点缀，它的国力之强，让李唐在很长一段时期内都相形见绌。例如贞观时期，号称治世，但人口、国库、军队规模都没法和隋大业五年（609年）相比。第二，制度完备。除了三省六部制，还有地方行政改革、乡里制度改革，还发明了科举制。第三，法律完善。《开皇律》是唐代法律的蓝本。

　　可以说，隋朝从未经历过一个明显的衰落过程，它几乎是盛极而亡，忽然垮台的。表面上的原因，是隋炀帝的暴虐统治导致民不聊生，官逼民反，这一点是常识，不用多说了。对不对呢？

当然对，它就是隋末农民大起义的直接导火索，但是问题又没有那么简单，否则难以解释为什么在农民大起义爆发的同时会有杨玄感的大规模叛乱，也难以解释政权为什么会落到隋炀帝的表亲李渊手里。

隋炀帝这个人，其实是关陇集团的叛徒，要是从这个角度来看他，上述疑问都可以迎刃而解。这个人优点、缺点都十分明显，他的很多举措不可简单被视为昏聩，实际上他有自己的战略意图，只是这个意图触犯了关陇集团的利益，所以导致关陇集团都不再效忠于他，甚至加入农民起义的洪流中，推翻了他的统治。

为什么说隋炀帝背叛了这个集团呢？

隋炀帝雄才大略，有着超强的战略眼光，聪明睿智，但是他最大的问题在执行力方面，他把执行简单看成命令的下达和对官员施压，而且从来不分轻重缓急，有的事情必须要做，但不能急于求成，他就在这方面犯了错误。

他和他的父亲隋文帝不一样，隋文帝是个典型的关陇集团成员，他的施政基础就是关陇集团的利益，所以无论是用人还是府兵的部署等都是按照这个原则进行的。隋炀帝则不，他急于打破关陇集团对政治的垄断，引进南方和关东人士，把关陇集团这个地域性小集团升级为全国性大集团，实现真正的大一统。当然，他是站在全局层面考量，有一定的合理性，但是他操之过急，势必触犯关陇集团的利益。

那么隋炀帝有哪些针对关陇集团的措施呢？

第一，大量引进江南和关东人士。他的皇后萧氏就是南方人，他本人在平陈过程中对南方风土人情产生了好感，所以朝臣中引入很多南方人，后期宰相班子里南方人占了五分之二。武将里来护儿、麦铁杖都是南方人。同时还重用不少关东人士，借以冲淡关陇集团的影响力。

第二，实行爵位和勋官改革。大业三年（607年）开始，隋炀帝进行爵位和勋官改革，以往的勋官地位重要，获得勋官主要靠战功，还可以荫子孙，所以这对关陇集团来说十分有利，但是隋炀帝把勋官地位大大降低，他下令："旧都督以上，至上柱国，凡十一等，及八郎、八尉、四十三号将军官，皆罢之。并省朝议大夫。自一品至九品，置光禄……等九大夫，建节……等八尉，以为散职。"（《隋书·百官志》）这个改革实际上是废除了勋官制。勋官很多待遇没了，荫庇子孙的特权也受损了，成了单纯的荣誉称号。所以这点格外引发关陇集团的愤怒。

第三，兴建洛阳城。他即位不久就下令兴建新洛阳城，这就是我们所说的隋唐洛阳。为什么建立新洛阳？原因很多，其中一个就是借此摆脱关陇集团大本营，将新都建到关东，新城新人新气象。由此就有了配套工程大运河，隋炀帝营建东都洛阳、开凿大运河、巡游江南等举措不可简单视之为好大喜功、性好游玩。中国自南北朝以来，经济重心已经开始由北方向东南方逐步转移，关中地区已渐渐显得不堪重负，隋唐时这一趋势已很明显，至北宋时期经济重心已完全移至南方。所以隋炀帝这一系列举措实际上是顺应了历史潮流，并且可以在经济上保障政治重心东移。战略意义不用说，隋朝以后历朝历代都仰仗大运河，即便元朝把首都定在了大都，也不忘重建一条京杭大运河。

这些改革从制度上、地理上削弱了关陇集团的影响力，所以才会引发关陇集团的强烈反感，著名的杨玄感叛乱就是这样爆发的。杨玄感，著名大臣杨素之子，关陇集团核心成员，他之所以奋起反击，就是因为他代表着本集团的利益，所以他挂在嘴边的一句话就是："我身为上柱国！"（《隋书·杨玄感传》）这就是在强调他关陇集团的身份，以便引发战友们的共鸣。

隋炀帝这个人最致命的缺陷在于他的执行力。他不是没有执行力，而是执行力度过火，或者说不懂得力度的分配和调整。他喜欢巡游全国，除了游玩，也有了解风土人情的积极因素在里面，况且兴建洛阳城、开凿大运河都是有利于后世的举措。因长城对于防备游牧民族入侵有着积极意义，他两次下令修补长城，一次动用人员一百万，另一次动用人员二十万。问题的关键是他把这些举措放在一起进行，这就使得民众不堪重负。隋朝全国总人口据推测最高约六千万，那么每次施工动辄几十万、上百万，对民众生活会构成多大的影响？而且这种劳动绝大部分是无偿的徭役，在一个缺乏机械的时代，全靠人力，劳动负担重，营养不良，再加上督工甚急，一个大工程搞下来，往往死者枕藉。而隋炀帝本人的宫殿豪华，生活奢靡，嫔妃众多，日日高歌宴饮，据他的皇后萧氏回忆，除夕夜隋炀帝一晚上要用二百车沉香木烧篝火，您可算算这要花多少钱。

他性格急躁，虽然聪明睿智，文化水平高，且前半生顺风顺水，但是一旦遇到挫折，他性格里这些负面因素就抬头了，尤其是伐辽东，可谓是隋朝灭亡的直接导火索，影响巨大。隋炀帝的性格缺陷在这里坦露无遗。首先，好大喜功。第一次伐辽东，出动兵力多达一百一十三万，民夫数量则两倍于该数字，后期再追加六十万民夫，共计四百万人左右，加上山东半岛造船的民夫，可谓惊动整个中国。可终究是损兵折将，伤亡惨重。其次，赌徒心理。赌徒有什么心理？失败后急于翻盘，为了翻盘可以一再追加赌资，窟窿越补越大，最后不可收拾。第一次失败后他又两次伐辽东，直接导致了农民大起义从山东蔓延全国，最终引发燎原之势。第三，颓废心理。等农民大起义蔓延全国，形势一发而不可收后，他竟然放弃洛阳和长安，迁到江都，过上了得过且过的颓废生活，最后导致禁卫军叛乱，自己被杀。越是艰难险阻的时刻，越是考验人的时刻，古往今来真正的英雄都是迎难而上，艰难同时意味着机会，可是隋炀帝不是这样的坚强人物，他一生太顺利，以至于遇到挫折就容易颓废，采取鸵鸟策略，最终导致国灭身死。

从这点上来说，隋朝的灭亡有一定的偶然性——隋炀帝个人的缺陷导致了这样的悲剧。可关陇集团作为一个贵族政治集团，为何没有与皇权产生抗衡，对隋炀帝纠偏呢？首先是因为隋炀帝打压关陇集团，导致关陇集团势力一时间削弱不少。其次，纠偏还是有的，只是纠偏的方式是选择抛弃。从杨玄感叛乱开始，关陇集团就决心换掌门人了。他们积极投身于反对隋炀帝的斗争中，这也就是在隋末农民大起义中活跃着李密、李渊等一大批关陇集团成员的原因，也是很多地方长官面对起义军不加抵抗或者稍作抵抗就投降的原因。

因此，从这个角度来看，李渊乃是应运而生的人物，他担负着巩固关陇集团统治基础、纠正隋朝偏差、救民于水火的重任。他的成功，是关陇集团的胜利，客观上也是利国利民的。

李渊的成功秘诀主要有三：

第一，有关陇集团核心成员身份。他后来在太原举兵，之所以能得到天下各路英雄的响应，一个重要的原因就是他关陇集团柱国大将军后代的身份。完全有理由说他是关陇集团身份的受益者。这一点后面详述。

第二，懂得顺势而发。比如杨玄感叛乱的时候，李渊在干什么？可以肯定他对隋炀帝的一系列举措也是不满的。但是他没有像杨玄感那样急于起兵，而是继续蛰伏，静候时机成熟，蓄势而发。他虽不是第一个举兵的，却是笑到最后的。

第三，部下精明强干。他手下拥有一大批猛将谋臣——几个儿子都是将才帅才，甚至女儿也不甘人后。猛将如云之外，还有裴寂、刘文静这样的一批谋臣，拥有强大的武装力量，又能妥善处理与突厥之间的关系，远交近攻，最后顺利统一全国。

虽然我们说李唐取代隋朝是关陇集团内部的权力交替，但过程可不是那么和风细雨。与历史上其他改朝换代一样，李唐的建立伴随着血雨腥风的残酷斗争，战争持续多年，大江南北皆是战场，人民付出了沉重的代价。隋朝鼎盛时期有人口九百万户，到了唐朝建国统计时只剩下了二百万户，当然，有部分人口是因为躲避战乱逃往偏远地区，不在官府统计之列，但是人口的大量死亡还是不争的事实。兴，百姓苦；亡，百姓苦。

虽然李唐建立在隋朝的废墟上，但是它对隋朝多有继承。比如科举制，发明人是隋文帝，而李唐将它发扬光大，并被后代所继承，一直延续到清朝光绪末年，而且在十八、十九世纪还深度影响了欧洲制度建设，公认现代文官制度就是脱胎于中国的科举；再如三省六部制，也被唐朝沿袭；府兵制起码在唐初仍被延续；北魏以来的均田制也照样执行；隋朝基本行政区划被延续；一直到武德七年之前，唐朝很多制度法律还在沿用隋朝的，直到武德七年之后才开始自己的大规模制度建设，即便如此，唐朝法律蓝本还是隋朝法律；隋朝两京长安与洛阳也是李唐两京。从这些方面来看，李唐的建立是对隋朝的继承和纠偏——纠正了隋炀帝的过失，回到了关陇集团的老路上。

但是，关陇集团作为一个地方性集团，必然与全国大格局格格不入，对它进行升级换代是必须的，而且，这样一个强大的贵族集团对皇权必然有掣肘，这也是日益壮大的皇权不愿意看到的。所以从这个角度来说，李唐又在完成隋炀帝未完成的使命，即瓦解关陇集团，只是这个过程相对来说缓和、"温柔"、持续时间长，以至于李渊终其一生也没有完成，于是只能将重任交给儿子李世民，李世民也没有完成这个使命，而是一直到武则天时期才告一段落。中国真正完全走向官僚政治，摆脱贵族影响，则是宋代的事情。李唐的建立可谓承上启下。

李渊、李世民，以及其他风云人物，都是时代的弄潮儿，他们又是如何在风口浪尖上演绎这段波澜壮阔的历史的？下讲我们主要讲述这个问题。

审时度势

唐朝的建立没有摆脱中国历史循环往复的特点，即天下大乱，逐鹿中原，然后一代雄主一统天下。但是中国历史不是平面循环，而是缓慢地螺旋式上升。李唐的建立有一般的意义和特殊的意义。

一般的意义：结束战乱，王朝走向稳定。

特殊的意义：开启新型官僚政治，完成民族大融合，创造历史新局面。

如果您对唐朝近三百年波澜壮阔的历史有兴趣，对大唐璀璨的文化有兴趣，必须把目光投向大唐诞生的那一刹那，那一刹那电光石火、波谲云诡、荡气回肠，大唐的雏形由此诞生，大唐历史的一切脉络从这里发芽，所以这是一段值得纪念的历史。

李渊本人是西魏柱国大将军李虎之后，李虎生李昞，李昞生李渊，他的外祖父则是八柱国大将军之一的独孤信。从这点上来说，李渊可谓是根正苗红的关陇集团后代。根据著名历史学家陈寅恪的考证，李渊家族应该是赵郡李氏后代，但是李唐自称是陇西李氏。为什么？主要原因就在于身为关陇集团成员，自然把自己的郡望改为关陇地区为好。由于郡望改为关陇，所以建国后李唐尊奉老子为先祖，道教为国教。为什么尊崇道教为国教呢？因为陇西李氏说自己家的先祖就是那个骑青牛过函谷关，后来不知所终的老子李耳。

李渊的这个身世不是可有可无的陪衬，他的出身决定了他的命运。不可否认，那是个极为重视身份等级的时代，人生来就有贵贱之分，而且他还刚好出生在这样一个拥有极大权势的家族中，在那个等级社会，他天生就比别人起跑点靠前，尤其是在战乱年代和迷信思想背景下，关陇集团子弟容易被视为天命所归者，这对他来说简直是成就其建国大业的助推火箭。

李渊是一个睿智的人，他的睿智表现在：第一，能够洞察时势，意识到隋朝大势已去，早早开始做准备。第二，懂得顺势而发，懂得隐忍，他不是第一个举兵的，举兵后也不是势力最强大的，但是他是最后的胜利者，靠的就是顺势。

目前有关李唐建国的过程，史料主要有新旧《唐书》里的《高祖本纪》和《太宗本纪》，《资治通鉴》里的唐高祖部分、《册府元龟·帝王部·创业门》《大唐创业起居注》等。众所周知，从贞观九年开始，唐王朝对建国和武德年间的史料进行了大规模的修改，修改的总原则就是推崇唐太宗在建国战争中的作用，贬低唐高祖和李建成、李元吉等人的功劳。这就导致唐朝建国到玄武门事变的历史扑朔迷离。不过好在《大唐创业起居注》还在，它在那次大修改之中幸免于难，所以多少保留了一些历史真貌。

另外，即便是新旧《唐书》，也有很多蛛丝马迹可以寻找，虽然这些书有关建国的部分主要依据已被修改过的唐王朝正式史书《高祖实录》和《太宗实录》，但是唐朝史书编纂的程序决定了修改者不可能做到面面俱到。正史分为本纪、列传、表、志等部分，由史馆统一修撰，而且是由后世朝代修前朝史书，比如《旧唐书》是五代修的，《新唐书》是北宋修的。对唐朝来说，他们能修改的主要是实录部分，著名大臣死后，要由他所在部门或者是亲属写《行状》或者《家传》，史馆收录，为日后编纂国史做准备。贞观九年，唐王朝修改了高祖和太宗的起居注，不过这个工作有些仓促，比如《大唐创业起居注》就没被注意到。更重要的问题在于，此次修改完之后，陆续还有新发现的资料被收入史馆，尤其是贞观九年以后去世的大臣，他们的材料被陆续收入史馆的时候，就会多多少少留下一些唐朝开国史的真实印迹，而且时过境迁，史馆主事者也疏忽了，就把这些史料保留了下来。正因为如此，我们才有史料可以分析并看清这段历史。

李渊早期的经历值得注意。他属于关陇集团上层，这个集团已经掌握王朝政治命脉数代之久，民众也早已习惯于关陇集团的统治。关陇集团是一个军功贵族集团，皇帝是他们的总代表，如果皇帝行政得当，关陇集团平稳发展，那么统治集团内部就是稳定的，一旦皇帝失德，措施失当，那么关陇集团是要换人的。这是一种微妙的平衡。所以，隋末农民大起义的起因实际很复杂，不仅仅是官逼民反，与此同时还有统治阶级内部矛盾掺杂在里面。

李渊自幼天资聪颖，而且为人情商很高，深孚众望，《旧唐书·高祖本纪》说："（帝）倜傥豁达，任性真率，宽仁容众，无贵贱咸得其欢心。"此人个性沉稳，有城府，懂得隐忍。《旧唐书·高祖本纪》又载："有史世良者，善相人，谓高祖曰：'公骨法非常，必为人主，愿自爱，勿忘鄙言。'高祖颇以自负。"意思是在高祖年轻时，就有一个叫史世良的术士说他骨法异常，必为皇帝。这段记载不必当真，可能是高祖建国后有人为了渲染其政权合法性编造的故事。但是李渊自小胸怀大志是毫无疑问的，有没有当皇帝的想法另当别论，八柱国后代天生觉得自己是王朝政权的"大股东"是当时的普遍现象。

李渊于公元566年生于长安，七岁就袭爵唐国公。他的青少年时代经历了北周武帝统一北方、宣帝乱政、杨坚代周建立隋朝等历史事件。也就在这个阶段内，李渊成婚了。

他的这位妻子也不是等闲之辈。李渊妻子窦氏，是北周定州总管神武公窦毅与北周襄阳长公主的女儿。这位襄阳长公主乃是宇文泰第五女，北周武帝之姐，所以窦氏身份很高。此女有才华，性格刚毅，很受北周武帝的喜爱，将她安置在宫中抚养。这个孩子竟然能劝谏周武帝。比如周武帝皇后是突厥女阿史那氏，但是不受宠。小小的窦氏就劝自己的舅舅说：现在突厥势力正强，您既然娶了突厥女，就要善待她，突厥只要不与我们为难，我们就不怕东边的齐和南边的陈。周武帝一看，这么小的孩子却有如此的政治洞察力，越发喜爱她。

这样一个女孩，长大后的婚事自然不能马虎从事。据说当时她父母采取了比武招亲的方式。您要知道，北朝游牧民族文化影响巨大，尚武之风甚盛，招女婿也要招有武功者。当时窦氏父母在门屏上画了一只孔雀，有来求婚者，交给两支箭，射中孔雀眼者为胜，结果据说陆陆续续来了数十人，没一人合格。李渊来了之后，气定神闲，引弓搭箭，从容不迫。结果两支箭各中一只孔雀眼。窦氏父母大喜，将女儿许配给了李渊。

实际上，当时关陇集团内部互相通婚，向窦氏求婚的应该多数是关陇集团子弟，而李渊是他们中的佼佼者。

杨坚取代北周的时候，窦氏无比愤懑，在父母面前抚着胸口大声慨叹说："恨我不为男子，救舅氏之患！"（《资治通鉴》）当时她的父母非常紧张，赶紧捂住她的嘴。要知道，此时说这样的话乃是灭门的大罪。可以想见，窦氏对隋朝是什么态度。窦氏这个态度会不会影响到自己的丈夫李渊，尤其是会不会影响到自己的儿子们？窦氏嫁李渊后，先后生了李建成、李世民、李玄霸、李元吉、平阳公主等，隋大业年间去世。唐上元年间追尊其为太穆顺圣皇后。这个女子绝不是那种俯首帖耳唯唯诺诺的古代小女子，她有主见，性格刚强，虽然史料中没有详细记载她的家庭生活，但是可以想见，她一定对自己的丈夫和子女有强烈影响。李渊和他的儿子们的反隋之举也许很大程度上受到了她的影响。

李渊出道就是隋朝的官，担任了千牛备身。隋文帝在位期间，李渊不见有任何异心，原因很简单：首先，他职位还不高，没有那么大的影响力；其次，隋文帝是一个称职的皇帝，创立典章制度，平定陈朝，统一政权，瓦解突厥，此时关陇集团已经接受了既成事实，认可了隋文帝的统治，李渊当然也不会有什么想法。

但是隋炀帝就不一样了。此人虽然有才华和战略眼光，但是行事过于决绝，而且上台过程本身就不清不楚，坊间甚至传闻他弑君。尤其是他上台后大刀阔斧改造政治格局，压制关陇集团，早已经导致整个关陇集团人心惶惶，十分不满。

大业九年（613年），对李渊也好隋朝也罢，都可谓是一个分水岭。隋炀帝第一次伐辽东以惨败宣告结束，但赌徒心理作祟，他一而再再而三追加赌注，是年开始第二次伐辽东。这次战役规模宏大，动员广泛，李渊也被迫参加了，只是他没有来到前线，而是被分配在今河北地区督运军粮。

也就在此时，传来了一个惊人的消息——杨玄感叛乱了。杨玄感，隋代重臣杨素之子。杨素可是帮助隋炀帝夺嫡乃至继承皇位的关键人物。此人帮助晋王杨广确立了夺嫡计划，即通过皇后独孤氏影响皇帝决策，塑造晋王仁智孝悌、不近女色的形象，又帮助晋王在朝臣中培植势力，同时诋毁激怒太子杨勇，最终导致隋文帝盛怒之下做出了另立太子的决定。老皇帝病危时意欲再次更换太子，招废太子杨勇回来，又是杨素及时采取措施，发兵控制宫廷，逮捕知情人，最终使得隋炀帝顺利登基。甚至老皇帝隋文帝很可能是被杨素派去的人所杀。杨素可以说是隋炀帝门下第一功臣。

但就是这样一个人，他的儿子却举兵反抗隋炀帝。为什么？

第一，杨素生前备受隋炀帝猜忌。杨素帮了隋炀帝大忙，同时掌握了很多的机密，以隋炀帝的个性是不能让他继续存在下去的，所以他必须死。杨素大约是在帮助隋炀帝即位之后才意识到这个问题，此时为时已晚，杨素已经是隋炀帝的眼中钉，必须拔了。他接二连三找各种借口收拾杨素，杨素立即明白了自己的险恶处境。正在此时，杨素得病了。病中的杨素拒绝任何医药。隋炀帝派医生来看望他，杨素明白：这哪里是给我看病，这是看我何时死，于是他更坚定了死的决心。此时死，可以换取风光大葬，也可以避免家人受到牵累，所以他就这样折磨自己到死。杨玄感把这一切看在眼里，无比愤怒，也由此对隋炀帝产生了憎恶。

第二，隋炀帝侵犯关陇集团利益。杨玄感家乃是弘农杨氏，先祖自北朝以来世代为官，是正宗的关陇集团成员。隋炀帝上台后施行的一系列激进措施严重破坏了关陇集团的利益，这又是让杨玄感不满的一个重要原因。

杨玄感以父荫为柱国、礼部尚书。大业九年春，隋炀帝二征辽东，玄感负责在大运河交通枢纽的黎阳督粮。此时民变蜂起，义军遍及全国。杨玄感对隋炀帝有种种不满，加上此时看到隋炀帝一味伐辽，王朝已经陷于水火，人心思变，有机可乘，于是他滞留漕粮，召集亲故，于六月三日率兵据城，对部下们散布伪诏，称征辽水军总管来护儿谋反，皇帝召他前往镇压，底下人不辨真伪，于是被他鼓动了起来。紧跟着他传书旁郡，令发兵会黎阳。

此时另一个重要人物李密登场了。他不仅是后来瓦岗军的首领，也是这个时代的一个注脚：他本人和李渊、隋文帝一样，是正宗的关陇集团后代。曾祖父李弼是八柱国大将军之一，祖父李曜，为北周的太保、魏国公，父亲李宽为隋朝的上柱国，蒲山郡公。所以李密可谓含着金汤匙出生，这也就养成了他的世界观和他的性格气质。在他的世界观里，关陇集团掌控天下是理所应当的，而所有的关陇集团子弟中，他又是最自命不凡的一个。根据《新唐书》的记载，他出道时曾任东宫千牛备身，这是一个中央警卫职位，因为他贵族子弟的身份，所以出道起点才这么高。此人才学高，又爱交朋友，轻财重义，估计在伙伴里颇有威望。加上自己高贵的出身，所以他桀骜不驯，最终成功地引起了皇帝的注意，但也给自己带来了大麻烦。

隋炀帝并不认识他，但是注意到他左顾右盼，很不安生。于是他问大臣宇文述："左仗下黑色小儿为谁？"（《新唐书·李密传》）——李密长得黑，所以被隋炀帝称为黑色小儿。他肯定是刚上任，所以好奇，左顾右盼，但问题在于这样做对皇帝而言是大不敬，体现出你根本没有把皇帝和职责放在眼里，所以隋炀帝很不高兴。宇文述一听就觉得这个问话很不客气，心里明白李密的麻烦来了。他与李家有世交，所以一方面想保护李密，一方面又不愿让李密自尊心受到损害，所以他找到李密，劝他说：你才高八斗，志向远大，何必在三卫里委曲求全？李密很聪明，他听出来宇文述话里有话，于是主动辞职，隐居起来。

说到这里我们就必须提一下李渊，李渊出道也曾担任千牛备身，却从未听说惹出过什么麻烦，相反是一路走高，两个人的个性不同在此有所体现。而这种个性差异将决定两个人的命运，这是后话。

李密当时还很年轻，所以他想到的是继续充实自己。此人好读《史记》《汉书》，师从包恺。包恺时任国子博士，是天下名师，擅长研究《汉书》，据说门徒上千人，李密去包恺那里的时候，骑一头黄牛，将《汉书》一卷系在牛角上，一手抓着缰绳，一手拿着另一卷读。行为如此特别，这就是李密张扬性格的体现，但是有人欣赏，那人不是别人，正是杨素。杨素骑马走在街上，看到一个如此奇特的年轻人，于是从后面赶上去，问他读什么，李密回答是《项羽传》，也就是《汉书》里的《陈胜项籍传》，杨素大为慨叹，一是慨叹此人之好学，二是慨叹李密爱读项羽故事，必是一代英豪。他与李密聊天，越聊越欣赏，后来对儿子杨玄感等说："吾观李密识度，汝等不及。"（《旧唐书·李密传》）杨玄感由此结交了李密，两人发展成了挚友。

此时杨玄感叛乱，李密自长安应杨玄感之召来到黎阳，成了杨玄感的谋主。为什么他要参与此事呢？说到底还是因为李密是关陇集团核心成员，和杨玄感的世界观、价值观是一致的，他对隋炀帝也是十分不满，而且适逢乱世，李密是很想有一番作为的。

于是，全天下的目光都投向黎阳，投向杨玄感和李密。而与此同时，另一个关陇集团子弟却选择了另一条路，他就是李渊。

隋炀帝大业初年（605年），李渊先后担任荥阳、楼烦二郡太守。可以注意到，李建成的妻子郑氏是荥阳郑氏，李建成娶亲应该是大业年间，这可能是李渊在担任荥阳太守时候搭好的线。李渊后来又担任殿内少监，杨玄感叛乱的大业九年，他改任卫尉少卿。杨玄感叛乱的时候他在做什么？他也参与了伐辽东之役，而且职责与杨玄感类似——他在怀远镇（今辽宁境内）督运军粮。他没有参与杨玄感叛乱，反倒是作为官府军队的一员参加了平叛，当时隋炀帝下令匆匆结束伐辽东之役，回师平叛，李渊则被委托镇守弘化郡。弘化郡在今甘肃庆阳、华池、环县一带，也包括今陕西省一部分，同时他兼知关右诸军事。李渊奉命穿越大半个中国，赶往弘化郡，从西面对杨玄感叛军构成威胁。

那么同为关陇集团成员，李渊为何不联合杨玄感、李密呢？原因很简单，虽然都是关陇集团子弟，但是李渊做事从来不靠热血，而是审时度势，他对隋炀帝早有不满，也早已经胸怀大志，但是他觉得此时时机尚不成熟，太冒进，所以他选择继续听命于隋炀帝。

　　走上不同道路的李渊、杨玄感、李密将有怎样的境遇？有待下回分析。

【三】

险象环生

　　李密来到杨玄感大营后，杨玄感非常高兴，他一直很佩服李密的才识，所以很想倾听李密的意见。李密告诉他：现在有上中下三策，不知道你想采取哪个？

　　李密提出的三策是这样的：

　　上策：北据幽州，断炀帝后路。此时隋炀帝正在辽东前线，我们若北上幽州，就掐断了他的退路，他将腹背受敌。

　　中策：西入长安，控制潼关。长安是首都，攻取它将具有极大的政治意义，而且关中是关陇集团大本营，我们在那里可以获得广泛支持。即便与官府军队战斗不顺利，我们也可以扼守潼关天险，保住半壁江山，以图再举。

　　下策：近攻洛阳，胜负难测。黎阳距离洛阳很近，洛阳是东都，可以就近攻打，但是洛阳兵多将广，又有高厚城墙，一旦进攻失利，隋炀帝主力又从辽东赶回的话，形势将非常危险。所以这是下策。

　　李密的建议，充分利用了当时的形势，实际上是鼓励杨玄感利用民众和贵族阶层对隋炀帝的不满，一鼓作气消灭隋炀帝主力。如果杨玄感没有那个勇气或者势力，那么乘虚占领长安也是一个不错的选择，李密实际上反对就近攻打洛阳，因为那样胜负难测，旷日持久，危险系数很高。

但是杨玄感有他自己的主意，虽然平日里对李密很是敬佩，但是此时雄兵在握，似乎自信心猛增。他对李密说：您所认为的下策，在我看来是上策，因为皇帝远征，后宫和百官家属都在洛阳，假如我拿下洛阳，那么敌人就会军心大乱，那时候可以不战而胜。

李密对此当然不赞成，但是没有办法，杨玄感是主帅，他只是参谋。于是杨玄感立即发兵开始攻打洛阳城。

结果如李密所料，杨玄感攻打洛阳失利。洛阳是隋炀帝精心打造的东都，城墙高厚，兵力众多，粮食堆积如山。又有越王侗和能干的大臣樊子盖镇守，如果时间允许，那么慢慢攻打也无可厚非，但是杨玄感最缺的就是时间，他必须在隋炀帝率军回来增援之前拿下洛阳，这一点注定了他的失败。尤其是那时候没有火药武器，攻城从来是个慢活，杨玄感可谓不智。

战役刚开始还比较顺利，杨玄感派遣自己的弟弟杨玄挺为前锋，五战五捷，逼近洛阳城下，自己率大军紧随其后。此时天下响应者众多，百姓夹道欢迎，每天都有很多人来投奔，仅仅是朝中达官贵人的子弟来投奔的就有四十多人。杨玄感是个勇猛之人，每次作战身先士卒，所以部下乐为其所用，义军奋力作战，还击败了长安赶来的隋朝援军，一时间形势看起来似乎很乐观。

但是好景不长，很快形势逆转了。杨玄感的弟弟杨玄挺中流矢身亡，杨玄感失去了左膀右臂。在此之前，杨玄感俘虏了韦福嗣，开始重用此人。韦福嗣曾是隋炀帝的内史舍人，为人聪明，八面玲珑，口才好，很快就获得了杨玄感的信赖。而李密则遭到了冷落。李密劝说杨玄感：韦福嗣这个人，实际上是墙头草，观望派，您现在大业未成，却任用小人在侧，恐怕不能成功，请您立即将其斩首！杨玄感只是沉吟着说：不至于此吧？

李密退出来，跟手下说：楚国公能反，却不能谋胜，失败是迟早的事情了。

此时又有李子雄劝杨玄感即位称帝。杨玄感竟然心动，又来咨询李密。李密说：咱们虽然打了几个胜仗，但是州县一个也没攻克，个个都在凭险坚守，敌人援军又快来了，您此时称帝实在不合适。杨玄感笑了笑再也没作声。而李密心里越发失望。

就在此时，敌人的洛阳守军和长安援军加强了协同进攻，杨玄感腹背受敌，逐渐支撑不住，再加上敌人援军即将到达，当时隋军主力宇文述、屈突通、来护儿部已经分别向黎阳和洛阳进发，杨玄感攻克洛阳的目标已经变成了水中月镜中花。于是不得不拾起了早先李密所说的中策，即西取长安。

刚巧此时华阴杨氏家族派人来，声明愿意做杨玄感向导，华阴杨氏乃是天下杨氏之大宗，华阴也是杨玄感的故乡，他们愿意做杨玄感的向导，等于杨玄感有了内应。于是杨玄感撤离洛阳，向长安进发。但是此时的形势已经发生了巨变，此时不论向哪里都是下策。长安早已做好了军事斗争的准备，沿途的隋军也不断对杨玄感的部队构成威胁。

一路向西走到弘农（今河南三门峡）的时候，杨玄感又听说弘农宫里有很多粮食，于是来攻打，这正中弘农太守蔡王杨智积的下怀。杨智积看到杨玄感兵锋直指长安，很想将其拦截，于是他利用了杨玄感的弱点，那就是好激动，登城大骂杨玄感，杨玄感果然大怒，发兵攻打弘农宫，李密一看就急了，立即对杨玄感说："军事贵速，况乃追兵将至，安可稽留。若前不得据关，退无所守，大众一散，何以自全！"（《资治通鉴》卷一八二）杨玄感不听，非要在弘农倾泻他的怒火。从这点来看，杨玄感的确不是能成大事的人。连续攻打三天，一无所得，对他来说最宝贵的就是时间，但这个资源一去不复返，宇文述、卫文昇、来护儿、屈突通等军追及，杨玄感连战连败，最终让弟弟杨积善将自己刺死。至此，轰轰烈烈的杨玄感叛乱宣告彻底失败，而李密则逃走了。他将不止一次地出现在我们的文章里。

可能有朋友要问：同为关陇集团子弟，李渊有没有参与此事呢？

与此同时，李渊正按照隋炀帝的命令赶往弘化郡，他在历史关键时刻选择了隐忍，但是这并不意味着他没有想法。相反，当时的形势让李渊充满期冀，又充满恐惧。

期冀来自当时流行的童谣《桃李子歌》，这个童谣预言了有新的政权兴起，在当时颇为流行，从目前的史料来看，它有多种版本，可能当时就是一个多段的歌词，歌词有一段曰："桃李子，洪水绕杨山。"（《旧唐书·五行志》）还有一段曰："桃李子，莫浪语，黄鹄绕山飞，宛转花园里。"（《大唐创业起居注》卷一）

可能会有人问：童谣、谶言究竟有什么样的力量？

童谣在古代社会有着神秘的力量，它们不知道是何人所作，语言深奥难懂，却往往有政治预言效用，而且怎么理解全看解读者的需要，这里的桃李，被李渊理解为自己，因为"桃"等于"陶"，上古尧帝又称"陶唐"，而唐国公恰恰是李渊家的封号，"李"等于他的姓，那个"洪水"，可以理解为"渊"字，所以李渊认为这童谣是在说自己。内心里颇有点小小的激动。

与此同时，李渊内心又充满恐惧。因为越是到了政权不稳的时候，统治者越疯狂。隋炀帝此时已经到了疑神疑鬼的地步。在此之前发生了一个李金才、李敏事件，令李渊无比恐惧。

李金才，名浑，字金才，他是著名大臣李穆第十子。相貌堂堂，身材魁伟，有美须髯，且有大功于隋。当年杨坚刚刚夺取北周大权，北周大臣尉迟迥在相州举兵反抗，当时李穆在并州，杨坚担心李穆站到尉迟迥那边去，于是派遣李金才去见自己的父亲，探问其口风。李穆给了儿子一个熨斗，让他带给杨坚，说："愿执威柄以熨安天下也。"（《隋书·李浑传》）杨坚大喜。李金才后来参与了晋王杨广指挥的平陈统一战争，还参与了击败突厥的战争，因功被封为左武卫将军。

李敏，重臣李远之孙，父亲李崇为国牺牲，所以隋文帝把李敏放置在宫中抚养。后来李敏长大成人，被乐平公主相中，将自己的女儿娥英许配给了李敏。乐平公主不是别人，就是隋文帝的女儿杨丽华，当年她曾是北周宣帝皇后，后来宣帝死了，她父亲杨坚夺取了江山，将她封为乐平公主。杨丽华是个性格十分执拗的女子，对父亲夺取北周江山耿耿于怀，所以她父亲都害怕她三分。李敏当了她女婿，却没有什么像样的官职，于是杨丽华要在父亲面前替李敏要官。她对李敏说：我把天下都让给了我父亲，现在我要在父亲面前为你求官，要求柱国，其余官都不能要，可别急着拜谢!

于是带着李敏入宫，父女一起宴乐，其乐融融，隋文帝亲自弹奏琵琶，杨丽华则赶紧抓住机会让李敏上去伴舞，李敏舞姿健美优雅，隋文帝很高兴，问杨丽华："李敏何官？"

公主回答："一白丁耳。"公主这话有些夸张，李敏袭爵广宗公，又在左千牛卫任职，怎么也不算个白丁，公主的意思是那就不算官。

隋文帝于是转头对李敏说："今授汝仪同。"李敏按照公主事先安排，一声不吭。更别提拜谢了。

隋文帝曰："不满尔意邪？今授汝开府。"李敏依旧不吭声。

隋文帝的确对公主怀有愧疚，于是一不做二不休，干脆一步到位吧："公主有大功于我，我何得向其女婿而惜官乎！今授卿柱国。"这一句"公主有大功于我"是隋文帝愧疚心理的典型体现。正是愧疚心理使得隋文帝决心超规格提拔李敏。

于是公主得偿所愿，李敏赶紧站起来舞蹈拜谢。

后来乐平公主去世前，还嘱托自己的兄弟隋炀帝，将自己的汤沐邑转给李敏。隋炀帝也答应了。李敏跟随在隋炀帝身边，也算立了不少功。

那么李金才、李敏是怎么得罪隋炀帝了呢？一言以蔽之——他们的出身害了他们。

其实隋炀帝在当太子的时候曾经还帮过李金才大忙。当时李穆已经去世多年，原本继承他的爵位的是嫡孙李筠，但此子不久就死了，有传言说是李金才因为嫉妒而杀害了他。此事曾经引起皇帝震怒，要彻查此案，李金才不仅把自己洗得一干二净，还举报说凶手是李瞿昙，李瞿昙是李筠的堂弟，两人素有矛盾，所以李金才诬告了李瞿昙，导致李瞿昙被杀。

后来皇帝商议给李穆立嗣，李金才想承袭李穆爵位，于是贿赂了太子面前的红人宇文述，告诉他：只要让我袭爵成功，那么我的封邑税赋每年分出一半给你。宇文述大喜，于是跑去在太子面前进言，说李穆后代中就属李金才最有才干，除了此人，无人可袭爵。于是杨广在皇帝面前推荐了李金才，李金才就此被封为申国公。

当了申国公，李金才过上了豪奢的生活，据说妻妾多达百人以上。原先答应每年把封邑税赋给宇文述一半，结果两年以后就再也不给了。宇文述大怒，发誓要报复。

也就在此时，那些童谣开始在社会上流传开来，有术士安伽陀在隋炀帝面前建议，杀尽海内姓李者。宇文述趁机在皇帝面前进谗言，说李金才最可疑，他心怀鬼胎，日夜与大臣李敏等窃窃私语，再加上李金才出身高贵，又执掌禁军，此人大约就是您要找的人。隋炀帝越想越觉得有可能，于是将李金才、李敏等抄家下狱。

但是审了几天几夜，李金才等咬紧牙关不认罪，隋炀帝问宇文述该怎么办。宇文述想到了一个阴招，他进入监狱，将李敏妻子宇文氏提出，劝她诬告李金才和李敏，宇文述说：您是皇帝外甥女，不愁以后嫁人，李敏和李金才，名应图谶，皇帝是肯定要杀了他们的，不如你出面举报，换一个自身安全。

宇文氏说：我不知道该怎么做，请尊长教我。

于是宇文述亲自为宇文氏草拟了一个供词，说李金才与李敏商量，说李敏名应图谶，应该当天子，皇帝要征伐辽东，咱们一定会被委任为大将，每人率军二万多，加起来就是五万，咱们再把自己的子弟散布到各军中，暗自交接军中豪杰，咱们两个率先对皇帝大营发动袭击，子弟们在各军中举事，大业必成。宇文述为什么说李敏名应图谶呢？因为童谣里说"桃李子，洪水绕杨山"，而李敏小名洪儿，所以就说李敏是名应图谶者，他知道隋炀帝最关心这个。

宇文氏按照宇文述的安排手写了一份供状，宇文述拿着就进宫进呈给皇帝。

隋炀帝看了大怒，说：这贼人差点颠覆了我的社稷！于是下令将李金才、李敏等三十二人处死，两家其余人流放岭南。

此事发生时间是大业十一年（615年）。在杨玄感叛乱后，隋炀帝已经加紧了对关陇集团成员的监管和清洗。李敏、李金才之死，其实是他们的出身决定的，也是时代大背景决定的，在当时，关于李氏将兴的预言非常多，已经引起了隋炀帝的极大担忧。可以注意到，李金才是李穆后代，李敏是李远后代，李穆和李远都是当年关陇集团核心成员，且家族庞大，位高权重，而关陇集团恰恰是隋炀帝的眼中钉肉中刺。现代学者李锦绣认为，自西魏北周以来，关陇集团内部盛族取前朝而代之已成为常态。所以，李氏家族不能不引起皇帝的猜忌。她认为李氏将兴的谶言可能是出自关陇集团内部。

现代学者毛汉光也认为《桃李子歌》盛行与当时李氏家族繁荣昌盛有关。他说：八大柱国、十二大将军经西魏、北周至隋末炀帝时，仅柱国李虎、于谨、李弼，大将军李远、杨忠等家仍保有盛贵门阀，杨氏乃隋之宗室，姑且不论，于氏乃胡族，在汉人日渐抬头后，已不太可能在关陇集团中获主导地位，所以至隋末大业年间，关陇集团中李弼、李虎、李远之族显得十分重要，隋末败象已呈，继任者必是关陇集团中三李之后裔，故"李氏当王"之歌谣得以编传。

总之一句话，关陇集团对隋炀帝的威胁和李金才、李敏的姓氏害了他们。而真正名应图谶的唐高祖李渊则逃得一命，多年后，当他即位称帝之后，他颁布了这样的诏书："隋右骁卫大将军李金才、左光禄大夫李敏，并鼎族高门，元功世胄，横受屠杀，朝野称冤。然李氏将兴，天祚有应，冥契深隐，妄肆诛夷。朕受命君临，志存刷荡，申冤雪善，无忘寤寐。金才可赠上柱国、中国公，敏可赠柱国、观国公。"（《旧唐书·高祖本纪》）他正式为李金才、李敏平反，并且指出，李氏当兴乃是天命，隋炀帝滥杀无辜也改变不了这个历史命运。

第三个疑问：李金才、李敏被杀，那么隋炀帝为何不同时杀了李渊？

当李金才、李敏事件刚发生的时候，李渊肯定心有惶恐，要知道，当时李姓最强大的三家中，李金才、李敏各属一家，唯独他李渊没有被牵累其中，但是隋炀帝对他的猜忌已经有了，让他不寒而栗，主要有两件事情：

献马事件：李渊曾担任扶风郡太守，得到骏马数匹，李渊特别喜欢，整日骑马游玩。而妻子窦氏则劝他说：当今皇帝喜欢马，众所周知，这些马如此优良，应该进献给皇帝，否则定会招来祸患。窦氏有主见，虽然对隋朝毫无好感，但是她知道，越是这样越需要麻痹对方，所以劝丈夫忍痛割爱。但是李渊竟然舍不得，由此果然遭到了皇帝的谴责，李渊不得不多次向皇帝献鹰马，这才换取了安宁，不久还被升职了。但不幸的是，窦氏就在那个时候去世了，享年四十五岁，李渊感慨着对儿子们说：早听你妈妈的话就好了。此事应该发生在隋炀帝第二次伐辽东期间（窦氏在涿郡去世，应该发生在李渊在河北和辽东督运军粮之时），也就是在李金才和李敏事件之前，所以李金才和李敏被杀后，李渊一定后怕不已。

问疾事件：杨玄感事件之后，隋炀帝越发疑神疑鬼，关陇集团的子弟都是他怀疑的对象，尤其对李渊这样的高门子弟。隋炀帝有一次下令，让李渊赶赴他的大营，碰巧李渊得病了，没有能及时赶到。而李渊的一个外甥女王氏是隋炀帝的妃子，隋炀帝问她：你舅舅怎么回事？王氏回答说：听说是病了。隋炀帝紧跟着问："可得死否？"（《旧唐书·高祖本纪》）这句问话被王氏悄悄报告给李渊，李渊听了之后十分惧怕。杨玄感事件已经使得隋炀帝与关陇集团之间的矛盾公开化、白热化，隋炀帝眼睛里，很多人都有可能是杨玄感第二，越是家族显赫的越有可能，李渊个人又富有才干，对于隋炀帝来说，还真巴不得这样的人死光了才好。《旧唐书·高祖本纪》记载，李渊后来故意开始酗酒，还开始索贿纳贿，也就是说不惜往自己头上泼脏水，伪造一个颓废的假象，以蒙蔽隋炀帝。

李金才和李敏之死，大概让隋炀帝稍稍安心，以为名应图谶者已经被自己铲除，再加上李渊伪装出一副吊儿郎当的假象，使得隋炀帝逐渐放松了对他的戒备，也就为他后来施展抱负创造了条件。

【四】

潜龙在野

大业十一年四月，隋炀帝来到汾阳宫避暑，所谓避暑，实际上是因为河东地区农民起义军风起云涌，他前来镇压，李渊被封为山西、河东抚慰大使，领河东兵镇压起义。当时这一带起义军领袖名叫母端儿。李渊军队刚过龙门，踏上河东土地，母端儿就率领几千人冲到城下挑战，李渊率领十多人出战，人数虽少，但是李渊胸有成竹，张弓搭箭，十多人连发七十箭，箭无虚发，射倒七十人，敌人大败溃散。李渊充分展示了自己神射手的神威，也充分展示了自己的武功。

表面上看起来，李渊还在受重用，但是随着隋炀帝的猜忌心越来越重，李渊也越来越坚定了图谋大业的决心。杨玄感、李金才、李敏相继被铲除，而这些人都是关陇集团核心成员。关陇集团若不奋起反击，很可能会被隋炀帝一一剪除。

杨玄感事件中，李渊奉命前往弘化郡统领陇右兵马，窦氏的从兄窦抗曾经大胆对他说：杨玄感开了一个头而已，而你才是名应图谶者，这是天意，请不要违背。李渊听了正色对他说：这样的话是祸患的源泉，请不要再说了。

这次在河东平定母端儿，又有副使夏侯端暗地里劝说他，夏侯端平日里精于玄学，善于相面，他对李渊说："但主上晓察，情多猜忍，切忌诸李，强者先诛，金才既死，明公岂非其次？若早为计，则应天福，不然者则诛矣。"（《旧唐书·夏侯端传》）这番话算是点到了要害。李金才、李敏之死很明显是因为皇帝猜忌李姓，而你假如不早谋大计，恐怕就是下一个李金才了。李渊虽然很认可他的话，但是也没见有什么举动。

疑问：难道此时的李渊毫无想法？

对于李渊来说，此时处处是陷阱，到处是危机，他不能表示出自己的内心想法，但是私下里，他已经立下了雄心壮志。原因就在于当时的形势。

当时的形势有如下三个值得注意的现象：

其一，农民起义风起云涌。当时天下纷乱不止，农民起义风起云涌。第一次伐辽就已经引发了农民起义，当时山东地区受官府压榨最甚，不仅有大批子弟从军，还要贡献民夫和粮食，甚至牛车、马车、驴车都被征调一空，而且莱州等地还要为水军打造军舰，工匠们每天大半时间都泡在齐腰深的海水里，下身都溃烂了。所以有齐郡人王薄率先举起义旗，作了一首《无向辽东浪死歌》，号召大家举事。因为人民实在是困苦不堪，故一呼百应。

其二，隋炀帝众叛亲离。隋炀帝对关陇集团的改造最终以失败告终。他希望通过重用江南和关东人士来削弱关陇集团的影响力，没想到引发了关陇集团的强烈反弹，不仅爆发了杨玄感兵变，而且叛乱中投奔杨玄感的公卿子弟多如牛毛，关陇集团相当一部分站到了隋炀帝的对立面，没有参加进去的人也许更危险，比如李渊。而隋炀帝给予垂青的关东地区，陷入了农民起义的浩瀚海洋，江南地区则鞭长莫及，最终隋炀帝只能放弃关陇、关东，跑到江左一带苟延残喘。

其三，北方突厥虎视眈眈。草原游牧民族对中原政局的影响力从来都是巨大的。隋代突厥，由于隋文帝采取了离间计和军事打击相结合的方式，导致发生内战，最终启民可汗成为草原霸主，却得听命于隋朝。可是随着启民可汗的去世，加上隋朝政局逐渐不稳，突厥重新崛起，并且再次成为中原政权的心腹大患。草原游牧民族天然善战，机动性强，他们对北方各股势力的影响十分巨大，各股势力首先不希望突厥与己为敌，且希望突厥能帮助自己。与此同时，民族利益又该放在何处？各股势力分别采取了不同的态度，包括李渊举兵之后。

有关突厥的问题后文还会讲到。此节单讲隋炀帝的一次遇险，这场遇险与突厥、李渊都有关系，更重要的是，在这场战斗中，一个青年英雄闪亮登场，他就是李世民。

大业十一年八月，隋炀帝巡视北方边境，在雁门关遭到了突厥的突然袭击。此时突厥的可汗是始毕可汗，始毕可汗是启民可汗的儿子，按理说他的父亲与隋朝友好，那么为什么始毕可汗要攻打皇帝车驾呢？

按照《册府元龟》卷九九九的记载，启民可汗逝世于大业十年（614年），就是说此时始毕可汗即位只有一年，可谓立足未稳，却与隋朝方面发生了激烈的冲突，究其原因，必须要指出的是隋朝的处置失当。两件事惹恼了始毕可汗。

一是和亲事件。启民可汗去世的时候，突厥已经经过了多年的和平生活，部落繁衍壮大。隋朝大臣裴矩担心其势力坐大，想通过离间的方式分解其部众。要知道，当年隋文帝就是采用和亲的方式离间了突厥两位可汗之间的关系，这次裴矩故技重施，他向隋炀帝建议，欲以宗女嫁给始毕可汗的弟弟叱吉设，拜其为南面可汗，而叱吉设听说了之后吓得不敢接受。而始毕可汗由此对隋朝产生了怨恨。

二是史蜀胡悉事件。史蜀胡悉是始毕可汗身边的谋臣，足智多谋，堪称是突厥的管仲、诸葛亮式的人物，始毕可汗非常信赖他。裴矩又要想办法除掉他，于是谎称与突厥进行互市，并且约定好了日期和时间。到了日子，史蜀胡悉带领着商队来到了隋朝马邑城下，没想到隋军伏兵四起，将史蜀胡悉杀死。隋炀帝随即派使者对始毕可汗宣读诏书，说：史蜀胡悉背叛了可汗，前来投奔我朝，我已经替你将其铲除。始毕可汗闻听之后大怒，开始谋划攻打隋朝。

也就在此时消息传来，隋炀帝正在视察北部边境。于是始毕可汗秘密调集兵马，据说一次就调动了数十万骑兵，这是打算将隋炀帝一鼓作气聚而歼之。幸亏以前送往突厥和亲的义成公主悄悄地派人将消息报告了隋炀帝，隋炀帝紧急预备，快速进入有高厚城墙保护的雁门郡，紧跟着始毕可汗的大军就铺天盖地而来，一时间雁门郡下辖的四十一城被攻破了三十九个，然后突厥围住雁门郡城日夜攻打。

隋炀帝这下子遭了大难，突厥来势汹汹，城内艰苦抵抗，所有的民房都被拆毁，木料、砖石瓦块被移做城防，城内有军民多达十五万，但是由于没时间预备，所以粮食满打满算只够吃二十天，形势极度危急，战况十分激烈，突厥人的流矢已经射到了隋炀帝的脚前，隋炀帝大为震惊，抱着小儿子赵王杲哭得眼睛都肿了。左卫大将军宇文述建议皇帝亲自率领数千名精锐骑兵突围而出，宰相苏威表示反对，他说：我方的长处在于守城，敌人的长处在于奔袭野战，我们怎么能扬短弃长呢？这不是正中敌人下怀吗？民部尚书樊子盖也建议说：现在应该做的就是坚守雁门城，然后召集四方兵马勤王。紧跟着他趁势提出了那个以前谁都不敢提的话题：陛下必须收聚人心才可渡过难关，收聚人心的手段应该是昭告全天下，以后不再伐辽，而且许诺给予勤王之师以重奖。大臣萧瑀、虞世基也都附和，劝说隋炀帝发布诏书，放弃伐辽，换取军心民心支持。要知道，以前没人敢在隋炀帝面前提这个要求，现在眼看性命不保，除此之外别无他途，所以才敢斗胆在隋炀帝面前提出要求。而隋炀帝此时也别无选择，全天下都因伐辽痛苦不堪，人心已散，假如不停止伐辽，自己只有命丧边疆这一条路，于是他接受了大家的要求。

他还亲自巡视城头，鼓励守城将士，答应他们，一旦守城成功，无官者直接授予六品，有官的依次升职，并且会给大家厚赐财物。将士们士气大振。

此时，接到命令的四方兵马开始奔赴雁门勤王，其中就有李渊的二儿子李世民。李世民自小聪明伶俐，少年时期就练就了一身武艺，而且受其父影响，弓箭功夫了得。李渊的家庭教育是很成功的，李渊本人雄才大略，夫人窦氏又性格刚强，所以孩子们个个都是人才，除了李玄霸早夭，其余的儿子们都在后来的建国战争中立下了汗马功劳。

李世民一生作战，善于猛打猛冲，也善于以疑兵制胜，这在他的第一次实战中就体现了出来。当时他跟随着屯卫将军云定兴前来雁门郡支援，他对云定兴建议说："始毕可汗举国之师，敢围天子，必以国家仓卒无援。我张军容，令数十里幡旗相续，夜则钲鼓相应，虏必谓救兵云集，望尘而遁矣。"（《旧唐书·太宗纪》）云定兴听从了他的建议，虚张声势，大张旗鼓，突厥果然被震慑，也就在此时，隋炀帝派往突厥的密使找到了义成公主，公主给可汗写信说北边有紧急情况，始毕可汗眼见围攻雁门城不能得手，四方援军汇集，自己有被合围的可能，于是就撤军离开了。隋炀帝逃得一命。

令人慨叹的是，隋炀帝脱险后，违背了诺言，将给将士们的赏格大大降低，又召集群臣再议伐辽东，于是整个统治集团刚刚调动起来的积极性又被打消掉了，隋炀帝已经万劫不复了。

对于李世民来说，这是他人生第一场实战，小荷才露尖尖角，李世民正式开始了他波澜壮阔的戎马生涯。对于他的父亲李渊来说，这个儿子将是他建国大业中最大的财富之一。

疑问二：李密在杨玄感失败后下落如何？

与此同时，关陇集团另一个代表李密踏上了另一条道路。

杨玄感的失败对于李密来说当然是人生第一次大挫败。关陇集团的显赫出身，隋炀帝众叛亲离的背景，数万大军，充足的粮食供应，这一切加起来都没有带来胜利，这对李密来说是一次深刻的教训，从此李密走上了一条潜伏民间、发展壮大力量、厚积薄发的道路。

杨玄感失败之后，李密被俘，和其他要犯一起被送往隋炀帝在高阳的大营。李密知道，这一去绝对是死路一条，而且会死得很惨。当时杨玄感有个好友斛斯政，因为怕隋炀帝追究，逃到了高丽，高丽把他作为谈判的筹码送给了隋炀帝，隋炀帝竟然下令群臣每人一箭射死斛斯政，斛斯政被射得跟刺猬一样，可见隋炀帝多么痛恨杨玄感一党。

李密被押解着往高阳走，一面走一面想办法。他对手下们说：我辈现在的性命就如同朝露，说没就没了，现在还在半路，还有挽回的机会，你们要听从我的。大家都纷纷点头。其中有一个人，身上藏着金子，被俘的时候押解的士兵居然没有搜出来，他把这些金子给了李密。李密将金子给了押解人员，对他们说：我们现在是纯粹等死了，希望我们被处死之后，你们能用这些金子做陪葬物安葬我们，剩下的金子你们就留着花吧。有钱能使鬼推磨，这些押解人员拿了金子，个个喜笑颜开，对李密等人的态度明显改善了。李密继续麻痹他们，路上经常买些酒食请他们吃饭，个个喝得酒酣耳热。

走到邯郸，再不跑就没机会了。半夜趁着押解人员睡得香，李密和七个手下人悄悄将房屋的土墙掏了一个洞，然后逃了出去。

对李密来说，家是没法回了，举目天下，当时一片纷纷攘攘，虽然起义军星罗棋布，却也看不出谁是可以执牛耳者，看不出谁是真英雄。尤其在李密这种关陇集团子弟眼睛里，此辈皆竖子。可眼下不投奔他们投奔谁呢？李密只好先按捺住自己的高傲，寻找一个落脚点。

他首先投奔了平原郡一带起义军领袖郝孝德。郝孝德是最早起义的领袖之一，与王薄等人在大业九年就起兵了。此人兵力虽多，却非良帅，多次被隋朝官府军队击败。而且此人没有知人善任的本领，李密等八个人来投奔，他却一点也不重视，不给任何礼遇。根据《革命记》记载，李密曾对他说：您若重用我，我给您出谋划策，河朔指日可定！

但是郝孝德却说：我举兵就是因为没饭吃，求一条活路罢了，什么称霸天下之类的事我想都没想过。你是朝廷通缉的重犯，朝廷要知道你在我这里，我死无葬身之地，瓦岗军翟让那里人更多，我送你去那里吧！——等于变相赶走了李密。

这番话显示出，隋末农民大起义虽然波澜壮阔，但各路义军心思不一，有以争夺天下为己任的，也有在夹缝中求生存的，郝孝德就是后面这一种。李密、李渊等人之所以能在隋末农民大起义里脱颖而出，与他们的自信和胸怀抱负远大分不开。

李密离开郝孝德，又来投奔王薄，王薄照样不愿意收留他。原因和郝孝德一样，怕有了他树大招风，这也反映出各路义军并不团结，个个都不愿意站到斗争第一线，总想把祸水引到别人身上。

李密一路流浪到淮阳，实在没得吃了，就在当地住下来，自称叫刘智远，然后开馆办学，当起了私塾先生，大约收了一些门徒，靠一点点微薄的束脩过日子。几个月的时间里李密都十分低迷。曾经赋诗一首抒发胸臆："秦俗犹未平，汉道将何冀？樊哙市井徒，萧何刀笔吏。一朝时运会，千古传名谥。寄言世上雄，虚生真可愧。"（《旧唐书·李密传》）慨叹人生多舛，慨叹时运不济，又暗示着自己一旦时来运转，必然要有一番大作为。写完这首诗，吟唱一番，李密潸然泪下。

问题就在于，这穷乡僻壤的，你一个外来人，又做出了如此有气魄有野心的诗作，还哭，必然引起别人怀疑。有人怀疑李密的来路，于是向地方官举报，地方官下令拘捕，李密又被迫逃走。

当时洛阳附近有很多武装力量，李密游走于外黄王当仁、济阳王伯当、韦城周文举、雍丘李公逸等各股势力之间，说服他们接受自己的平定天下之策。久而久之，这些没有主见的头目们纷纷议论说："斯人公卿子弟，志气若是。今人人皆云杨氏将灭，李氏将兴。吾闻王者不死，斯人再三获济，岂非其人乎！"（《资治通鉴》卷一八三）

这番话值得玩味，这就是关陇集团对民众心理影响的典型例证，李密与这些草莽英雄不一样，他是关陇集团核心子弟，又名应图谶，所以自然就带有气场，对民众心理有一种慑服的作用。我们看待李渊建国也必须沿着这个思路，李渊和李世民等人的能力固然是成功的首要原因，但这种社会心理的辅助也是不可小觑的重要原因。

疑问三：李密为何看重瓦岗军？

李密审时度势，觉得各股势力中，就属瓦岗军翟让比较强大，于是他通过王伯当做翟让的工作，最终投奔了瓦岗军。就在这里，他迎来了自己的人生转机。

翟让是隋朝东郡法曹，因为犯罪而被收监，就等着行刑处死。狱吏黄君汉是个有个性而且又对朝廷不满的人，他认为翟让是条好汉，于是悄悄来找翟让，对他说：翟法司！天时人事，你或许也有感觉吧，这样的乱世里，你怎么能死在监牢里？

翟让一听，觉得话里有话，立即拜谢说：我现在如同牢圈里的野猪一般，死生全看你了。

黄君汉立即帮其解开刑具，将其释放。

翟让逃走前拜谢黄君汉说：我是逃得一命，但不知道您会有什么麻烦？

黄君汉很有个性，他大怒说：我本以为你是条汉子，能救苍生于水火之中，没想到你是个婆婆妈妈之人！你走你的！不要担心我！

于是翟让就逃到了瓦岗，在这里举起了义旗，瓦岗位于今河南滑县南，此处是个交通要道，很快，不少人汇聚到他的旗下，其中包括徐世勣、单雄信等人，其势力迅速壮大起来。可是问题也跟着来了，人多了，吃饭的嘴就多了，粮食不够了，钱也不够了，徐世勣给他出主意说：我们不如前往荥阳、梁郡一带，这里有汴水，来往的公私船只多，能不能去抢劫他们？所谓汴水，在隋唐时期指的是大运河河南中部这一段，这里是隋王朝的大动脉，南方来的船只上往往堆满粮食、布帛，翟让听从了徐世勣的建议，将重点转向了大运河。果然，这里的资源取之不竭，瓦岗军很快就有钱有粮，队伍也扩大到数万人。

李密的到来让翟让十分为难。李密极富才干，出谋划策十分有名，但李密的到来，同时意味着瓦岗军与朝廷的对抗正式白热化。李密见到翟让就劝说道：当今皇帝昏聩，民怨沸腾，您应该学刘邦项羽，挽救苍生，席卷二京！这暗含着劝翟让争夺天下的意思。

但是翟让回答说："吾侪群盗，旦夕偷生草间，君之言者，非吾所及也。"（《资治通鉴》卷一八三）

这番话立即让李密看透了翟让的底细。那么，他将怎么说服翟让，又将怎样利用翟让的胸无大志呢？

箭 在 弦 上

李密和翟让完全是不同层面的人。李密心高气傲,天然带着关陇集团子弟的骄傲感,并且始终持有逐鹿中原、称霸天下的雄心抱负。而翟让则如黄君汉所说,表面看起来有英雄气,实际上却是个胸无大志、骨子里缺乏霸气的人。他的目标也很简单,就是在战乱中拉起一支队伍来求活命,而不是夺取江山。所以翟让做事格局不高,也没有李密那么狠,这一点在平时也就罢了,但在战乱年代却是要命的。

李密的心思是进入瓦岗军,并且想掌握大权。他劝说翟让夺取天下那些话,翟让一口回绝。但是回过头来又百味杂陈,要说想法吧,说有也有,要说胆量吧,还真欠点,尤其对于这个李密,翟让不知道该接纳还是拒绝,李密来了,要么树大招风,招来隋军疯狂攻击,要么帮助瓦岗军壮大,而自己能力、出身又低于此人,该怎么办?

翟让身边有军师贾雄,贾雄善于占卜,这个人说话翟让都听,于是翟让将贾雄找来商议。他不知道,贾雄已经暗地里与李密结交。贾雄听翟让说完就说:李密的主意很对,吉不可言。但是要实现这样的大业，您一个人不行，必须有李密这个贵人相助。

翟让问：如果此事能成，那么蒲山公（李密）自立好了，为什么要来找我？

贾雄说：这您有所不知。您姓翟，翟的意思是水面湖泊，李密家封号是蒲山公，蒲是水草，无水不活，所以他需要您。

贾雄这番话用意在于劝说翟让接纳李密，既赞成李密的雄伟计划，又给翟让吃定心丸，即李密不能僭越你。

翟让听了这番话，终于下定决心，完全接纳了李密，而且与李密之间关系也越来越好。这一期间，李密为瓦岗军做出了巨大贡献，主要的功绩有两个：

其一，歼灭张须陀。

李密在瓦岗军期间最出彩的一件事情就是和张须陀的大海寺战役。张须陀是隋末农民起义过程当中官府军队这边涌现出来的一颗将星。农民起义刚起来的时候，地方官无力弹压，人心怯战。但是张须陀不一样，此人是一员悍将，打起仗勇猛无比，而且深受部下爱戴。他胆量过人，见敌必战，甚至曾一个人率五个骑兵挑战对方两万人，差点丢了性命。当时整个中原地区，官府军队将领里表现最抢眼的就是他。兵锋所向，农民起义军无不胆寒。他手下还有两员名将——罗士信、秦琼，这两人都是在战场上摸爬滚打干出来的。张须陀曾率领军队与农民军首领卢明月率领的十余万大军对峙，张须陀这边只有一万余人，不出奇兵无以制胜，于是张须陀决定佯败，将敌军主力吸引走，然后以一千精兵奇袭敌军大营，罗士信和秦琼主动请缨，指挥这一千人。

正面阵地上，张须陀率军队佯装粮尽退兵，卢明月果然紧追不舍，罗士信、秦琼率领一千人埋伏在芦苇中，等敌人主力过去了立即直奔敌人大营，大营栅门紧闭，罗士信、秦琼身手敏捷，爬上敌楼，格杀数人，敌人大乱；两人一路砍杀来到大门前，将门打开，将士们蜂拥而入，并且四处放火，卢明月又想回军拯救大营，结果被张须陀在背后追杀，最后只剩几百人逃脱，隋军大胜。秦琼在这场战役里一战成名。

此时张须陀奉命进攻翟让，翟让曾经被张须陀击败过，非常害怕，想逃到远处去。李密说："须陀勇而无谋，兵又骤胜，既骄且狠，可一战而擒。公但列阵以待，为公破之。"（《旧唐书·李密传》）结果双方交战，李密率军埋伏在大海寺以北密林中，翟让正面接敌，张须陀一看是翟让，手下败将，非常轻视他。翟让佯装败北，张须陀在后面紧追不舍，李密从密林中冲出，袭击隋军背后，张须陀大败，李密将张须陀部队包围起来，张须陀本来已经杀出重围，但是为了救部下，又跃马重返包围圈冲杀数次，最终战死。张须陀的阵亡对隋王朝来说是个巨大的损失。他的部下伤亡惨重，但是秦琼和罗士信都逃了出来，投奔另一个隋军将领裴仁基。

这一仗，李密击败了翟让从未战胜过的敌人张须陀，不仅使隋朝官府军队蒙受了巨大损失，而且也让翟让心服口服。从此翟让让李密单独建牙，其部队番号是"蒲山公营"。李密充分展现了自己治军的手段与魄力。他恩威并用，平时生活俭朴，获取了财宝都转手赐给将士们，人人为之所用。而且号令严明，即便是盛夏季节，听到蒲山公军令，将士们都如同寒冬里一般瑟瑟发抖。

翟让部队与李密部队不断有小摩擦，但是李密约束甚严，将士们不敢和翟让部下起冲突。翟让不知道是出于什么样的复杂心理，对李密说：现在军粮资储都有了，我想率领部队回瓦岗，你要想跟着来就来，如果不来，听凭你自由行动，咱们从此就告别了。

于是他率领着部队向东撤退。而李密却引兵向西，一路攻城略地，更加壮大。翟让不久后悔了，又来与李密会合。翟让这样做，充分体现出他目的性不明确、做事优柔寡断的弱点，而且三来两去，让自己的权威也受到了损伤。

其二，攻克兴洛仓。

当时隋炀帝已经退居到江都。洛阳有越王镇守。李密就与翟让谋划，想袭击洛阳，一举拿下。并且事先派人前往洛阳侦察虚实。没想到被洛阳方面察觉，加强了戒备，并且派使者前往江都汇报隋炀帝。李密对翟让说：事已至此，不得不发。如今最重要的是粮食，老百姓没粮吃，人心惶惶。距离东都约百里有兴洛仓，素无戒备，兵力也不多，不如攻击那里。获取了粮仓，我们也就有了最大的资本，百万之众，一朝可集！

翟让听了，敬佩不已。他请李密为前军，自己为后军，拣选了七千精兵，长途奔袭兴洛仓。

兴洛仓位于今河南省郑州市巩义河洛镇，土层高厚，是建立粮仓的理想地点。它储存的主要是利用大运河自华北和南方运来的粮食。从这里顺洛河逆水而上可达洛阳，地理位置十分关键。隋大业二年兴建兴洛仓，仓城周围二十余里，共有三千口地窖，设兵千人防守，当时全国有六大粮仓，而兴洛仓是最大的粮仓。

李密和翟让顺利攻破了仓城，占有了所有粮食。中原地区的老百姓听说之后，拖家带口赶往兴洛仓。隋朝靠横征暴敛聚敛起来的粮食被李密分发给大家，据说只要体力能跟上，拿多少无人阻拦，老百姓欣喜若狂。此时瓦岗军抓住时机扩军，结果大批民众加入队伍，部队日益壮大，已经发展为当时全天下屈指可数的大武装集团。此役李密功不可没。

瓦岗军在洛阳城外围如此大张旗鼓，使得镇守洛阳的越王侗感到不安。他想趁瓦岗军立足未稳，抢先攻击。于是派出刘长恭、裴仁基等率军两万五千讨伐李密。当时洛阳城内情报不灵，很多人对瓦岗军的实力没有清醒的认识，以为瓦岗军和其他流民武装一样，不过是因为饥饿而抢劫官仓的乌合之众罢了，所以出师的时候颇有轻敌之心。而且国子三馆（隋以国子、太学、四门为三馆）学士、贵族子弟纷纷加入队伍，想博取点军功，以求日后飞黄腾达。军队浩浩荡荡开出洛阳，锣鼓喧天，衣甲鲜亮，直奔兴洛仓而来。

李密和翟让决心正面迎敌。他们充分利用地形，精选精锐，分成十队，以六队吸引敌人，四队埋伏。隋军轻敌，不顾本身又累又饿，对翟让发动了进攻。翟让佯败，吸引对方追击，而李密率领伏兵从横侧方向冲入敌阵，敌人阵形拉得太长，首尾不得相顾，被瓦岗军分割成几个部分，分别歼灭。刘长恭脱掉将帅军服逃走，士兵死亡十之五六。经此一役，瓦岗军在洛阳城外围站稳了脚跟。

至于隋军另一个将领裴仁基，他所率领的部队迟到了，没有及时赶到战场，这在战时是大罪，而且裴仁基与监军御史萧怀静素有矛盾，裴仁基清楚，萧一定会抓住这个机会整死自己。就在此时，李密派人来秘密联络，裴仁基最后决心投奔瓦岗军，于是他在虎牢关举事，杀死萧怀静，将虎牢关献给了瓦岗军。

对于李密来说，收降裴仁基还有个惊喜，那就是得到了秦琼和程咬金。秦琼在张须陀死后一直追随裴仁基，此时秦琼加入了农民军。史书记载说："密得叔宝大喜，以为帐内骠骑，待之甚厚。"（《旧唐书·秦叔宝传》）封官赏赐，给了很高的礼遇。李密选军中最精锐的士兵八千人分给四骠骑，号称"内军"，常说："此八千人足当百万。"当时他手下有所谓四大骠骑将军，秦琼是其中一个，还有一人就是程咬金。

疑问之一：程咬金的真实形象是否是《隋唐演义》里描绘的混世魔王？

程咬金因为《隋唐演义》的缘故家喻户晓。在民间文学里，程咬金是完完全全的草根出身。说他家住济南，幼年丧父，跟着母亲逃荒到了山东历城，后来还贩过私盐，打死过官府的捕快，坐了大牢云云。那么真实情况呢？

程咬金是山东人没错，他的墓志已经出土，根据墓志记载，他的曾祖名叫程兴，祖父名程哲，都是北齐官员，尤其是他爸爸程娄，是北齐济州大中正。这个官名说明他家是地方豪族。为什么呢？因为"大中正"这个官职负责点评地方上的人物，评定他们的等级，朝廷根据他们的评判任命官员，而这个职务历来是给地方豪族留着的。《新唐书》说大中正"皆取著姓士族为之，以定门胄，品藻人物"（《新唐书·柳冲传》），这就说明程家是济州地方大族。

北齐被北周灭了之后，程家家道败落，到了程咬金这一辈，可以说是完全的草根出身。隋末农民大起义的时候，程咬金挺身而出，《旧唐书》记载说他"聚徒数百，共保乡里，以备他盗"。在那个战乱年代，能够拉起一支人马的往往都是些地方上有身份、有名望的人，程咬金如此顺利就聚集了数百人，可能与他家很久以来积攒的名望和社会地位有关。

民间文学里的程咬金有一个外号——三板斧。据说程咬金善于用板斧，见到敌人就劈将过去，就三招，但是真实情况呢？《旧唐书·程知节传》说："少骁勇，善用马矟。"也就是说程咬金善于用长矛，而且是骑马作战。没有记载说程咬金善于使用板斧这种很有江湖气息的武器。

瓦岗军就这样发展壮大成中原地区第一大起义军。翟让此时已经甘居次席。他推李密为主，上尊号为魏国公，设坛场即位，称元年。请大家注意，此时的李密还是不敢称帝，原因很简单——称帝树大招风，不仅是隋朝，天下各路义军也会把自己视为眼中钉肉中刺，所以李密还是没有公开打出取代隋朝的旗号。魏公府称行军元帅府，设置三司、六卫，这实际上是在模仿朝廷设置。拜翟让为上柱国、司徒、东郡公，以单雄信为左武侯大将军，徐世勣为右武侯大将军，《资治通鉴》记载说："于是赵、魏以南，江、淮以北，群盗莫不响应。"鼎盛时期，河南大部分州县都落到了瓦岗军手里，兵力多达数十万。

疑问之二：同时期的李渊在做什么？

隋炀帝从雁门城解围脱险之后，动身前往东都洛阳，不久又前往江都，直到死在那里。离开雁门城的时候，他下令让李渊率领太原兵马，与马邑郡守王仁恭一起镇守北部边境，防御突厥。

在马邑，李渊和王仁恭兵力加起来不过区区五千人。王仁恭怯战，而李渊则胸有成竹，认为兵贵精而不贵多，他对王仁恭说：突厥所长乃是骑射，机动力强，风驰电掣，居无定所，出没无常，所以我们与之作战罕有胜绩。但是，如果我们模仿他们组成一支部队，揣摩其动机，预测其规律，他们也就没有便宜可占。现在圣上远在江淮，我们若不发奋自强，恐怕死无葬身之地。王仁恭听了频频点头。

于是李渊在五千兵马中挑选了善射、骑术好的两千人组成一支新型部队，他们从武器装备到饮食起居都模仿突厥，逐水草而居，并且远置斥候，掌握突厥动态。有时遇到突厥侦察兵，李渊也不动声色，继续驰骋射猎。李渊善射，箭无虚发，常常引得自己人和突厥侦察兵惊叹。

有时候李渊的部队走在草原上，突厥人远远望去，觉得衣着、行为都像是自己人，所以常常不戒备。后来李渊趁突厥人放松警惕，发动突然袭击，突厥人败北，被斩首近千人，特勤所乘马匹也被李渊俘虏，李渊部队士气大振，而突厥人长时间不敢南下。

当时太原附近有一股号称"历山飞"的武装力量，在上党、西河一带活动，阻断太原通往长安和洛阳的道路。大业十三年（617年），隋炀帝任命李渊为太原留守，总负责今山西地区的军事行动。这是一个重要职务，李渊心中窃喜，对儿子李世民说："唐固吾国，太原即其地焉。今我来斯，是为天与。与而不取，祸将斯及。"（《大唐创业起居注》卷一）山西地区上古称唐，李渊家世代封号唐国公，所以被封到此地担任留守，李渊心花怒放，认为是天意。

疑问三：隋炀帝真的对李渊放心了吗？

　　其实形势有微妙之处——微妙在隋炀帝同时委任了王威、高君雅为李渊的副手。这两人并不是李渊的人，而是效忠隋炀帝的人，换句话说，隋炀帝任命李渊为太原留守，是因为李渊的才略胆识可以应对突厥，但是隋炀帝对李渊的猜忌并没有因此减少，所以在李渊身边布置这两人，以充当眼线，并行监督之事。

　　李渊开始剿灭历山飞。历山飞兵力多达数万，机动性强，而且善于攻城，不仅攻破上党城，还在太原附近击败隋军潘长文部，并将潘长文斩首，士气大振。李渊率领军队前来镇压，在雀鼠谷与敌人遭遇，当时历山飞有兵力两万余人，而李渊只有五千，王威及三军将士均面有难色，李渊安慰他们说：敌众虽多，却是乌合之众，尤其是接连战胜，已经成了骄兵，我们与之斗智不斗勇！

　　李渊将部队分为大小两部分，大部队由王威率领，位居阵地中央，李渊自己率领数百人，分为左右队，部署在大部队两侧。尤其令人不解的是，他将自己的私人旗帜放在了大部队中央。

　　战斗一开始，历山飞认为李渊在中军，于是以主力攻击中央，精锐尽出，王威支撑不住，不断后撤，敌人杀入了李渊部队的阵地，发现了大批粮草辎重。这些人都是草莽出身，本来就爱财好财，看到这么多财物，竟然不顾战场纪律，纷纷下马抢夺辎重。李渊等的就是这个时候，他一挥手，左右两队包抄敌后，向乱哄哄的敌军射过去一阵箭雨，敌众大乱，李渊指挥部队跃马扬刀冲入敌人阵营之中，历山飞大败，死伤众多，拖家带口投降的多达数万人。

　　但是李渊兵力太少的缺陷很快就给他惹来了麻烦。就在他对付历山飞的同时，突厥得知消息，知道李渊率兵南下了，于是趁机进攻马邑，王仁恭和高君雅负责马邑防守，但是力不从心，多次战败。隋炀帝得知消息，认为李渊和王仁恭镇守边关不力，理应法办，于是派遣使者来到太原，将李渊拘捕，而王仁恭被认为是战败的直接责任人，竟然被皇帝要求处死。

在此之后，李渊、王仁恭可能是通过某种运作逃脱了处罚，但是李渊还是心有余悸。他觉得，自己名应图谶，又来到太原这个重镇，一定是遭到很多人尤其是皇帝的猜忌。当时长子李建成在河东，身边只有二子李世民，李渊悄悄对李世民说："隋历将尽，吾家继膺符命，不早起兵者，顾尔兄弟未集耳。今遭羑里之厄，尔昆季须会盟津之师，不得同受孥戮，家破身亡，为英雄所笑。"（《大唐创业起居注》卷一）。他已经下定决心，要举事了，否则夜长梦多，隋炀帝早晚还会有针对自己的举措，与其束手待毙，不如放手一搏。他对李世民表示，隋朝德运已终，自己已经下定举兵的决心，他决心把儿子们派出去，汇集天下英雄。"羑里之厄"借用了周文王典故，指的是自己与周文王一样在暴君手里遭受牢狱之灾，"盟津之师"借用了周武王的典故，暗示他要让儿子们分头行动，召集各地人马，共同举事。

事已至此，李渊已经别无选择，他要求李建成和李元吉在河东招纳豪杰，让李世民在太原密招友军，又派人前往长安，秘密通知自己的女婿柴绍赶往太原协助举事。

一切都在紧锣密鼓的准备中，突然一个消息传来——有人泄密，并且已经赶往江都，去向皇帝汇报李渊谋反，李渊闻听大惊失色。

左武衞大將軍胡國公秦叔寶 名瓊齊州歷城人征王世充竇建
德劉黑闥娛俱有功封翼國公以平隱巢亂進左武衞大將軍寶封七百
戶贈徐州都督改封胡國公

秦叔宝肖像图
(《凌烟阁功臣图》清刘源绘　上海同文书局石印本)

【六】

群 星 璀 璨

　　就在李渊积极密谋举兵的关键时刻，一个意外事件的发生，差点将李渊父子推向深渊。有人发现了他的密谋，并且赶往隋炀帝处进行举报。此人不是别人，正是后来鼎鼎有名的李靖。

　　李靖是关中三原县人，本名叫李药师。他的祖父和父亲分别在北魏和隋朝为官。他的舅舅是隋朝名将韩擒虎，由于韩擒虎的名字要避李虎的讳，所以经常被唐人写为"韩擒"。韩擒虎在平定南朝实现王朝统一方面是第一功臣，隋朝的大名人。他对自己这个天资聪颖且喜爱兵法的外甥极其欣赏，他说：能和我一起讨论孙子、吴起兵法的，只有此人了。刚为官的时候李靖出任长安县功曹，很多大臣欣赏他。宰相杨素就是其中之一。有一次他抚着自己的床跟李靖说："卿终当坐此。"（《旧唐书·李靖传》）你总有一天要坐到我这个位子上来。

　　李靖的思维敏锐度和观察力非同寻常，但是这个特点差点害死李渊，当时他正在马邑当郡丞，马邑在太原留守李渊的执掌范围内。李渊密谋举兵这件事，隋炀帝派在他身边监视的高君雅、王威都没看出蛛丝马迹，李靖却看出来了。他观察李渊，有所谓

"四方之志"，于是想揭发李渊。要我说这也无可厚非，李靖是隋朝的官，看见谋反进行举报是理所当然的。

但他做了一个很特别的举动，《旧唐书·李靖传》记载说他"因自锁上变，将诣江都，至长安，道塞不通而止"。他把自己当作囚徒捆起来，然后前往隋炀帝所在的江都告状。这里有两个疑问：

第一，为何自锁？

司马光写《资治通鉴》的时候就很纳闷，他说："上变当乘驿取疾，何为自锁也？"（《资治通鉴考异》）去揭发密谋应该从官方驿站快点走，自锁干什么？我估计是因为此时山西掌握在李渊手里，他要是明目张胆地跑，难免被发现，李渊一定会派人追他。追上了小命难保，因此玩个花招，伪装成自己犯罪了被解往内地受审，可以瞒天过海。

第二，为何取道长安？

从马邑去江都告状，江都也就是扬州，你一直向南走就可以，为何要绕到长安？我估计是因为此时隋朝已经到处是战乱，河南方向已经是战场，他只有取道相对比较平静的关中绕大圈才能到扬州去。

可是到了长安他才知道，长安通往南方的路也断绝了，当时全国到处是战火，关中成了孤岛，于是他就滞留在长安。假如告密成功，李渊说不定就小命难保了，大唐王朝也就胎死腹中了，所以说李靖差点害死了唐王朝。

后来，李渊占领了长安，抓住了李靖。李渊恨得牙痒痒，将他及一干人推上刑场，阴世师等都被杀了，就在刀斧手举起屠刀要杀李靖的时候，李靖大喊：唐国公不是要匡扶天下吗？奈何因私怨而杀壮士？此时一个关键人物登场了，谁呢？李世民。李世民早就听说李靖是个军事奇才，此时正是用人之时，杀了他太可惜，于是向李渊求情。李渊只好卖给李世民一个面子，释放了李靖。李靖随即进入了李世民的幕府。

不过，李渊对李靖始终心存芥蒂，不能释怀，后来还多次萌生过杀李靖的念头，这是后话。

我们把视线拉回到李靖潜逃之前，来看看当时的形势。李渊举兵的决心已经下定，那么下一步最重要的工作就是给自己积攒力量。要说李渊一直到太原举兵为止，他的兵力算不上当时天下各股力量中最强大的，但是他能笑到最后，全仰仗自己身边这支人才济济的队伍。

对他来说，当时有内外两股力量可以使用，内部就是他的儿子、女婿甚至女儿，外部则是刘文静、裴寂、长孙顺德、刘弘基、武士彟等人。我们分别来看一看。

李建成

李建成是李渊长子，窦氏所生。他的历史形象在李世民当皇帝之后受到了扭曲。在经过李世民所修改的官方史料中，李建成的功勋几乎被完全抹杀，以至于到今天我们研究李建成都感到困难重重。实际上，对李渊来说，李建成可谓左膀右臂，是最得力的助手。拨开史料留给我们的重重迷雾会发现，李建成是个较为忠厚而且能干的人。太原举兵之前，他就被派往河东等地招募群雄；太原举兵之后，他是第一批投入战场的将领，起码功勋不在李世民之下。他是在被册立为太子之后，由于被长时间留在高祖身边，导致功勋逐渐被李世民超越，有关他的事迹我们留待后面讲。

这里只列举一下没有经过李世民修改的李渊记室参军温大雅所写《大唐创业起居注》对李建成的评价："太子及王俱禀圣略，倾财赈施，卑身下士。逮乎骊缯博徒，监门厮养，一技可称，一艺可取，与之抗礼，未尝云倦。故得士庶之心，无不至者。"也就是说，在这本书里温大雅给予了李建成和李世民极高的评价，认为他们有才干，谦虚，善于吸纳人才，礼贤下士，深孚众望，颇得人心。我觉得这个评价可能更接近事实。

李元吉

李元吉是李渊第四子，窦氏所生。据说李元吉生下来的时候相貌丑陋，窦氏被惊着了，生而不举，意思是不想养他。窦氏身边的侍女陈善意主动把孩子抱过来加以喂养，一直养大。元吉从小顽劣，孔武有力，又喜欢田猎，曾对别人说：我宁可三日不食，也不能一日不猎。出行的时候总是带着狩猎工具。他还有个喜好，就是玩打仗游戏，而且他是来真格的，叫童仆们都穿上盔甲，手持利刃，往来冲击，自己也亲自参加，以至于多人死伤，他也受伤了。乳母陈善意喝止他们，又劝说李元吉不要再玩这种残酷的游戏，当时李元吉喝得酩酊大醉，竟然让人将陈氏拉出去杀死。酒醒后又后悔，私自给陈氏上谥号曰慈训夫人。

这段记载主要见于《新唐书》，又见于《资治通鉴》，这两本书对李世民修改过的史料深信不疑。而立场相对而言不那么鲜明的《旧唐书》则记载了李元吉好田猎、好做打仗游戏导致人伤亡的事情，却没有记载陈善意被杀事，所以，李元吉有没有杀害自己的养母是个疑问。但李元吉的顽劣在这几部史书中都有记载，究竟是历史的真实，还是李世民的塑造，这点就不清楚了。不过从李元吉一系列举动来看，此人能力是有的，但是比不上李建成和李世民，后来的玄武门事变之前，他是李建成一党的，但也没有能够给予李建成多大帮助，基本属于猪队友。

但无论如何，太原举兵过程中李元吉是有功劳的，这一点不能否认。

刘文静

刘文静是关中武功人。世代为官，但都是不太大的官。他父亲死于战事，虽然刘文静继承了父亲的散官，但是家道还是不可避免地败落了。此人据说长得相貌堂堂，而且多谋略，善筹划。

隋末时他担任晋阳县令。与晋阳宫监裴寂关系非常好，已经到了无话不谈的地步。有一次两人夜间聊天，裴寂抬头看见城头正在举烽火。那时天下日渐动乱，裴寂长叹一口气说：咱们够倒霉的了，家道败落，又碰到这样的乱世，怎么办啊？刘文静却胸有成竹，他笑着说：我们只要团结，还发愁没有一番作为吗？他们的希望在太原留守李渊父子身上，各路豪杰并起，只有有名望、有能力的人才是可以依靠的对象，更何况李家是根正苗红的关陇集团成员，在天下人心目中天然就高其他豪杰一筹。刘文静和裴寂近水楼台先得月，很快就加入了李渊集团。

很早之前，刘文静就曾劝说李世民举兵。他和杨玄感有亲戚关系，所以杨玄感叛乱失败之后，他被隋炀帝下令收监，关在牢房里，而李世民前来探望，刘文静说："天下大乱，非有汤、武、高、光之才，不能定也。"（《旧唐书·刘文静传》）

李世民则回答："卿安知无，但恐常人不能别耳。"（《旧唐书・刘文静传》）您怎么知道现在没有这种人？一般人看不出来罢了。这话大有深意，有种舍我其谁哉的味道。

然后李世民直接向刘文静索取建议，他说：我今日来到监狱，不是出于什么亲情友情，而是来向你讨主意的，我想举事，你为我好好谋划一下。

刘文静立即开始给他分析局势，他说如今李密的瓦岗军正在围困洛阳，皇帝跑到江都去了，各路人马加起来有上万支，就差一个真命天子驾驭他们。现在太原城里躲避盗贼的百姓有好几十万，一旦举起大旗号召，可得十万雄兵，你父亲现在手下就有大兵数万，你们如能举起义旗，民众必响应，乘虚入关，号令天下，不到半年，帝业可成。

李世民笑曰："君言正合人意。"（《旧唐书・刘文静传》）我要的就是你这番话。

这段话烘托的是李世民在太原举兵过程中的领导地位，商议起兵甚至比他爸都要早。这段记载有两个可能：第一，这是虚构，可能是李世民修改史料的结果，为的是把自己塑造成大唐帝国开拓者。第二，对话真实存在，只是此时李渊还没对儿子们亮明想法，以至于李世民并不知道父亲早有谋划。

裴寂

裴寂是山西闻喜人，幼年丧父，由兄长抚养成人。他眉目清秀，姿容俊伟，根据其墓志记载，十四岁时便被补任为本州主簿，十八岁担任左亲卫，后来又担任侍御史、晋阳宫监等职务。

裴寂与刘文静是好朋友，他们在太原举兵过程中都发挥了重要作用，两人那时可谓配合默契，情同手足。但是后来，两人分属不同的派别，最终导致反目成仇，最后刘文静遭到诛杀，令人扼腕叹息。这是后话。

在李世民的史料体系里，裴寂与刘文静是劝说李渊举兵的关键性人物。在这套史料体系里，李渊被描绘成一个犹豫不决、胆小的主事者，而李世民则是起兵的主谋，苦口婆心劝说父亲，但是父亲始终不敢下决心。

新旧《唐书》里是这样描述的：裴寂与李渊早就相识，关系甚好，常在一起喝酒博弈，李世民看到裴寂如此受父亲器重，就想通过裴寂做父亲的工作。他出私钱上百万，交给龙山县令高斌廉，高与裴是朋友，李世民委托高斌廉故意输钱给裴寂，裴寂当然高兴，久而久之与李世民结交了，李世民趁机把自己的打算和盘托出，裴寂答应帮助李世民。

于是，李世民和裴寂联手给李渊设了一个圈套。此时裴寂晋阳宫监的职务就发挥作用了。

晋阳宫就在太原附近，是隋炀帝的一处行宫。这座宫殿始建于东魏高欢时期，直到隋朝还在沿用。里面有完善的设施、储粮、大批的宫女，随时恭候隋炀帝的到来。

隋晋阳宫遗址航拍照

2016年，经过专家鉴定，太原附近的晋阳古城二号建筑遗址群即为隋代晋阳宫遗址，在这里出土了很多器物和建筑构件，尤其是发现了写有"隋之晋阳宫"字样的残碑，证明此处就是从北朝一直到唐五代都在使用的晋阳宫遗址。

就在这里，李世民给自己的父亲设了局，裴寂请李渊到这里喝酒。结果酒酣耳热之际，裴寂让人将李渊送入宫中某房间休息，然后让晋阳宫宫女进屋陪侍。第二天李渊酒醒，发现自己闯了大祸，宫女是皇帝的女人，他作为地方官不能染指，这是大罪。此时裴寂趁机说："二郎密缵兵马，欲举义旗，正为寂以宫人奉公，恐事发及诛，急为此耳。……若守小节，旦夕死亡；若举义兵，必得天位。众情已协，公意如何？"（《旧唐书·裴寂传》）这里强调的是你家二郎李世民早就做好举兵准备了，现在为了不至于得罪而死，为了社稷天下，为了不负众望，请您举兵，不知意下如何？

这下子李渊骑虎难下，于是不得不听从李世民和裴寂的建议。这是唐朝官方版本的建国史的关键环节，但是这个环节还是充满了各种疑问。

首先，李渊早就开始谋划举兵，而且始终是举兵的主谋，不存在被人裹挟、被人引领的事情，这一点在前面已经说到过。

其次，在裴寂死后的墓志里对此事一字未提，只提到裴寂在太原举兵过程中出谋划策，墓志是这样说的："太上皇沉迹列位，韫庆灵图，揔戎式遏，韬光勿用。公乃绸缪潜德，崎岖草昧之间；纷纭外攘，献替经纶之始。"（《大唐故司空魏国公赠相州刺史裴公墓志铭》）

裴寂死于贞观六年（632年），墓志作于此后不久。而那时候，李世民版本的建国史还没出炉，要一直到贞观十四年（640年）才出来，所以裴寂墓志里也没有提到晋阳宫宴会事件，可见那时还没有这个说法，以至于给裴寂写墓志的时候只能说他参与谋划举兵，而未强调他起到了如此重要的作用。

综上所述，我们判断，晋阳宫宴会事件子虚乌有，李渊举兵早已箭在弦上，根本不可能靠儿子来刺激自己。

但是不管怎么样，裴寂的确是太原举兵核心人物之一，他也成了李渊的左膀右臂，建国后成为宰相，群臣第一，这也不是偶然的。但是正因为他与李渊之间的亲密关系，以及他在处死刘文静事件中起到的主导作用，导致他在玄武门事变后受到了太宗的冷遇，终因交接术士而被流放，最后郁郁而终。

武士彟

这又是一个存疑的建国功臣。此人不是别人，乃是武则天生父。而他的事迹曾经过武则天的美化，所以也留下了一些模糊之处。

武士彟，文水人，是个家财万贯的商人，但是在那个年代，商人是受歧视的，而他脱颖而出，全靠与李渊的关系。

据《旧唐书》记载，李渊在抵御突厥的过程中曾经行军路过武士彟家，武士彟给予了他热情款待，两人由此结识。李渊担任太原留守之后，就把他委任为行军司铠，这个职务很明显是利用他的财富，为军队筹买铠甲等装备。

在武则天以后的官方史料里，武士彟被描述成了太原举兵核心人物。《旧唐书》里记载说他曾经向李渊献兵书和祥瑞，劝李渊举兵。建国后，他名列李渊颁布的建国功臣"太原元谋勋效者"十六人名单里。但是这个说法也遭到了质疑，因为所谓"太原元谋勋效者"不能排除是武则天伪造出来的名单，为了烘托并抬高自己父亲的地位。

实际上，整个举兵过程中，看不到武士彟有什么特别的功勋，可能最主要的贡献就是财务方面，而且他有商人特有的精明，极可能在举兵前左右逢源。

当时李渊身旁有隋炀帝安插的两个副手王威和高君雅，李渊紧锣密鼓准备兵马，不可能不被两人察觉。例如，李渊将招募来的新兵交给刘弘基、长孙顺德等统领，王威和高君雅、武士彟商量说：刘弘基等都是背征三卫，犯了死罪，怎么能领兵？我要把他们抓来审问。所谓三卫，指的是隋朝的亲卫、勋卫、翊卫，都是皇帝侍卫，是官宦子弟凭借门荫担任的职务，刘弘基、长孙顺德都是三卫之人，却弃官不做，来到李渊这里，所以王威等说他们是背征三卫。王威和高君雅能和武士彟一起密谋，可见信赖武士彟。虽然武士彟和他们是同党，但是暗地里也给李渊帮忙，他说：这些人现在都是唐国公的门客，你要是抓他们，一定会引发大麻烦。后来又有一个留守司兵田德平发觉了李渊的异常，想劝王威穷究李渊的行为。武士彟劝他说：唐国公掌握着太原兵权，王威、高君雅不过寄居此处，他们能把唐国公怎样？田德平听了作罢。

但即便如此，李渊还是对武士彟保持戒心。《旧唐书·武士彟传》说得很明白："义师将起，士彟不预知。"也就是说李渊对他并不放心，没有把他纳入核心圈子里。后来李渊攻占长安，武士彟前来禀报，说自己梦见李渊当了天子。李渊却嘲笑他说："汝王威之党也。以汝能谏止弘基等，微心可录，故加酬效；今见事成，乃说迂诞而取媚也？"（《旧唐书·武士彟传》）

这直接打了武士彟的脸，但是很明显，唐高祖还是要用他

的，后来武士彟原配相里氏去世，唐高祖还为他指婚，让他娶了
隋朝宗室女杨氏，而杨氏不是别人，乃武则天生母。

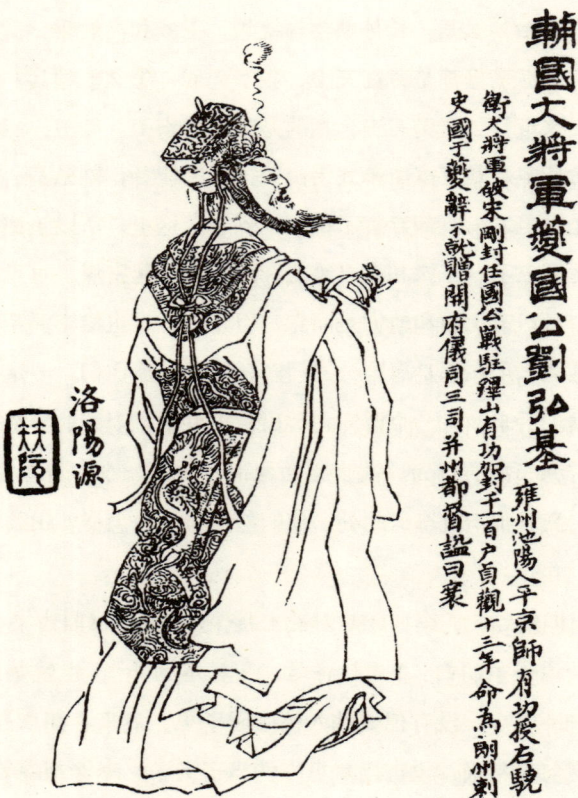

輔國大將軍夔國公劉弘基

雍州池陽人平京師有功授右驍
衛大將軍從宋剛封住國公戰駐繹山有功賀王百戶貞觀十三年命爲朗州刺
史國于夔辭不就贈開府儀同三司并州都督諡曰襄

洛陽源

刘弘基肖像图
（《凌烟阁功臣图》清刘源绘 上海同文书局石印本）

【七】

虚与委蛇

对李渊来说，目前举兵存在两个障碍：第一，实力尚显不足；第二，身边有隋炀帝眼线。所以他的当务之急是解决这两个问题。

解决实力问题他采取了两条路线：

第一，招兵买马。

李渊当时在代北抵御突厥的时候，兵力不过数千人，当了太原留守之后兵力也始终感到不够。这恐怕也是他迟迟不敢举兵的原因。最后举兵之时也不过数万人，留下一部分镇守太原，出发的兵力只有三万多人，队伍是在战争中不断壮大的。

即便是这数万人，也是李渊费尽心机才筹措起来的。为了招兵买马，他将自己的儿子们派了出去，李建成和李元吉前往河东，李世民留在太原，负责暗地里结交豪杰。

除了儿子，他在举事前还招来了女婿柴绍。柴绍是山西临汾人，他的祖父和父亲分别在北周和隋朝中央政府为官，因此柴绍的青少年时代是在关中度过的。史籍记载他从小就孔武有力，而且"任侠"，就是说身上有侠气，锄强扶弱，见义勇为，因此很早就在关中一带有名气。这一点很重要，因为后来李渊太原举兵，平阳公主在关中联络豪强响应的时候，能得到那么多人帮助，和柴绍的名气很有关系。

柴家和李渊家同朝为官，两家关系不错，柴绍和李渊女儿——后来的平阳公主就此结成了夫妻。由于柴绍在长安为官，所以夫妻二人一直住在长安。当李渊在太原举兵的时候，长安城的形势是这样的：隋炀帝不在长安，也不在洛阳，而在江都。长安城内守军实力比较薄弱，城外和全国其他地区一样，都有零星的农民起义。很多豪强也自建武装，正在观望。

在举兵之前，李渊就秘密通告了自己的女儿女婿，柴绍听了之后立即动身前往太原参加，问题是怎么安顿妻子。他对妻子说：你父亲要举兵，我要去参加，不方便带你，可是留你在长安，举兵消息传来你就危险了，怎么办？为何柴绍不带公主一起走呢？大概因为此时是个微妙时刻，如果全家一起走，必然引起隋朝官员的怀疑，自己走，家眷留在长安，别人就不会怀疑你是去造反的。

而平阳公主此时就体现出她与众不同的气质，她说：你不要担心，快走吧。我是个妇人，容易藏匿，而且我有我的办法。最后一句话包含的意思可就大了，怎么说？她不甘心当个随军家属，坐等胜利到来，她也要大展宏图了。

柴绍走了之后，平阳公主立即离开长安城，前往距离长安不远的鄠县别墅。隋唐时期所说的别墅又叫作"别业"，这跟现在那种单独一栋小楼的别墅不是一回事，而是连房子带田地的一大片庄园。她之所以来到这里，一则可以告诉外界她尚未远离长安，使敌人不至于生疑，二则可以确保安全。

她在别墅里紧锣密鼓进行准备，要策应自己的父亲。史籍记载说她将家财散尽，招兵买马。史籍并未记载这些举动是她父亲部署的还是她自己的主张，我估计是她自己的主意，为什么呢？平阳公主再能干，毕竟是个女人，在敌人眼皮子底下招兵买马预谋造反这种事假如是李渊的部署，李渊一定不会让平阳公主独自一个人干，起码不会把柴绍从公主身边招走。这也反映出这个女子的胆识。柴绍临走时她说的那句"当自为计"看来指的就是这件事。

此时李渊的从弟李神通正在长安，太原举兵消息传来时官府要逮捕他，他就跑到了鄠县山中，联系地方豪强对抗隋军。此时紧邻鄠县的盩厔县有一股势力很大的武装，头领是一个胡人，名叫何潘仁，这个姓氏证明他是个中亚人，昭武九姓之一的何氏。他的兵力多达数万人。

平阳公主派遣自己的一个奴仆叫马三宝来联系何潘仁。马三宝虽然是奴仆，但是很有胆略，口才也好，后来就因为跟着平阳公主立有大功官拜左骁卫大将军，贞观年间去世的时候，唐太宗还特地废朝一日，以示哀悼。马三宝来到何潘仁这里，以三寸不烂之舌说服了他，于是何潘仁和李神通合兵一处，合力攻下了鄠县县城。

紧跟着，平阳公主又派马三宝联系了很多地方豪强，大家纷纷响应前来投靠。平阳公主总兵力多达七万人，建立了一支雄厚的武装力量。有关平阳公主的事情留待后面讲，先看柴绍。

柴绍一路怀着激动、期待又惴惴不安的心态前进。渡过黄河之后，路上巧遇两个熟人，谁？两个舅子，李建成和李元吉。他们两个也接到了李渊的命令，正起身从河东出发星夜兼程赶往太原。前面说了，李渊派李建成和李元吉到河东招募壮士。此时父亲密令他们紧急返回，这是要举事的信号。但是传世文献记载在这里却变味了，按照唐代官方说法，见了柴绍，李建成就和他商量：父亲召集我们的信件看起来很急迫，只怕已经举兵了吧，要是消息传开咱们就危险了，这离太原还很远，一路上危险重重。不如咱们就近找个"小贼"，暂时投奔他，以保安全。什么叫"小贼"，就是小股的占山为王的人马，此时全国到处都是这种小股人马。柴绍反对，他说："不可。追既急，宜速去，虽稍辛苦，终当获全。若投小贼，知君唐公之子，执以为功，徒然死耳。"（《旧唐书·柴绍传》）千万不敢，咱们辛苦点，抓紧赶路，没事的。你要是投奔了哪个小贼，他若知道你是李渊的儿子，再把你献给官府邀功请赏怎么办？那不是自投罗网吗？李建成一听有道理，于是三人抓紧赶路，快到太原的时候传来了举兵的消息，三人互相祝贺，然后来见李渊。

这段记载看起来不可信，原因很简单，李建成和李元吉原本的使命就是为起兵招募人手，而且为此准备了多时，跃跃欲试，怎么会在半路改变主意去投奔小贼？而且此时李渊举兵的消息还未传来，地方官也不可能迅速知道他们三个过路人的身份，有何危险可言？最大的可能就是这是贞观十四年以后修改的史书的说法，为的是塑造李建成和李元吉怯懦、无担当精神的形象。

这段经历还有一个插曲，那就是李渊的儿子李智云之死。李智云不是窦氏亲生，而是李渊的妾万氏所生。据《新唐书》记载，李智云善射，又工于书法，是个很聪明的孩子，但是命运却很悲惨。《旧唐书·李智云传》："大业末，从高祖于河东。及义师将起，隐太子建成潜归太原，以智云年小，委之而去。因为吏所捕，送于长安，为阴世师所害，年十四。"李渊在太原的时候，家人估计是和李建成一起在河东，李建成、李元吉被招到太原的时候，估计是因为要昼夜兼程赶路，嫌李智云年龄小，将其丢在了河东，当李渊举兵消息传来，李智云被隋朝官吏捕获，被送往长安，遭到杀害。这件事要说起来，责任当然要由李建成和李元吉来担，但是，当时李渊受到王威和高君雅的压力，被迫提前举兵，所以紧急召唤儿子、女婿到太原，同时为了麻痹隋朝官吏，又不能把所有家人齐齐招来，例如他的女儿平阳公主、堂弟李神通等，都只好撒手不管，死生由命，平阳公主、李神通都是有本事的人，可以自己拉起队伍来，而李渊家族其他人就没那么幸运了。据记载，奉隋炀帝命令辅助代王杨侑镇守长安的阴世师就曾杀害了不少李渊家族的成员，这就是政治斗争的代价。

第二，引入外援。

除了自己招兵买马之外，外援也是必需的。当时李渊被迫引入了一个外援，可是这个外援的特点是强壮而危险，用得好是一把利刃，用不好就是自己的毒药。这个外援就是昔日的敌人——突厥。

突厥雄踞北方草原，实力强劲，草原民族骁勇善战，机动性极强。此时的突厥正在目不转睛地盯着中原局势。中原地区一片混乱，正中突厥下怀，从华北到西北，各路豪杰的背后或多或少都有突厥的影子。突厥对这个形势很满意，为什么呢？因为分裂导致没有一个统一的力量可与之抗衡，而它又可以向各路豪杰索取保护费，所以它乐于见中原烽烟四起。北朝时期，北周和北齐都向突厥称臣，突厥同时操纵着这两股势力，并得意地称其为南面孝顺儿。

此时的突厥故技重演，同时支持多股力量，而不是扶植一个豪强灭掉其他豪强。

对李渊来说，突厥必须笼络好。因为太原距离北方草原很近，各路人马都笼络突厥，若自己不笼络，自会被突厥盯上，进而威胁到自己的后方。

所以举兵之后，刘文静主动站了出来，劝说李渊笼络突厥："与突厥相结，资其士马以益兵势。"（《资治通鉴》卷一八四）就是说结好突厥，并且向其借兵。

李渊虽然很不情愿，但是形势所迫，只好暂时屈服。李渊委托刘文静出使突厥，亲笔给突厥可汗写了一封信，而且让刘文静带上极其丰厚的财宝。去之前李渊给刘文静确定了一个原则：多要马，少要兵。战马当然多多益善，突厥兵就算了，来得越少越好，自己只有数万兵，突厥假如来了十来万，我们岂不是被人控制了？

刘文静长期生活在北方，或与突厥人早就有一些关系。此番代表李渊出使，见了突厥可汗，便将信件和财宝奉上。

始毕可汗问：唐国公此时起兵，意欲何为？

刘文静回答：隋文帝废掉太子，传位给杨广，导致天下大乱。唐国公是皇亲国戚，不忍看到如此一幕，所以兴起义兵，想废黜不当得位者。如果能拿下京城，人口土地归唐国公，所有财宝子女归可汗。

这番回答很有趣，两层意思：第一，不明确表明反隋，只说反那个篡位的隋炀帝。现在豪强并起，你要是在别人面前，尤其是在突厥面前说自己想当皇帝，那不就成树大招风了吗？所以此时不能表露真实意图。第二，李渊曾分析过突厥的特点，认为突厥打仗真的很厉害，但是他们的志向并不大，就是喜欢金银财宝，于是让刘文静告诉突厥：帮我们就有很多的财宝，这就够了。所以，刘文静和突厥讲条件时就说打下长安财宝都归你。

始毕可汗闻听大喜，同意与李渊结盟。最终，刘文静带领着五百名突厥兵，赶着两千匹战马与李渊会合。李渊一看大喜："马多人少，甚惬本怀。"（《大唐创业起居注》卷二）好！马多人少，正是我要的。

在刘文静等人建议下，李渊把旗色也改了，改成了绛白旗，什么是绛白旗呢？就是旗子有红、白两种颜色。红色是隋朝旗帜的颜色，白色是突厥旗帜的颜色。这里面的寓意很有意思。红色，说明李渊此时还不打算彻底公开反隋，他反的是隋炀帝，而不是隋朝，他还是隋臣；白色，这是向突厥示好。某种程度上来说这是向突厥称臣。李渊打出这样的旗子实在是迫于无奈，刘文静等人建议的动机很简单：既然咱们主动要求和人家结好，那就要有所表示，光送财宝不算什么，必须在政治上有所体现，那么这个旗子就是一种体现。

当时李渊很无奈地说了一句话："此可谓'掩耳盗钟'，然逼于时事，不得不尔。"（《资治通鉴》卷一八四）掩耳盗钟就是掩耳盗铃，我们是迫于时势不得已而为之。

此时最大的问题就是身边隋炀帝的眼线王威和高君雅了。种种现象表明，在李渊举兵之前，王威、高君雅的确发现了李渊的异常举动，比如招募亡命之徒、异常扩军等。正因如此，李渊就更需要先下手为强了。

大业十三年二月，一个意外的消息传来，马邑军人刘武周叛乱，杀死了王仁恭，自称天子，而且还得到了突厥的帮助。突厥就是这样上下其手左右中原政局的。

刘武周就是马邑本地人，家境富裕。年轻时好武艺，好结交朋友，但经常结交一些亡命之徒，他的哥哥就曾经当众训斥他，他一怒之下出走到了洛阳。隋炀帝伐辽东的时候，刘武周应募从军，因军功被提拔为建节校尉。回来后，刘武周返归马邑，担任鹰扬府校尉。

大业十三年二月，刘武周杀死马邑太守王仁恭，开仓赈贫，树起招兵旗，募兵万余人，自称太守，并且很快与突厥勾结起来。隋雁门郡丞陈孝意、虎贲将王智辩征讨刘武周，结果被突厥骑兵击败，王智辩、陈孝意皆死。刘武周趁势袭破楼烦郡，占据了隋炀帝的行宫汾阳宫。汾阳宫和晋阳宫一样，里面有很多貌美的宫女，刘武周将汾阳宫宫女献给始毕可汗。始毕可汗大喜，赐他骏马，册封刘武周为"定杨可汗"，"定杨"就是克定杨隋之意，并送他"狼头纛"，这是突厥可汗使用的仪仗。

顺便说一下，此时刘武周的部队里有一员人见人怕的骁将——尉迟敬德。尉迟敬德将在我们的文章里多次出现，他也将长期与李渊父子为敌，而最终又成了李世民手下头号骁将。

李渊听说刘武周起兵，还自称天子，私下对心腹说："武周竖子，生于塞上，一朝欻起，轻窃大名，可谓陈涉狐鸣，为沛公驱除者也。"（《大唐创业起居注》）言语中一方面表示了对刘武周的不屑，一方面又坦露了自己的雄心壮志，他将刘武周喻作陈胜，将自己喻作笑到最后的刘邦。

与此同时，他意识到刘武周的举兵对自己来说是个机会。自己虽然身为太原留守，但是时时刻刻受到王威和高君雅掣肘，此时趁着敌情紧急，是个包揽大权的好时机。他曾当着王威和高君雅的面不无夸大地说：刘武周这个贼人要是占据了汾阳宫，我辈一定会被皇帝追究，死无葬身之地。王威和高君雅听了十分害怕。等到刘武周攻克了汾阳宫，威胁到了太原的安全，王威和高君雅更加紧张，李渊说："兵可戒严，城可守备，粮可赈给。三者当今废一不可，须预部分，惟诸公断之。"（《大唐创业起居注》）兵、城、粮三样都要赶紧筹措，大家看怎么办。王威和高君雅本是庸才，已经不知如何为好，于是回答说：我们心甘情愿地服从您的一切安排。这下子遂了李渊的心愿，太原地区一切军机要务都听命于李渊。李渊也公开树起招兵旗，一时间前来从军的壮士多达数千人。在李世民的安排下，这些人驻扎在了兴国寺。李渊私下对李世民说：兴国寺好，我们要举兵，而军营名曰兴国，此乃吉兆。

但是也就在此时，王威和高君雅觉得不太对劲了，李渊招募的人里有不少反对隋炀帝者，这令他们警觉起来。

例如刘弘基。此人乃是雍州池阳人，隋河州刺史刘升之子。青少年时期性格洒脱不羁，喜欢交朋友喝酒，就是不喜欢经营家产，最后落得家道中落，后来他以父荫出任三卫，随隋炀帝征辽东。行至汾阴县时，刘弘基计算里程，发现误期当斩，便与部属一起商量，故意屠杀耕牛，当时擅自杀害耕牛属于违法行为，刘弘基等人因此入狱，一年后才被赎出。他出狱后与李世民变成了好朋友。

再例如长孙顺德，长孙顺德祖父长孙澄，北周秦州刺史。父亲长孙恺，隋朝开府。长孙顺德因为父荫出任三卫，隋炀帝征辽东时他被迫同去，然后开了小差，逃匿于太原躲藏起来。为什么到太原呢？因为他的族侄女不是别人，正是李渊儿媳、李世民的夫人、后来的长孙皇后，凭借这层关系，长孙顺德被李渊收留成为门客。

这些人在王威和高君雅看来，就是反对皇帝的恶徒，不尽忠的逆臣，而李渊偏偏对他们很信赖，将新兵都交给他们统领，所以王威和高君雅逐渐疑心。上篇文中提到的他们两个与武士彟之间的对话就是证据，虽然李渊此时不见得知道有这番对话，但是他能觉察到王威和高君雅逐渐对自己有了怀疑。

就在此时，晋阳乡长刘世龙前来密告李渊云："威、君雅欲因晋祠祈雨，为不利。"（《资治通鉴》）晋祠在太原以南，王威和高君雅想趁着在那里举行祈雨仪式的机会先下手为强。至于这条消息是确有其事，还是李渊用来激励部下的计策就不清楚了。

李渊终于决定——动手！

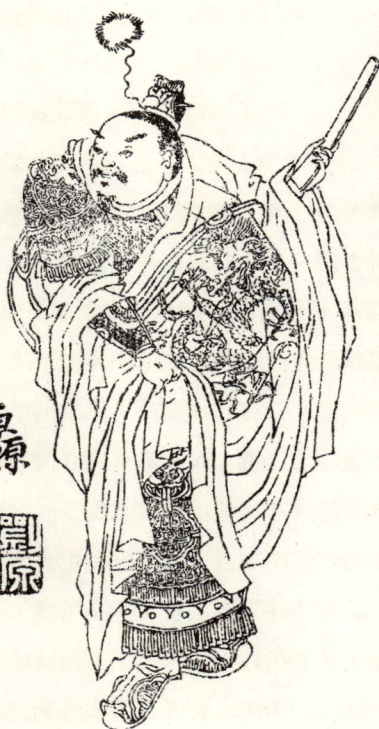

柴绍肖像图
(《凌烟阁功臣图》清刘源绘　上海同文书局石印本)

【八】

义旗初举

　　李渊在晋阳宫布置好人手，然后招王威、高君雅前来议事。相谈甚欢，而刘文静率领一个叫刘政会的地方官进来了，说是有密状上报。李渊一挥手，让刘政会把状纸拿上来，刘政会不给，他说：这正是告两位副留守的，只能给唐公看。

　　李渊还假装大惊：怎么会有这种事？

　　拿上来一看，上面写着王威、高君雅引突厥内侵。高君雅一看勃然大怒，跳起来大骂道：这是反贼想杀我等！

　　但是此时他们想跑已经来不及了，李世民带兵将晋阳宫附近所有道路都把守住了，刘文静立即上前逮捕了王威、高君雅，将他们投入监狱。此时太原老百姓人心惶惶，不知留守为何将副留守抓起来。结果活该这两人倒霉，突厥真的来侵了，甚至前哨轻骑一度进入了太原外郭城，这下满城军民一下子愤慨了——这等于是坐实了王威、高君雅勾结突厥的罪名。其实这很有可能就是个巧合，可突厥早不来晚不来，偏偏这时候来，大概这是为刘武周打前哨的突厥侦察兵，王威、高君雅这两人真是太背了。李渊以此为借口，将王威、高君雅斩首示众，正式起兵，开始了建立大唐的征程。

这一天是隋大业十三年五月甲子，即十五日。一个载入史册的日子。

杀了王威和高君雅，李渊就正式举起了反隋的大旗，但是此时他并不心急，有两件事是必须立即制定方针的：第一，怎么稳定后方。第二，是否公开打出反隋的旗号。

此时最大的问题就是突厥和刘武周。突厥是刘武周的幕后老板，实力强劲，自己与之正面对抗绝不是对手。此时突厥大兵压境，已经迫近太原城，该怎么办？所以李渊决定先恫吓对手，稳定太原。

与突厥斗争久了，李渊深知突厥的特性。其实力虽强，但是战争目的往往模糊，习惯于劫掠，对城池里的财物子女有兴趣，对地盘本身没兴趣，也不善于攻城；虽然勇猛，但计谋不足，战败也不以为耻；而且对内地较热的气候不习惯，因此作战往往周期较短。所以李渊决定出奇制胜，以心理战恫吓敌军，吓走他们。

他下令军队潜伏起来，然后打开太原外郭城城门。突厥人看到这个情形，摸不清头绪，一时之间不敢动作。这就是另一种版本的"空城计"。李渊看到突厥人不敢动作，紧接着就使出了第二计，夜间他派遣部队悄悄出城，隐藏在城外僻静处。早上这些部队再打着旗，鼓吹奏乐，浩浩荡荡开入城中，让突厥人形成了一个错觉——李渊得到了大批增援，这城不好打了，加之突厥人原本就不善于攻城，于是知难而退，撤兵了。

突厥人这次退去了，但是下次再来怎么办？自己要进军关中，没有稳定的后方是万万不能的，那么只有一条路好走，就是与突厥结盟，暂时示弱。于是这就发生了上篇提到的刘文静出使突厥。

在这次出使之前，李渊提笔写了一封给突厥可汗的信。在信笺里他字斟句酌，信的主要内容是这样："欲大举义兵，远迎主上，复与突厥和亲，如开皇之时。若能与我俱南，愿勿侵暴百姓；若但和亲，坐受宝货，亦唯可汗所择。"根据温大雅《大唐创业起居注》的记载，此时就信封上使用"启"字还是"书"字，李渊和手下产生了分歧，有的人建议，反正突厥不懂汉文，为什么要用"启"字？至少用"书"也可以表达平等啊。李渊说：这你就不懂了，一个"启"字值多少钱？千金都已经付出，还在乎这一个字吗？而且突厥可汗处颇有些中原知识分子过去投奔，就怕他们借着这个字挑拨离间。最终李渊坚持使用"启"。司马光《资治通鉴考异》记载，唐太宗后来痛心指出，高祖曾称臣于突厥，从唐高祖的信件内容，到他的实际行为来看（比如绛白旗），高祖的确是被迫暂时称臣于突厥了，原因很简单，此时不称臣，难以换取突厥的信赖，突厥假如继续为敌，那么李渊就不可能进军中原。成大事者必须勇于牺牲，唐朝两代皇帝高祖、太宗都曾暂时屈服于突厥，但最终奋起一击，消灭了这个心腹大患，使得唐朝一跃成为东亚霸主。

最终，突厥送来了两千马匹和五百士兵，这标志着双方同盟关系的确定。李渊终于暂时消除了心腹大患。当然，与此同时，那个同样受突厥支持的刘武周正在对太原城虎视眈眈，这是李渊不得不防备的。等到带领主力部队踏上攻取长安的旅途的时候，他特地留下了自己的儿子李元吉，让他镇守太原。

是否公开打出反隋的旗号？这是李渊面临的另一个抉择。其实从绛白旗就可以看出来，李渊最终选的是不公开反隋，他尊杨广为太上皇，而遥尊镇守长安的代王杨侑为新皇帝。尽管李渊举兵的野心路人皆知，但是他就是不彻底打出反隋旗号。为什么？

第一，谨防树大招风。当时全天下群雄并起，到处是战场，到处是队伍，而且隋朝尚未灭亡，还有强大的武装力量，那么此时谁称帝谁就给自己惹事，树大招风，势必引来全天下的关注和火力攻击，刘武周这种智识短陋之人能干出来，而李密、窦建德等有城府者均不会那么做。李渊更不会在举兵之初就把全天下的火力引到自己身上来，此时正是"闷头发大财"的时候。后来的朱元璋搞"高筑墙、广积粮、缓称王"，思路和这个是一致的。

第二，谨防内部产生分歧。李渊集团原本是镇守北部边境的隋朝武装力量，他密谋举兵又是在小范围内进行的，不能对所有人敞开心扉，即便是诛杀王威和高君雅，对外的借口也是他们谋反，而不是妨碍他举兵，所以这种情况下，必须循序渐进，先打出反隋炀帝而不反隋朝的旗号来。隋炀帝这几年已经搞得天怒人怨，大家积怨久矣，反对他不会有太大的阻力，此时再提出尊代王杨侑的口号，可以让部分对隋朝还抱有幻想的人暂时安定下来，等到拿下长安，那时再打出反隋的旗号来就是水到渠成的事情了。

那么，对李渊来说，当时的天下，还有谁可谓是潜在的敌人呢？

其一，李密瓦岗军集团。

李密的实力在当时天下各路武装中算得上是最雄厚的，拥兵数十万，又占据官仓，部队纪律严明、战斗力强，在时人眼里，李密毫无疑问是夺取天下的最有力的"候选人"之一。

而此时的李密也有自己的苦恼。他连续击败强敌，给自己树立了极大的威望。但是请不要忘记，瓦岗军原本姓翟，是翟让收留了自己，给了自己队伍，让自己发展壮大起来，可与此同时，翟让又是个胸无大志之人，而且到现在还拥有很大的权力，他和他的兄弟、手下对李密来说起着掣肘的作用。此时的李密志得意满，大有睥睨天下之势，卧榻之旁已经不容他人酣睡，所以必须要做一个了断了。

翟让这边，虽然他本人对李密是心服口服，但是他的兄弟和手下人并不这么想，他们颇有些"打天下坐天下"的狭隘观念，认为：我们是瓦岗军初创的元老，该由我们统揽一切。你李密落魄时候投奔了我们，靠着我们发起来了，结果现在天下人说起瓦岗军，只知有李密，不知有翟让，你这简直是忘恩负义。

翟让手下司马王儒信建议翟让自立为大冢宰，凌驾于李密之上，重新夺回瓦岗军大权，翟让没听他的。翟让的兄长翟弘是个大老粗，一直看不惯李密，大大咧咧对翟让说：天子就应该你自己来做，为什么要让给外人？你要是不做，那就让给我好了！翟让听了只是大笑而已，但是李密辗转听到了这件事，便起了杀心。

翟让虽然接连拒绝了与李密公开决裂的建议，但是此人性格不够坚强，自信心也不是很强，且容易受到环境的左右。久而久之，在耳旁一边倒的声音的影响下，他也逐渐与李密产生了隔阂，并发展到了不可收拾的地步。

有一个隋朝官员崔世枢，投降了李密，却被翟让关到了自己的府邸之中，严加拷打，向他索要钱财赎身。还有一次，翟让招元帅府记室参军邢义期来下棋赌博，结果邢义期没来，又被翟让打了八十杖。要知道这都是李密的人，翟让却因私利擅自拷打，李密能不怀恨在心吗？

翟让恐吓房彦藻一事最终成了双方交恶的导火索。

房彦藻早年是隋朝宋城县尉，曾参与杨玄感举兵。后来辗转加入了瓦岗军，任元帅左长史，堪称李密的左膀右臂。而有一次翟让却对他大加指责：听说你前些天破汝南，获得了很多奇珍宝货，但是你全部献给了魏公，一点也没有给我。你给我记住，魏公是我立的，以后怎么着还说不定呢！

这几件事反映出翟让的为人：一方面，对于李密政治上的勃勃雄心不加戒备，对李密夺取整个瓦岗军的危险性视而不见；另一方面，却又因为一些蝇头小利与李密交恶，实在不是成大事之人。

房彦藻很恐慌，回来向李密做了汇报。他与李密另一个助手郑颋一起劝告李密说：翟让这个人贪而不仁，希望您早做定夺。

李密犹豫道：现在天下局势还不明朗，内部互相诛杀，是不是会让外人寒心啊？

郑颋回答说："毒蛇螫手，壮士解腕，所全者大故也。彼先得志，悔无所及。"（《资治通鉴》）

最终李密下定决心——动手！

他给翟让摆下了鸿门宴，邀请翟让兄弟和手下来喝酒。喝酒之前特地说：今日只有咱们哥儿几个，喝个痛快，就不要在房屋内留太多随从了吧。于是双方很多随从就退出了宴会厅，而实际上李密埋伏的杀手们已经暗地隐藏起来了。

酒酣耳热之际，李密让人拿了一张弓上来，谎称得了良弓，请翟让试射。翟让毫无戒心，站起来拉开弓试试力道，正当他将弓引满之际，李密手下壮士蔡建德从后面一跃而起，一刀砍到了翟让的后颈上，翟让倒在地上，发出牛吼一般的怒号。这下子杀手们纷纷涌出，翟让的兄弟们、重要助手皆被杀害，徐世勣也在座，结果被误伤了，刀斧手一刀砍到了他的脖子上，徐世勣的好友王伯当急忙喊"这是徐世勣"，这才幸免于难，但是伤很重，李密心里过意不去，把徐世勣扶到帐下，亲自给他包扎上药。另外有一个重要人物单雄信，他当场跪下向李密求饶，李密饶了他一死。

翟让的势力在这场鸿门宴中被一举歼灭，部下被分给徐世勣、单雄信、王伯当三人统领。李密彻底夺取了瓦岗军大权。此时的李密，真的有了舍我其谁哉的豪气和自信。

就在李渊举兵之后，李密写了一封信给李渊，值得玩味。信的语气颇为自大，自称为四海英雄共同推举的盟主，希望大家一起努力，"执子婴于咸阳，殪商辛于牧野"（《资治通鉴》），这就以刘邦和周武王自居了，还希望李渊能够率领部队到河内郡，与他当面订立盟约。一副君临天下的派头，而且将李渊视为自己的属下。

李渊看了之后，心里虽然不快，可此人有个很大的优点就是会隐忍，他笑着对左右说：李密这个人妄自尊大，但是此时我不想与他做口舌之争，我现在的目标是关中，是长安，假如言语上得罪了他，岂不是给自己树敌吗？不如我暂时以谦卑的言语回复他，让他高兴，等于为我牵制住东都洛阳的隋朝重兵，让我毫无后顾之忧，顺利拿下长安。

于是他授意温大雅起草了一封回信，信中关键的一句是这样的："天生烝民，必有司牧，当今为牧，非子而谁！"（《大唐创业起居注》）

李密得到了这封回信，大喜过望，他对手下说："唐公见推，天下不足定矣！"（《资治通鉴》）

李密这句欣喜的话其实暴露了他的心态。不要看他给李渊的信里口气十分傲慢，实际上，在他心目中李渊分量极重，要不为何他不给窦建德、刘武周、杜伏威、薛举等人写这么一封信呢？虽然当时群雄并起，但在李密的心目中，真正称得上是英雄、有资格夺取天下的只有他和李渊。

为何会有这样的观念？

要知道，当时中国人的思维模式与现在是大相径庭的。自东汉末以来，大家已经习惯于贵族政治的统治，而西魏、北周、隋朝都是关陇集团建立的，所以当天下再次大乱的时候，无论是关陇集团成员还是普通百姓，都觉得真命天子还是要出自关陇集团。以翟让为代表的那么多起义领袖缺乏自信，原因即在于此，李密雄心万丈，原因也在于此。尤其是李家名应图谶，又是关陇集团八大柱国后代，又是李姓的，除了李密就是李渊了，更何况李渊能力超群，而且心思缜密，李密当然要高看其一眼，所以才有了这样一封信，而李渊表面上的谦卑又让李密产生了错觉，觉得天下不足定也。可以说，在这场心理战中，李渊力压李密一头。

其二，窦建德河北集团。

窦建德，隋末农民大起义各路英雄中实力最为强劲者之一，而且始终深孚众望，得军心，得民心。此人是河北贝州人士，世代务农。窦建德从小就以讲义气、重信诺而著称。曾有一次，同乡有人家里有丧事，却因为穷无法安葬死者。正在田里劳动的窦建德听说了，立即将耕牛停下，前往事主家帮着把丧事办妥，获得了邻里们一致的赞扬。

窦建德曾一度担任里长，但因为犯法不得不逃走，遇到赦令才回到家乡。虽然不知道他犯了什么法，但估计是为了给乡民们办事得罪了官府。当窦建德的父亲去世的时候，十里八村赶来送葬的多达千余人，大家馈赠的金钱，窦建德一一谢过，但一概不收。

大业七年（611年），隋炀帝伐辽东，全面征兵，窦建德被委任为二百人长。窦建德有感于民不聊生，对隋炀帝充满了怨恨，于是联合自己的好友孙安祖一起逃亡。他选择了高鸡泊。高鸡泊在今河北故城县，为漳水汇聚所成，是一片湖泊，广袤数百里，芦苇丛生。躲在此地进可攻退可守。

窦建德在这里招纳天下逃亡者，不断汇聚力量，最后形成了一支数百人的武装力量。

当时河北地区已经大乱，各路匪盗横行，他们走到哪里都打家劫舍，唯独路过高鸡泊不敢造次。

当时郡县里的隋朝官吏抓住了窦建德的家人，然后将他们无论老幼全部处死。窦建德的怒火被点燃，更坚定了与隋朝斗争到底的决心。

他率领手下投奔了当时河北地区一支较大的起义军高士达部，逐渐发展成了一支万人左右的队伍。窦建德平时带兵能够与士卒们同甘共苦，所以深得人心。

大业十二年（616年），涿郡郡守郭绚率兵万余人来讨高士达。高士达有自知之明，知道自己带兵打仗不如窦建德，于是委派窦建德为军司马，把所有部队都交给他指挥。

窦建德决心出奇制胜。他拣选了七千精兵带领着，对外谎称自己与高士达有了矛盾出走了。而高士达也高调对外宣称窦建德逃亡了，找了一个女性俘虏，伪装成窦建德妻子，当众将其杀死。窦建德写信给郭绚，请求投降，而且表示愿意做前锋，引领隋军去消灭高士达。郭绚不知道是计，带领军队长驱直入来与窦建德会合，而且行军途中毫无戒备。窦建德趁隋军松懈，猛然突袭，隋军大乱，被杀数千人，窦建德缴获战马千余匹，并且追上杀了郭绚，将其首级献给了高士达。

隋又遣太仆卿阳义臣率兵万余人来讨，窦建德对高士达说：阳义臣这个人在隋朝各路将领中最会用兵，而且他们最近接连打胜仗，势不可当，不如避其锋芒，与之周旋，时间久了再寻找空隙一举击溃。但是高士达不听，留窦建德看守军营，自己率主力出战，窦建德对手下说：东海公有轻敌之心，恐怕要吃败仗，我们要早日做准备。他放弃了营寨，率小部队驻守附近险要地段，果然，高士达战败被杀，窦建德则收拢残兵败将，逐渐恢复了一点实力。

当时河北境内，各路义军见到官吏和知识分子就杀，唯独窦建德知道笼络，由此大批人才汇聚到他的旗号下。窦建德逐渐发展壮大，渐渐拥有了十万以上的兵力。

大业十三年，他自称长乐王，七月份遭到了隋军薛世雄三万大军的讨伐。窦建德佯装败北，诱敌深入，然后又突然发动袭击。当时是大雾天气，两军不辨敌我，打了一场真正的混战，最终隋军崩溃，薛世雄逃走，数万隋军被杀被俘。

随后窦建德定都乐寿，改元为五凤，成了一方之霸主。但是请注意，直到此时他仍然是称王不称帝，估计思路和李渊一样——不当出头鸟，这反映出此人心思之缜密。这个人注定将成为李渊的重要对手。

攻克长安

在吓走突厥之后，李渊紧跟着又进行了一次战役——西河战役。西河郡长官高德儒拒不服从李渊指令，坚决抵抗，所以李渊必须派出部队先把这个钉子拔了，否则后方不安。而这次战役他将指挥权交给了两个儿子——李建成和李世民。

所谓雄鹰初啼，这两个年轻人用果敢迅速的行动证明了自己的军事指挥才干。当时他们身先士卒，与下属同甘共苦，军纪严明，粮食果菜，非买不食，如果有士兵抢劫百姓，则立即原价偿还百姓并赔礼道歉，但是对犯法士兵并不追究。原因很简单——这支部队刚刚招募起来不久，缺乏训练，也缺乏纪律培养，此时严刑峻法只能使这支本来就不稳定的军队作鸟兽散。要知道，这支部队里的多数人来参军不是预见到了自己将参与建立大唐的光辉历程，而是在乱世里求一碗饭吃。还没有真正的军人素养，所以培养军队要慢慢来，不能操之过急。

来到西河郡，李建成、李世民迅速攻城，很快将西河郡拿下，只向高德儒一人问罪，将其斩首示众，其余一概不问。从军队开拔，到喜报传来，一共只有九天时间，李渊大喜，儿子们的表现超乎其想象，他说："以此行兵，虽横行天下可也。"(《资治通鉴》)由此更加坚定了信心。

李渊将全军分为三军，各分左右，士兵统统称为义士。裴寂等给李渊上号为大将军，建大将军府；以裴寂为长史，刘文静为司马，正式开始了向长安的进军。为了防备刘武周包抄后路，特地留下了李元吉镇守太原。自己率领着三万军队踏上了建国的征程。

他传檄各地，指责隋炀帝的种种过犯，遥尊长安的代王杨侑为新的皇帝。杨侑是隋炀帝的孙子，父亲是已经病故的原太子杨昭。杨侑自幼聪明，气度非凡，初封陈王，后改封代王。在隋炀帝亲征辽东的时候他曾留守长安，因表现不错，所以当隋炀帝离开长安的时候，他再次被委任镇守长安。李渊反隋炀帝，但是又遥尊杨侑为皇帝，不过是一个障眼法。杨侑当然清楚这一点，所以他还是以李渊为敌，立即开始部署军队抵御李渊。

李渊大军进入雀鼠谷，来到贾胡堡，这里距离霍邑五十余里，霍邑紧靠汾水，是通往长安的必经之路。代王杨侑事先派遣大将宋老生率领精兵两万在此镇守；与此同时，左武侯大将军屈突通在河东郡驻守，形成掎角之势。当时天降大雨，士兵的弓弦都开胶了，李渊一时间无法前进。于是将一部分不适合作战的羸弱士兵遣回太原，又从太原运了一个月的军粮过来。

此时传来一个消息——刘武周正在积极谋划攻打太原。这下子李渊军中人心不稳了。此事前途未卜，进军一时不得，假如大本营被人家端掉，那么形势就岌岌可危了。该怎么办？李渊此时表现得犹豫不决，他召集幕僚和李建成、李世民开会，裴寂建议说：宋老生和屈突通联袂，互为支援，霍邑一时间难以攻克。李密、突厥都是我们需要提防的，假如此时太原丢失，军人家属都落到刘武周手里的话，形势就极端不利了，不如先返回太原，巩固后方，以图再举。

而李建成和李世民则对此坚决反对，他们说：如今我们进军长安，敌人震恐，假如此时转而向北撤退，军心必然涣散，甚至有生变之可能，那时突厥和刘武周联手在北，宋老生、屈突通联手在南，紧随我军进行追击，还无所还，往无所往，形势就真的不可救了。如今正是夏季，田野里有的是粮食，宋老生不过是个轻狂之辈，可一战而擒之，刘武周和突厥实际上是面和心不和，因为他们的利益诉求不一致，而李密正迷恋他所占据的官仓，也不会干扰到我们的行动，所以只有一条路可以走——继续攻打霍邑！退回太原，只能成为诸路军阀中的一个而已，大业岂不尽弃？

李建成和李世民甚至说："雨罢进军，若不杀老生而取霍邑，儿等敢以死谢。"（《大唐创业起居注》）

而此时柴绍的一番话帮助李渊下了打的决心，他亲自来到霍邑城下进行了侦察，然后回来报告说："老生有匹夫之勇，我师若到，必来出战，战则成擒矣。"（《旧唐书·柴绍传》）李渊听了大喜，他说："吾其决矣！"于是下定决心，按兵不动，继续等待天晴。此时，太原的军粮运到。紧跟着雨也停了，李渊下令全军晾晒装备，然后沿着山道直扑霍邑。此时天降大雾，过一阵子又风清气朗，李渊将此视为吉兆。他对李建成和李世民说：今日全看你们的了！我最担心宋老生坚守不出，你们以为如何？

李建成和李世民回答说：宋老生出身寒微，勇而无谋，以前靠镇压小贼而得名，因此志得意满，十分轻敌，此番我们只要用轻骑挑战，不忧其不出！

李渊说：我们屯扎贾胡堡的时候，宋老生不知道趁我立足未稳加以逆袭，我就知道他是个庸才，你们说得很对！

大军前进到霍邑城下，李渊布下包围圈，然后派人挑逗宋老生，他派人在城下巡视，而且指指点点，好像在勘察设立大营的地点。果然，宋老生按捺不住了，他觉得敌军在自己眼皮底下扎营是对自己的羞辱，于是倾城而出，想趁敌人尚未安营打他们一个措手不及。李渊一看宋老生果然耐不住性子，立即按照既定计划行事。他下令骑兵分为左右两队，李建成率领左军在东门，李世民率领右军准备在南门包抄敌后，断其退路。

紧跟着李渊下令正面部队稍稍后撤。宋老生一看大喜，以为唐军害怕了，于是率领部队前出追击，一直到距离南城门一里多远的地方布下阵来。李渊眼见宋老生部队和城门之间有了缝隙，自己的既定部署看来是可以施行了，于是他发出信号，李建成部队直扑东门，李世民直扑南门，猛将殷开山等猛攻宋老生正面。李渊还大搞心理战，趁着战场上烟尘弥漫之际派人到处大喊"已斩宋老生"，隋军听到喊声大为惊恐，不少人丢弃武器回头奔命，阵脚大乱。宋老生也不得不向城内溃逃。

到了城门才发现，城门口已经被李建成、李世民卡住，乱兵四散奔逃，宋老生跑到城下，呼喊城上扔下绳子来，宋老生攀缘而上，刚刚爬了一丈高，唐军几个士兵跳跃上去将其砍了下来，将首级送给了李渊。

此时天色昏暗，隋军尸横遍野，见军队士气正高，于是李渊并没有下达收兵命令，唐军虽然缺乏攻城装备，但还是四处攀缘而上，最终霍邑被攻克。李渊取得了建国战争的第一场大胜利。

战场上伏尸累累，血流成河，其中还有不少百姓。李渊看了后十分感伤，他对周边人说：死者中恐怕也有不少赤心向我者，如此枉死，可悲可叹。以后当修文德、止干戈。

第二天论功行赏，很多人都得了赏赐，但是涉及一批立功的奴隶，有司却开始起了分歧。有人认为他们身份卑贱，不应该得到奖赏，李渊却不这么看。他说："岂有矢石之间，不辨贵贱，庸勋之次，便有等差。以此论功，将何以劝？"（《大唐创业起居注》）他下令，所有有战功的徒隶全部和自由民身份的战士一样受赏。这个举措大大赢得了人们的称赞。

紧跟着下一步就要对付隋军另一支重要力量——屈突通部。

屈突通姓屈突，名通，鲜卑宇文部的库莫奚族。此人喜好兵法，善于骑射，当年巡视皇家牧场，检举违法有功，隋文帝对他委以重任，任命他为右武侯车骑将军，屈突通以奉公守法而著称，即便是自己的亲戚犯事了他也绝不轻饶。他有个弟弟叫屈突盖，担任长安令，和他哥哥一样六亲不认、铁面无私，大家都怕这兄弟两个，民间有谚语说："宁食三斗艾，不见屈突盖；宁服三斗葱，不逢屈突通。"（《旧唐书·屈突通传》）

隋文帝去世之后，隋炀帝即位。隋文帝之死本就是历史上的一桩公案，他极可能是被隋炀帝杀死的。隋炀帝预料自己即位一定有人不满。谁呢？他的兄弟汉王杨谅。杨谅懂兵法，打过仗，对自己的这个哥哥并不服气。此时他正在并州（今太原）镇守，手中还握有重兵。隋炀帝想趁着杨谅还不知情将他招来杀掉，所以就派遣屈突通带着诏书去招杨谅。毫无疑问，诏书是以隋文帝的口吻写的，盖着文帝的玉玺。

可是问题出来了，他们不知道隋文帝在世时曾经和杨谅有个秘密约定，隋文帝就怕有人矫旨害自己这个儿子，所以和他约定：如果有旨意招你，在"敕"字旁边我会加一个点，假如没这个点，那一定是伪造的。杨谅打开圣旨一看没有这个点，立即觉得情况不对，京师一定有变，具体怎么回事他也摸不清，那就要问问这个屈突通。这个问可不好问，除了没用拷打之外什么招都用了，屈突通咬紧牙关不承认，最后杨谅也拿他没办法，只好把他放了。估计杨谅也能猜出京师发生什么事了，皇帝的玉玺都让人用了还能有啥事？但是他要造反的话需要时间集结兵力做准备，此时把屈突通杀了就会暴露自己，而且杀个屈突通也毫无意义。所以屈突通逃得一命跑回了长安。不多久汉王杨谅就起兵造反了，但是不久被镇压。

屈突通懂兵法，所以炀帝对他委以重任。杨玄感叛乱的时候屈突通参与平叛，建立了很大的功勋。后来屈突通还受命镇压农民起义，起义军被杀的多达上万。屈突通此时展现了他残酷的一面——将这些首级集中起来筑了一座小山，号称"京观"，用以展示战功。因为镇压农民军，屈突通得到了一个善战的美名。至于屈突通用兵的特点，《旧唐书》有个概括，说："通每向必持重，虽不大克，亦不败负"。（《旧唐书·屈突通传》）这一点是屈突通一生戎马生涯的特点。

此时李渊兵锋直指屈突通所盘踞的河东郡城。屈突通的部队是隋炀帝保护长安最后的希望。

　　河东城城墙高厚，很不好打。那时候没有火炮，攻坚战是个难题。李渊的部队经过艰苦奋战终于打开一个突破口，一千多名战士登上了城墙，但是屈突通指挥部队集中攻击突破口，李渊的人竟然在城墙上站不稳脚跟，加上此时大雨，李渊不得不命令军队撤退，攻城宣告失败。后来温大雅写《大唐创业起居注》记述这一段的时候说，李渊本意就是向屈突通示威，所以点到为止。宋代司马光写《资治通鉴》的时候就说这纯粹是补面子，粉饰失败。其实就一句话——屈突通守城是专长，李渊拿他没办法。

　　但是李渊是个很睿智的人，他准确把握了屈突通的心理，命令大军绕过河东城，直接渡过黄河。有人说：屈突通还在咱们背后，这样不危险吗？李渊做了这样的分析：屈突通距离咱们渡河地点只有五十多里，咱们一渡河就直奔他的老巢长安城，他却不敢来截击，说明什么呢？说明他部下心不齐，不为其所用。但是李渊预言屈突通一定还会来，他是这样说的："然通畏罪，不敢不出。"（《资治通鉴》卷一八四）屈突通不会总是缩在河东城不出来，他一定要出来，因为他畏罪。隋炀帝给他的任务是啥？保卫长安，现在长安岌岌可危，他就是明知要战败也必须出来打，否则隋炀帝怪罪下来屈突通可是会吃不了兜着走。所以咱们先渡河，他开始肯定不敢来，后面一想后果严重，最终他还是会出来。

　　果不其然，屈突通不敢截击李渊军队，但是听说李渊进军长安之后，屈突通坐不住了，思前想后，虽然凶多吉少，还是要打一仗的，否则没法交代。于是他率军前往关中。在潼关附近，屈突通的军队与李渊的心腹刘文静率领的军队遭遇，双方展开一场大战。

屈突通派遣大将桑显和夜袭刘文静。刚开始时刘文静招架不住。三个营寨被人家拔了两个。只有刘文静本人所在的营寨还在苦苦支撑。刘文静手下有个大将段志玄（此人后来是秦王府干将，曾参与玄武门事变），他拼死奋战，率领数十名骑兵反复冲杀，最后自己中箭负伤，再也冲不动了，而刘文静也受了箭伤，军队士气低落到了极点。

就在此时桑显和犯了一个致命的错误，他觉得本方士兵连夜苦战，疲惫到了极点，因此下令暂停行动，吃饭！刘文静抓住这个良机，派人悄悄进入已经被放弃的两座营寨，又派了数百名精锐骑兵利用地形迂回到敌人背后，然后一声令下，几路人马一起冲击敌阵，桑显和大败，军队多数做了俘虏。李渊算是取得了进军长安路上又一次重大胜利。桑显和的军队是屈突通的主力，他败了，屈突通也就等于是失败了。有人劝屈突通投降，屈突通说：我受两代皇帝恩遇，怎么能够背叛？最后被大家劝说急了，屈突通劈头来了一句：我甘心为国家挨一刀！李渊派遣他的家奴来劝说他，结果被屈突通给杀了。

此时消息传来——长安陷落，屈突通的家人都做了俘虏。屈突通听说后万念俱灰，他和桑显和一起向洛阳撤退，结果桑显和投降了唐军。屈突通走在半路上被唐军团团围住，于是他将军队排列成阵，决心进行最后一战。

此时唐军已经不想和屈突通硬拼，攻心为上，他们派遣屈突通的儿子屈突寿去劝告他。刚才不是说了吗，屈突通的家人在长安都被俘了，唐军这次把屈突寿带来就是劝降用的。没想到屈突通看见了自己的儿子，大吼一声："昔与汝为父子，今与汝为仇髀。"（《旧唐书·屈突通传》）昔日与你是父子关系，现在与你是死敌！命令左右放箭，要把儿子给射死。

此时他昔日的部下、已经投降唐军的桑显和一看屈突老头说理是说不通了，于是乎转而开始做屈突通部下的工作。他站出来冲着屈突通的部下们大喊：长安已经陷落，你们都是关西人，老家都在关西，你们想跟着屈突通去哪里？

这话威力大极了。怎么讲？屈突通的部下的确以关西人居多，关西也就是今天陕西这一带，这一带的人安土重迁，不愿意远离。所以桑显和的这一嗓子算是打中要害了，屈突通的部下们原本就觉得大势已去，不愿意再打，桑显和一提家，军心一下子崩溃了。屈突通还站在那里硬挺着，他手下却纷纷抛掉武器，解开铠甲，投降了。

屈突通心如刀绞，大势已去，无力回天。他面向东南扬州方向拜了又拜，号哭不止。一边哭一边说：我是力屈兵败，对得起陛下您啊，天地神明可以鉴察啊。然后这才投降了唐军。

屈突通被送到了长安，见了李渊。李渊笑道：你可来晚了。屈突通说：我不能为国尽忠，我就是个耻辱，实在没有脸见人。李渊赞赏说这真是个隋朝的忠臣。于是拜他为兵部尚书，封蒋国公，在李世民手下任行军元帅长史。他为唐朝建功立业，后来成为凌烟阁二十四功臣之一。

来到黄河岸边的李渊部队士气大振，前途一片光明！尤其令李渊欣慰的是，他的儿子们在重大战役中表现出色，这是他最大的收获之一。他已经感觉到，有这样的儿子，自己将无往而不胜。此时对他来说，长安附近已经有自己的堂弟李神通和女儿平阳公主扫清了外围，李密正被东都的隋军所牵制，隋炀帝正在江都醉生梦死，窦建德、刘武周等暂时也无法干扰到自己的进军，胜利已经在招手。

屈突通肖像图
（《凌烟阁功臣图》清刘源绘 上海同文书局石印本）

【十】

炀 帝 之 死

消灭了宋老生后，长安城已经唾手可得。像一个熟透了的苹果，就等着李渊来摘了。

此时长安城近畿已经由平阳公主和李神通扫荡大半，李渊另一个女婿高密公主驸马段纶也在长安以东举兵响应。

段纶与李建成关系甚好，是李建成在父亲面前提议，将妹妹嫁给了段纶。李渊举兵消息传来时，段纶从长安逃往蓝田，招兵买马，很快聚集了万余人的队伍。

李渊关陇集团成员的身份和他名应谶言的名声此时起到了很大的作用，今山西、陕西境内很多武装力量都望风归顺。有河东县户曹任瓌前来劝说李渊：关中各支武装现在都在翘首期盼义师，我在冯翊很多年，了解那里风土人情，我愿前往晓谕各路武装，希望您从梁山过河，然后直取永丰仓。一旦据有永丰仓，关中唾手可得。

永丰仓原名广通仓，隋开皇三年（583年）在广通渠口设置，大业初改名永丰仓，这是当时京师附近存储漕粮的重要粮仓。乱世里人是跟着粮食走的，有粮就有兵，有粮就有底气。任瓌的意

思是值此乱世，如果手中握有粮食，那么将立于不败之地。李渊
听从了他的建议，并且派他打前站晓谕各地武装。

这一路可谓势如破竹，周围百姓箪食壶浆以迎王师。黄河周
边居民献上各种物资甚至渡船，李渊为此专门成立了水军。当时
关中地区东部最大的武装力量头目叫孙华，孙华此时主动过河来
拜见李渊，李渊当场任命他为冯翊太守，由他作为渡河先头部
队，王长谐、刘弘基等嫡系部队随即跟进，在黄河西岸建立了一
个桥头堡，紧跟着李渊大军浩浩荡荡渡过黄河，进入了关中。

占领了永丰仓之后，李渊开仓赈济，一时间饥民云集，再加
上各地豪强归附，仅李世民部就发展壮大成九万人的部队。

此时，平阳公主率领一万多精兵前来接应，李渊听说女儿来
到，特地派遣柴绍率军前往接应，让夫妻两个见面。这一对夫
妻，丈夫从太原一路披荆斩棘冲杀而来，妻子在关中纵横捭阖迎
难而上，充分展现了他们的勇气与担当。

李渊没有把女儿的军队并入其他部队，而是让她单独立营，
这是对她功绩的赞赏，也是对她指挥能力的肯定。这支军队就叫
作"娘子军"。这就是"娘子军"一词的由来。

接下来就要攻打长安城，此时的长安闭门自守，人心惶惶，
主事的大臣卫文昇听说李渊已经过了黄河，登时病倒，再也不能
主事。改由阴世师等指挥城防，城内兵力、粮食倒不算少，就是
没斗志。

李渊分别派遣李建成把守永丰仓，派遣刘弘基、殷开山经略
扶风等地，派李世民经略鄠县，最后会师于长安西北方向的汉长
安故城，李建成又派来万余精兵增援，此时李渊手下兵力多达二

十余万。攻城时机成熟了，于是竞相向前，猛攻长安。在此之前，为了制造攻城器械，"绕京竹木，歼于斯矣"（《大唐创业起居注》卷二），就是说为了造器械，把京城附近的竹木全部都伐光了。

长安城城墙高厚，战斗激烈，孙华中箭，不幸牺牲，但是李渊军队士气依旧高昂，猛攻不辍，最后军头雷永吉率先登城，打开突破口，大军顺势杀入城中。

破城前，李渊下令不得侵犯隋朝宗庙，不得伤害代王杨侑，并且约法十二章，所以军队破城后没有出现大规模抢劫的现象，老百姓欢欣鼓舞。当时代王正在东宫，左右奔散，只有侍读姚思廉在一旁。李渊的士兵冲了进来，姚思廉大喝道："唐公举义兵、匡帝室，卿等毋得无礼！"（《资治通鉴》）所有的士兵都被镇住，站在大殿下不敢上来。

此时李渊赶来，请代王迁居大兴殿，姚思廉扶着代王走下台阶，而李渊则站在后面恭恭敬敬礼送。

姚思廉是京兆人，著名才子，曾任代王杨侑侍读。此时的他以一介书生微薄之躯保卫旧主，李渊很是敬佩。唐朝建立后，姚思廉成为李世民秦王府文学馆学士。后来是贞观时期著名的"十八学士"之一。曾参与编修史书，我们现在看到的二十四史中的《梁书》《陈书》皆出自他手。

此时隋朝留守大臣卫文昇已经病故，阴世师等被抓获。李渊举兵的时候，卫文昇、阴世师等下令挖了李渊家的祖坟，毁了李渊的家庙，李渊对他们早已经恨之入骨。数落阴世师等人罪过之后，李渊将其斩首，但一共只杀了十余人，其余一概不问，使得隋朝旧臣们迅速安定了下来，城中秩序也得以恢复。

长安城被攻克，李渊拥有了自己的基地。这是长安，具有其他城市不具备的象征意义，而挟持了代王，使得他有了政治上的主动权。大概李渊此时已有曹操挟天子以令诸侯之意。

纵观当时天下，怎一个乱字了得。四处起烽火，举目是狼烟，李渊这边暂时告一段落，我们来看看当时的隋炀帝正在做什么。

隋炀帝的性格就是容易走极端，顺境下慷慨激昂，逆境下容易颓废保守。天下大乱之后，他不是考虑如何收拾旧江山，而是选择了迁居江都。恐怕此时他的心里，全是对他人的怨恨，怨恨关陇集团的背叛，怨恨百姓的违法作乱，怨恨身边人的无能为力。

江都是当年他平定南朝时候的驻地，他与南方知识分子、佛教界关系良好，他的妻子萧皇后是南梁萧氏，这一切都促使他下定决心来到江都避难。而且此次前来，他已经做好了不再回去的准备。

他带领着百官、后宫，在禁卫军骁果的护送下浩浩荡荡来到江都。在这里，隋炀帝过上了醉生梦死的生活。宫内百余间房，每房都置美人一人，随时准备着丰盛的宴席和乐舞，隋炀帝随意进出这些房屋。

他和萧皇后以及后宫宫女们终日喝酒宴乐。隋炀帝似乎知道自己来日无多，喝酒之余，还常常流连忘返于花园之间，似乎看不够那些景色。他还曾经对萧皇后说：外间想害我的人不少，但我不失为长城公，你不失为沈皇后。所谓长城公就是陈后主——这已经有亡国的预感了。

有时他又顾影自怜，对着镜子看着自己，忽然说一句："好头颈，谁当斫之！"（《资治通鉴》）萧皇后惊问：何出此言？他笑笑说：贵贱苦乐，更迭为之，人生不就是如此吗？

他的这种颓废让身边的人感到绝望，尤其是他的禁卫军骁果。骁果是这支部队的番号，这支部队清一色由关中人组成，安土重迁，隋炀帝来的时候，并没有告诉他们不再回去了。此时看到隋炀帝如此颓废，而且一点回去的意思也没有，这些骁果十分焦急，他们想回家，想念老婆孩子，并且越来越不想为这个终日沉醉的君主卖命了。军心一天比一天不稳。

隋炀帝看到大家情绪不稳，于是脑门一拍就是一个主意。他下令江都城的未婚女子都停止谈婚论嫁，全部嫁给骁果们。这是乱政，引发了更大的不满。骁果们也不满意，觉得这是在胡闹。

此时隋炀帝的亲信、虎贲郎将司马德戡开始打小九九了。他与好友元礼、裴虔通等商议，都觉得现在形势岌岌可危，骁果随时可能叛乱，而自己身为将领在劫难逃。怎么办？最后他们商量来商量去，决定干脆站到骁果们一边去，成为他们的领导者。

他们打定主意后，就开始招募同党，越来越多的人加入他们的团伙里，这些人甚至狂妄到大庭广众商议谋反，一点也不避讳他人。有的宫女听到了，就来向隋炀帝报告，竟然被隋炀帝斩首。以后再也没人敢向他汇报。萧皇后也劝说众人："天下事一朝至此，无可救者，何用言之，徒令帝忧耳！"（《资治通鉴》）

隋炀帝就在这样的颓废气氛里迎来了自己的末日。

谋反者们觉得自己的级别都不高，难以服众，于是想起了右屯卫将军许国公宇文化及，想请他出山担任叛军首领。

宇文化及是隋右卫大将军宇文述长子，也是关陇集团成员。

杨广为晋王时，宇文述曾参与策划拥立杨广为太子，所以隋炀帝继位后对宇文一家颇多恩待。

宇文化及是个性格懦弱无能之人，叛军们看中的是他的爵位和名号，当把计划原原本本一说，宇文化及大惊失色，汗流浃背，过了一阵子又点头同意了。大概是因为他考虑到假如不答应可能立即会被骁果们杀死，而答应了说不定还能闯出一片天地来。

司马德戡等人决定动手。他们四处散布谣言，说隋炀帝已经定下计策，将宴请所有骁果，用毒酒杀害他们，然后和南方人一起留在江都。

隋炀帝多年来倾向南方的政策此时终于结出恶果。关中人与南方人已经形成鸿沟，所以司马德戡等人的煽动特别有效，骁果们信以为真，一时间气氛紧张万分。司马德戡召集所有军官开会，军官们在会议上纷纷表示，愿意服从司马德戡等人的指挥。于是政变就这样紧锣密鼓地开始了。

醉生梦死的隋炀帝对此一无所知，而燕王倓听说了消息，想连夜进宫报告皇帝。燕王倓是隋炀帝已故长子杨昭之子，他从水道穿越了芳林门，来到玄武门，发现玄武门已经被叛军们把守住了，他谎称自己中风，想来向皇帝诀别。一个大活人跑过来说自己中风要死了，任何智商正常的人都不会信，所以叛军根本没让他进去。

裴虔通等人率军冲入宫中，此时隋炀帝听到了动静，吓得赶紧躲避。叛军们挟持了一个妃嫔，她颤颤巍巍指示了皇帝所在，大家一拥而上，将皇帝的藏身处紧紧包围起来。

隋炀帝眼见已经无法躲藏，于是隔着门喊话说：你们是想杀我吗？

叛军回答：绝无此意。

隋炀帝这才敢开门，见到了裴虔通，他问：你不是我的故人吗？为什么要谋反？裴虔通在隋炀帝还是晋王的时候就已经是他的部下了，所以隋炀帝有此一问。

裴虔通回答说：我们不是谋反，而是想奉陛下回京。

隋炀帝回答说：我其实一直想回京，只是运粮船还没到，无法动身。

叛军们将隋炀帝押送到寝殿，隋炀帝一进门就看到士兵们手持利刃，杀气腾腾，心里就明白了，他说：我何罪而至于此？

叛军们回答："陛下违弃宗庙，巡游不息，外勤征讨，内极奢淫，使丁壮尽于矢刃，女弱填于沟壑，四民丧业，盗贼蜂起；专任佞谀，饰非拒谏：何谓无罪！"（《资治通鉴》）一口气将隋炀帝几大过犯都概括出来了：生活奢侈，饰非拒谏，执意伐辽，生灵涂炭。

此时隋炀帝最小的儿子赵王杲正在隋炀帝身边，这孩子只有十二岁，哪里见过这种剑拔弩张的场景，吓得哇哇大哭，裴虔通上前一刀将其砍死，鲜血溅了隋炀帝一身。隋炀帝此时终于拿出了一个君王应有的威严，他对叛军们说：天子有天子死的方式，决不能死于锋刃。将我的鸩酒拿来。

原来，隋炀帝早就料到有这一天，事先已经准备了毒酒，交给宫女专人保管。他曾对妃嫔们说：如果哪一天遭遇不测，你们先喝此酒，我跟着喝此酒，不能死于贼人之手。

但是此时掌管鸩酒的宫女早已经跑得不知踪影，无奈之下，隋炀帝解下身上一条练巾，交给了叛军，叛军们一拥而上，将隋炀帝勒死。

隋炀帝是一个颇具才华、颇有战略眼光的皇帝，不是印象中一般的昏君。他统治之下，隋朝的国力达到了前所未有的高度，大业五年的各种经济指标甚至让后来的唐太宗都难以望其项背，唐朝要一直到唐玄宗时期才算赶超了他。隋炀帝率先看到了关陇集团的局限性，率先意识到了中国经济重心的南移，可谓高瞻远瞩，但是他不知道，执行比计划更重要，任何好的谋略都必须考虑可执行性，都必须考虑自己执行力的边界在哪里。他的性格里有好大喜功、文过饰非的一面，对基层民众的疾苦漠不关心，将所有重大战略举措一起进行，又执意伐辽，导致民不聊生。而操之过急的爵位、勋官改革和大规模启用关东、南方人士的举动又引发了关陇集团的不满，对谶言的恐惧又导致他对关陇集团成员屡屡举起屠刀，最终落得众叛亲离。他死的时候，文武百官不来帮他，禁卫军不来保卫他，真正是孤家寡人。

隋炀帝倒地后，叛军们撤走。此时大多数嫔妃、宫女和宦官都跑散了，只有萧皇后和身边的宫女目睹了整个过程。悲痛不已的萧皇后只能和宫女们一起收敛隋炀帝尸身。仓促之间想找个棺材都找不到，只好拆解了家具木板，做了一口简陋的薄棺，将隋炀帝草草埋葬。

2013年，扬州市曹庄某工地施工时挖到一座古墓，经过抢救发掘，发现这竟然是隋炀帝和萧皇后的合葬墓。墓中发现了一方墓志，进一步证实这就是隋炀帝的墓葬。

此处已经不是当年隋炀帝第一次被埋葬的原址，而是经过

墓葬内发掘出的墓志（图片来源于扬州网）

唐人改葬的地点。萧皇后在唐朝贞观年间去世后，灵柩自遥远的长安被运到了此处，与自己的夫君埋葬在了一起。

要说起这位萧皇后，也是命运多舛，虽然贵为皇后，却身不由己，被时代的潮头撞击得东倒西歪。萧后乃著名的梁朝昭明太子萧统后代，西梁明帝岿之女。二月出生，江南风俗"二月生子者不举"，就是说二月生的孩子不吉利，克父母。所以萧后被亲生父母遗弃，由明帝六弟萧岌收养。不多久，萧岌夫妻俱死，于是萧皇后被其舅舅张轲收养。张轲甚贫，萧后的青少年时代日子非常艰难，亲自参加体力劳动。

后来隋文帝要为晋王杨广选妃，派使者前往西梁，梁明帝给所有女儿占卜，却发现没有一个得到大吉的。要知道，此时西梁从属于隋朝，否则以它不到千里的地盘早都被陈朝所灭，所以政治联姻对于西梁来说至关重要。梁明帝着急了，此时忽然想起来自己还有个女儿一直在舅舅家，于是赶紧把她也列入名单，占卜结果大吉，于是灰姑娘的故事出现了——萧氏成了晋王妃，后来又成为隋帝国的皇后。隋炀帝对南方的喜好，应该说部分原因来自对自己的皇后的爱，可以说，这一对夫妻感情还是比较好的。

在杨广夺嫡过程中，萧氏也起到了不小的作用。当时为了掩人耳目，杨广和同党的往来，对外宣称萧氏懂医术，同党带着自己的夫人以看病为由往来于晋王府，紧锣密鼓进行谋划。除了这个之外，萧皇后一生谨小慎微，没有干政乱政的行为，但是也没有什么主见，对于隋炀帝的所作所为，她是心有余力不足，无力劝谏。甚至在形势危急的时候，她也只能选择和夫君一样，放任自流，以鸵鸟政策应对乱局，最后的结果就是丈夫身死国灭，而自己则开始了颠沛流离的生活。她先是被宇文化及挟持，后来宇文化及被窦建德消灭，她又被窦建德俘虏，后来在隋朝和亲公主义成公主运作下，萧皇后又被突厥接走，突厥失败后又被唐军俘虏，回到了长安。好在当时的皇帝唐太宗对她礼遇甚厚，总算有了一个安定的晚年，一直到寿终正寝后才得以回到扬州。

一代传奇君王隋炀帝和萧皇后的墓葬就这样重现人间，令人百感杂陈。

隋炀帝的死，标志着隋朝的覆灭。隋失其鹿，天下逐之。此时的李渊、李密、窦建德、刘武周甚至宇文化及都有可能成为最后的胜利者。掰腕大赛现在已经进入了总决赛。

人的成功，固然与能力、道德、时代背景息息相关，但有时，运气也的确会起到极大的作用。隋炀帝身边作乱的叛军，其目的就是返回关中，这支队伍兵力雄厚，战斗力彪悍，而且思乡心切。假如进入关中，对刚刚站稳脚跟的李渊将极为不利，但是，这支队伍在半路却忽然消失了，这是怎么回事呢？

【十一】

群雄逐鹿

江都兵乱，隋炀帝被杀。叛军总头领宇文化及随后率领骁果、百官、后宫踏上了返回关中的征途。

为什么说是征途呢？因为这一路要遭遇的农民起义军实在是太多。骁果们思家心切，就是宇文化及也不能完全掌握这支部队，除了返回关中别无选择。

从扬州到长安，途中必定路过河南，结果就在这里，宇文化及遭到了强有力的阻击，阻击者不是别人，正是瓦岗军。

隋炀帝之死的消息传到洛阳，举城哀悼。此时天下无主，大臣元文都、卢楚等人共同拥戴越王杨侗即位，年号皇泰，这就是历史上的"皇泰主"。杨侗是元德太子杨昭次子，也就是隋炀帝的孙子。据说此人性格宽厚，有能力，隋炀帝出巡就留他镇守洛阳。

越王侗最大的敌人就是瓦岗军，两军之间的战斗不计其数，正在相持不下的时候，来了宇文化及这个不速之客。

眼看着宇文化及的大军距离洛阳越来越近，元文都等人商量怎么对付他。此时的形势很微妙，洛阳城外尚有李密，若是出去打宇文化及可能会腹背受敌。此时元文都想到一个一石二鸟之计，他说：不如给李密封高官，新皇帝在咱们这边，给李密封个高官，再给他多送些金银财宝，让他去打宇文化及。这样做目的何在？元文都接着说："令两贼自斗，化及既破，而密之兵固亦疲矣。又其士卒得我之赏，居我之官，内外相亲，易为反间，我师养力以乘其弊，则密亦可图也。"（《旧唐书·王世充传》）让他们来个两败俱伤，而瓦岗军内部受我封赏，必然上下离心，我军趁势而出，可以连李密也一起收拾了。

此时李密的内心想法就耐人寻味了，敌人的这个计策他应该能看得懂，但是他接受了："时密与东都相持日久，又东拒化及，常畏东都议其后，见盖琮至，大喜，遂上表乞降。"（《资治通鉴》卷一八五）估计李密此时是这样考虑的：现在腹背受敌，必须联合一个打掉一个，洛阳方面主动讲和，所以他大喜，而且这是个借机打进洛阳的好机会。收拾掉宇文化及，趁敌人麻痹再攻入洛阳，估计是这个原因使他暂时和以前的敌人联手了。更何况，在洛阳使者到来之前，宇文化及部队已经与瓦岗军有了局部冲突，这仗看来非打不可了。

要说李密此时的心态，已经有了微妙的变化。雄兵在握，又自认为名应图谶，加上杀死了翟让，独掌大权，他开始膨胀了，或者准确地说，原先就很膨胀，现在更膨胀了。他很自负，越来越听不进别人的意见，而且对待手下越来越傲慢。由于占据着官仓，所以粮食很多，吃饭不愁，但是没有钱帛来源，立功的将士没法赏赐，久而久之，底下对他的怨言就越来越多。徐世勣曾在一次宴会上话里有话地讽刺了李密，李密心中不悦，命令徐世勣出镇黎阳，实际上是把他调离核心圈子了。

　　宇文化及来到河南，大概因为兵马众多，粮食补给不足，所以首先攻击黎阳仓。徐世勣被包围在仓城里。李密听说消息，立即率领步骑兵两万前来增援，在距离黎阳仓不远的清淇筑壁坚守，与徐世勣之间用烽火相联系。宇文化及攻黎阳，则李密骚扰其后，宇文化及攻李密，则徐世勣骚扰其后，让他首尾不得相顾。

　　李密在战场上遇到宇文化及，对着宇文化及喊话："卿本匈奴皂隶破野头耳，父兄子弟，并受隋恩，富贵累世，举朝莫二。主上失德，不能死谏，反行弑逆，欲规篡夺。不追诸葛瞻之忠诚，乃为霍禹之恶逆，天地所不容，将欲何之！若速来归我，尚可得全后嗣。"（《资治通鉴》）

　　李密说完，只见对面的宇文化及低着头若有所思的样子，李密还以为说对方进心坎里了，没想到宇文化及抬起头来，大喝一声：为什么说文言文！——敢情就没听懂！

　　李密回过头来对手下们说：宇文化及是贵胄出身，没想到如此粗鄙，诸君且看我如何擒他。

　　宇文化及倾尽全力攻打黎阳仓，还制作了很多的攻城器械，而徐世勣早有准备，他挖掘了壕沟，阻挡了宇文化及的攻城器械，然后又挖掘秘密地道，让精锐战士通过地道从背后进行奇袭，打了敌人一个措手不及，宇文化及被迫焚毁攻城器械，然后撤离。

　　此时，洛阳与李密之间的协议已经达成，李密暂时没有了后顾之忧，于是将全部精锐部队投进了对宇文化及的战斗中。

　　他想利用宇文化及的低智商，提出与宇文化及和谈，并且表示可以资助宇文化及粮食。宇文化及此时最缺的就是粮食，听说李密愿讲和，心花怒放。本来军中已经实行配给制，定量供粮，既然李密要送粮，那就敞开吃吧。一高兴，把军中最后一点粮食也吃得差不多了。

其实李密讲和就是为了这个目的，耗费宇文化及的军粮，再趁敌人不备猛然袭击。一切尽在掌握中。但是事不凑巧，李密有个部下犯法，李密要对他加以惩处，此人害怕，悄悄逃出瓦岗军，投奔了宇文化及，并将李密的计划全部告知。宇文化及勃然大怒，此时军粮已经所剩无几，他没有别的选择，只有立即决战。

他指挥大军，渡过永济渠，直扑瓦岗军主力。瓦岗军此时也别无选择，只有正面对敌。这场战役是隋末农民大起义中最大的战役之一，其实对于李密来说，这场恶战完全可以避免，因为宇文化及是过境，归心似箭，暂时不会对他构成根本性威胁，但是李密在多种因素影响下，最终决定与宇文化及决战。事实证明，这是一场杀敌一千自损八百的得不偿失的战斗，最终成了瓦岗军由盛转衰的分水岭。

这场大战血雨腥风，双方的战斗力都很强，而且倾尽全力，奋勇搏杀，瓦岗军一度有战败的可能，李密也差点阵亡。《旧唐书》记载说他被箭射中，从马上掉下来昏迷了，左右随从吓得都跑掉了。此时秦琼挺身而出，不但以一己之力救出了李密，而且反过身来收拢阵形，与宇文化及再次激战，终于将敌人击败。程咬金也身先士卒，与敌人激烈战斗。宇文化及虽被打败了，可是瓦岗军也是元气大伤。

对宇文化及来说，回家的梦算是破裂了，士兵伤亡惨重，自己身边只剩下两万部队，其余八万多部队或损失或归降了李密。

他主动撤离战场，一路靠着劫掠向北漫无目标地逃窜。

到了魏县，宇文化及部队里已经出现人心离散的现象，有人悄悄谋划率部逃离，被宇文化及发现，加以镇压。这个事件说明，宇文化及距离失败只有一步之遥了。此时的宇文化及计无所出，只好终日喝酒度日，喝得酩酊大醉的时候就骂手下和他自己的兄弟：我本来就没参加你们的阴谋，你们非要拉我入伙，现在兵也没了，家也回不得了，天下人还都骂我是弑君的逆贼，以后身亡族灭，全都是因为你们这些混账！

他的兄弟和部下此时则往往反唇相讥：事情顺利的时候，也没见你归功给我们，事情不顺了，责任就是我们的了，你还不如把我们杀了投窦建德吧！

此时往往就以打架来作为收场。打完了，酒醒了，该干嘛干嘛，跟没发生过一样。而且据说几乎天天如此，成了日常流程。

后来逃亡者越来越多，宇文化及知道大势已去，他叹曰："人生固当死，岂不一日为帝乎！"（《资治通鉴》）于是他鸩杀了傀儡秦王杨浩，在魏县自立为帝，国号为许，设置百官。

但是他明白自己这是过把瘾就死，原因很简单，此时他已经来到了窦建德的地盘上，卧榻之旁岂容他人鼾睡，窦建德一定会来收拾他，他已经到了人生最后的阶段。

果然，没过多久，宇文化及先是受到了李神通部的打击，东奔聊城，后来又遭受窦建德打击，最终溃散。聊城被攻克后，窦建德入城先来看望萧皇后，口中称臣，而且穿上素服为隋炀帝守丧。他这样做无疑是政治姿态，他也不愿意树大招风，所以处处表现自己是隋臣。当时隋炀帝死讯传遍天下，很多武装力量的头领都作悲恸状——真要那么伤心你们还造反干什么呢？无非是一个看一个，都不想当出头鸟罢了。

　　窦建德将杀死隋炀帝的一干元凶全部在隋朝百官面前处死。将宇文化及和他的两个儿子用囚车送到襄国城，历数其罪过，然后斩首示众。对窦建德来说，俘虏了隋朝百官，增加了他的力量，缴获了隋炀帝生前使用的车驾卤簿，又满足了他的虚荣心，可谓收获颇丰。

　　再看李密。李密打跑了宇文化及，知道宇文化及再也成不了气候，于是放弃了追击，回到了大本营。这一仗瓦岗军损失也很惨重，将领折损多人，甚至李密自己也受伤了。好在毕竟渡过了这一关，强敌已退去，不过等他反过头再来对付东都洛阳，却发现洛阳形势已经发生了巨变。

　　洛阳巨变主谋者是王世充。王世充这个人是隋末战乱中趁势而起的一个野心家。此人据说研究过兵法，很聪明，同时也很狡猾，而且嘴巴上从来不吃亏，文过饰非，巧舌如簧，大家都知道他不在理，可是谁也没法驳倒他。他还善于拍马屁，隋炀帝时期他担任江都丞，负责管理隋炀帝的行宫。隋炀帝最爱江都，所以王世充不遗余力满足隋炀帝的奢华生活，大兴土木，四处搜集珍奇玩物，取媚于隋炀帝，隋炀帝越发喜欢他。

　　后来在镇压农民起义过程中屡建大功，隋炀帝对他很信任。当瓦岗军威胁到东都洛阳的时候，隋炀帝派他前来救援。王世充率军与瓦岗军打了一百多场仗，不分胜负，为了激励王世充，隋炀帝派人在军中拜他为将军，要求中原地带军队皆受王世充节度。

　　王世充曾率军渡河与瓦岗军大战，结果吃了败仗，被瓦岗军赶到河里淹死上万人，败退途中遇到大雪，又冻死数万人，最后带回来区区数千人。他向越王杨侗请罪，越王觉得这阵子洛阳岌岌可危，不好处罚他，毕竟王世充还算是有才干的将领，所以不予追究。

王世充和李密打了那么多仗，早已经杀红眼了，主和的是元文都，王世充可不买账。当时李密每次战胜宇文化及，都会派人来洛阳向越王侗奏捷，元文都等人自以为得计，每每摆酒庆贺，喝得酩酊大醉。王世充对此嗤之以鼻，他对手下说："元文都辈，刀笔吏耳，吾观其势，必为李密所擒。且吾军士屡与密战，没其父兄子弟，前后已多，一旦为之下，吾属无类矣！"（《资治通鉴》卷一八五）意思是：元文都这计策纯属瞎搞，李密只是暂时示弱，麻痹我们，他肯定会借机打进来，你我和李密打了这么多的仗，杀了他们多少人，李密一旦得计，咱们都是死路一条。那该怎么办？手下人听了个个心慌，王世充趁机鼓动大家一起发动政变。

元文都和卢楚对王世充的阴谋有所耳闻，想来个先下手为强，于是他们密谋由皇泰主下令，将王世充招来议事，在大殿上将其擒获。没想到他们的手下段达却有二心，通过自己的女婿将这个消息报告给了王世充，王世充立即行动，后半夜就包围了皇宫。

元文都听说王世充起事了，立即护送皇泰主到乾阳殿，然后下令禁军抵抗，但是派出去的禁军将领要么被王世充击败，要么干脆投降。元文都还想亲自率军从玄武门绕出去攻打敌人背后，掌管城门的官员却借口说钥匙找不到，就是不开门。元文都、卢楚此时可谓众叛亲离。天亮的时候，王世充的军队冲入了皇宫，路上遇到卢楚，一顿乱刀将其杀死。此时段达又当了内应，他命人将元文都捆起来送给王世充。

元文都临走前对皇泰主说：臣今日死，恐怕陛下来日也无多了。皇泰主哭着看着他被押送了出去。

王世充看到元文都，二话不说，立即将其杀死。紧跟着来见皇泰主。

皇泰主见到王世充，指责他说：大臣之间擅自攻杀，不向国君禀报，这就是你的为臣之道吗？

王世充此时装得还是毕恭毕敬："臣蒙先皇采拔，粉骨非报。文都等苞藏祸心，欲召李密以危社稷，疾臣违异，深积猜嫌；臣迫于救死，不暇闻奏。若内怀不臧，违负陛下，天地日月，实所照临，使臣阖门殄灭，无复遗类。"（《资治通鉴》）

对于皇泰主来说，他已经别无选择，洛阳内外已经被王世充全部控制，身边的卫士们也被王世充的部下所替换。他实际上已经是阶下囚了。

李密战胜宇文化及后本想入城来见皇泰主，听说这个消息后立即退了回去，双方又恢复了对峙局面。要说王世充这厮真是鬼心眼多，李密占据洛口仓，手里粮食多，王世充的洛阳城粮食短缺，所以常有人逃出去投奔李密，王世充想到一招，他缺粮，但是城里布帛很多。李密有粮，但是缺布帛，士兵没衣服穿。于是王世充提出交易，以布帛换粮食。李密觉得可以，互通有无嘛。结果呢，粮食运进城，洛阳人心稳定了，投奔李密的人大为减少，李密后悔不迭。

此时的瓦岗军已经元气大伤，士气低落。王世充觉得时机成熟了，于是乎率军主动挑战，李密召集众将商议，裴仁基主张坚壁清野不要轻易迎战，理由是敌人缺粮，对峙久了必然败退，那时追杀可获全胜。而单雄信等人坚决主张立即决战，理由是王世充是手下败将，不足为惧。李密最后听从了他的建议。要说起来，李密和单雄信一样，都有轻敌之心，这是兵法大忌。

于是双方展开一场大战，敌军首先攻击单雄信大营，单雄信求援，李密派遣裴行俨和程咬金去救，结果裴行俨中箭落马，程咬金冲上前去格杀数名敌军，将裴行俨救下，放在自己的马上一起回跑，一匹马上两个人跑不动，敌人追了上来，有个敌兵一矛刺了过来，《旧唐书》和《资治通鉴》记载此事时都用了一个短语："刺槊洞过"，这个短语很惊悚，意思是已经把程咬金刺穿了。那程咬金不是死定了吗？《新唐书》的作者就觉得难以置信，他用了这样一句话："追兵以槊撞之"，意思是追兵不是用槊刺他，而是用槊撞程咬金。真相如何已无从考证，不过古今战场上，身体受了贯通伤还能作战的也不乏其例，前提是没伤到要害器官。程咬金有可能是被刺中了，此时他转过身去，硬生生折断了敌人的矛杆，然后将敌兵杀死，敌军见到这一幕无不胆寒，纷纷败退。瓦岗军算是赢了这一仗。这一仗程咬金尽显英雄本色，不过后来的大战中程咬金销声匿迹了，有可能就是因为负伤导致缺席了。

瓦岗军初战胜利，更使得李密放松警惕，晚上宿营甚至不设壁垒。王世充先派二百骑兵埋伏到李密大营附近，又激励战士，鼓舞士气，第二天与瓦岗军再度激战，战况胶着之时，王世充又使了一计，将一个相貌特别像李密的人捆起来带给大家看，高喊道："已获李密矣！"本方士卒一见士气大振，愈发奋勇，此时那二百伏兵趁势冲入瓦岗军大营，然后四处纵火，瓦岗军瞬间崩溃，李密和部将四散而逃。瓦岗军就此失败。

中原地区最强的武装力量瓦岗军被瓦解了。

鹿死谁手

我们经常可以看到成功人士谈自己的成功之道。不可否认的是，他们大多数的确非常优秀，成功的原因有他们的个人素质、家庭背景，还有时代给予的机遇，以及来自第三方的帮助。但是他们往往不会告诉你一些核心的秘密，有时候人的成功，除了那些要素之外，还需要另一样东西——运气。古人所说的"天时"大约就包含运气，这里包括时代机遇，也包括成功者个人的幸运。

李渊就有着好运气。天下大乱给了他顺利举兵的机会，隋炀帝自暴自弃给了他打下长安的机遇，打下长安后立足未稳，宇文化及率领十万骁果要返回关中，可以想见这支部队假如顺利返回关中，对李渊来说是多大的威胁，但是，这支部队却消失在与瓦岗军和窦建德对抗的战场上。对李渊而言这不是运气是什么呢？

当时的形势很复杂，李渊在隋炀帝死前就拥立了代王侑。

谁也不能立即宣布隋朝的终结，尤其是不能由自己来宣布。谁都不愿意当出头鸟，对李渊来说更是如此。他从太原举兵开始就一直声称自己是匡扶帝室，针对的是不当得位的隋炀帝，所以更不能贸然取代隋朝建立自己的王朝，必须要有一个过渡期，那么拥立代王侑就是一个不二之选。

李渊正式举办大典，立代王侑为新帝，年号义宁。代王侑心里很明白，自己是李渊的阶下囚，身不由己，刚登上皇位，他就立即宣布：以李渊为丞相，封号由唐国公晋升为唐王，以皇宫内武德殿为丞相府，丞相颁布的命令不再称"教"而称为"令"，而且特别下旨："万机百度，礼乐征伐，兵马粮仗，庶绩群官，并责成于相府。惟郊祀天地，四时禘祫奏闻。"（《大唐创业起居注》）也就是说所有政务全部交给丞相做决断，只有必须由天子出席的祭祀典礼自己才出面。这是明智而又无奈的选择。

李渊假意不愿接受，在大家再三劝说下才接受了，而且还叹气说："王家失鹿，遂使孤同老狼。"（《大唐创业起居注》）其实他还真是一匹狼，一匹来自北方的争夺天下的狼。

他委任裴寂以下一干人等为自己的僚属，又立陇西郡公李建成为世子，以敦煌郡公李世民为秦国公，以李元吉为齐国公，改太原留守为镇北府。

李建成为世子，这就等于是未来的太子了。此时的李世民没有对这件事表示过任何反对。此时的他，本就不是嫡长子，论战功李建成也不在其下，他没有理由质疑李建成的世子位。他与李建成的矛盾，是随着他军功一步步积累而逐渐扩大的。

占领长安并且拥立代王侑，使得李渊具备了号令起码是半壁江山的能力。当时，榆林、灵武、五原、平凉、安定诸郡来降，李渊又派使者去晓谕巴蜀。对李渊来说，稳定好关中和附近地区，乃至稳定整个西部至关重要，只有这样自己才能够并立向东，争取天下。当年秦国统一天下就是沿着这样的一条道路。

此时在这个区域内能够威胁到李渊政权的主要有三股力量：

唐弼

唐弼是关中西部地区一支农民军的首领。他反对隋炀帝的暴政，在大业十年就举兵了，起事很早。很有意思的是，他当时选了一个名叫李弘芝的人立为天子，自称为唐王。选一个姓李的立为天子，可能是因为唐弼听说了有关李氏将为天子的谶言，为了服众，为了构造自己举兵的"合法性"而采取的举措，自称唐王，这个可能与李渊没啥关系，纯属巧合，因为他姓唐而已。

唐弼实力强大的时候拥兵十万，不过很快就被西北地区军阀薛举盯上了。

薛举

薛举是河东汾阴人，随父亲移居到金城郡，也就是今天的甘肃兰州。大业年间他曾担任金城府校尉。据记载，薛举容貌俊伟，擅长骑射，武艺绝伦。

当时天下已经大乱，陇西地区农民起义风起云涌。当地长官郝瑗招兵买马，想镇压农民起义，而薛举则被委任为将领。当时一共招了数千士兵，而且准备了相应的武器装备和铠甲。

也就在此时，薛举开始动了心思了。他是个擅长出阴招的野心家，天下大乱，在他看来是个绝佳的机会，他想当刘邦。他和自己的儿子薛仁杲（也有文献作"薛仁果"）秘密谋划，最后决定趁郝瑗举办宴会的时候动手，将郝瑗及其属下来一个一网打尽。

郝瑗为了提振士气，大办酒席慰劳部下。酒酣耳热之际毫无戒备，薛举和薛仁杲率领十三人突然拔出武器，将郝瑗等官吏全部拘捕，在座者无不大惊失色。薛举早就做好准备了，不慌不忙地宣称：郝瑗谋反，我奉上级命令将其拘捕，诸君莫慌。他就这样兵不血刃地夺取了当地大权。

接着，薛举下令开仓赈济。战乱年代老百姓的特点是谁有粮跟谁，很快薛举就壮大了起来。薛举是个有野心而且迫不及待的人，在这场战乱里，李渊、李密、窦建德等实力强劲者都不急着称王，薛举却急不可待，他自立为西秦霸王，年号为秦兴，封长子薛仁杲为齐国公，少子薛仁越为晋国公，高调得咄咄逼人。

当然，薛举这样做也有他的资本，那就是武力强劲。河西地区本就民风彪悍，再加上薛举有着很强的指挥能力，所以他的军队虽然规模不是很大，但战斗力的确很强，《旧唐书》说他"兵锋甚锐，所至皆下"。

当时隋朝官府军队皇甫绾部一万人在枹罕（今甘肃临夏）驻扎，薛举率领两千精兵袭击皇甫绾。双方排开阵形对峙，刚一开战就刮起了大风，最初风是朝着薛举那个方向刮去，按理说这是个千载难逢的机会，顺风作战，箭射得远，还可以纵火举烟，而且烟尘四起，敌人士兵会睁不开眼，有经验的指挥官都会利用风势，但皇甫绾却无动于衷。不一会儿，风势逆转，开始刮向皇甫绾的阵地，隋军士兵发生了骚动，薛举没有丢掉这个宝贵的机会，他率先上马，身先士卒直扑敌阵，士兵们在后面紧跟着冲锋，杀声震天。皇甫绾全军溃散，枹罕城被顺利攻克。

枹罕是河西重镇，它的丢失意味着隋朝官府军队已经无力阻挡薛举的崛起。当时有两万余羌人来归降，薛举的实力得以进一步增强。他接二连三攻城略地，鄯、廓二州皆被攻克，这就等于占据了几乎大半陇西地区，兵力也扩充到了十三万之多。

大业十三年七月，也就是在李渊太原举兵两个月以后，薛举在金城自立为帝，以妻鞠氏为皇后，以母为皇太后，立太庙。他几乎是隋末各股武装势力中称帝最早者。一方面显示出对自己实力的自信，另一方面也反映出此人的轻狂。

紧接着，薛举又命令薛仁杲进军秦州，薛仁越进军剑口，此时他们遇到了另一个对手——李轨。攻克秦州之后，薛举把首都从兰州迁到了秦州，这个动机已经很明显了，他要进军关中，争夺长安。

李轨

李轨，河西武威人，隋朝鹰扬府司马。此人是当地富户，战乱年代舍弃家财赈济贫民，所以赢得了很高的威望。当时薛举已经举兵，李轨很担心，他对自己的朋友们说：薛举其人残暴，肯定会来攻打我们这里，本地长官懦弱无能，必然不能保我辈平安。我们只有奋力自保，占据陇右，才可保身家性命。

他手下这批人纷纷赞同，于是他们也计划举兵，可是此时需要一个领袖，大家互相推让，谁也不肯出头。李轨的朋友曹珍说：我听谶言说"李氏当王"，咱们这里只有李轨姓李，我们应该共同拥戴李轨。于是大家共同推举李轨为首领。

李轨连夜部署起事，他的队伍里还有不少寄居此处的胡人，由这些胡人打前阵。李轨将当地隋朝官员全部拘捕，然后对外自称河西大凉王，年号安乐，一切典章制度都模仿开皇年间。甚至有一部分突厥骑兵也归降了李轨。

不久，李轨又自立为帝。他的手下想杀尽被俘的隋朝官吏，将他们的家产瓜分。李轨这个人的特点是比较宽厚，他说：既然你们当时共同拥立我为首领，现在就要听我的处分。我们是义军，义军要救民于水火之中，现在杀人取财，这和山中贼寇有什么区别？硬是将此事挡了回去。

很快，他就与薛举发生了冲突。双方的第一场战役李轨战而胜之，斩首两千，还俘虏了数千名士兵。李轨想把他们全部释放，有人反对，提出来要将其全部坑杀。李轨说：我如果是天命所眷顾的，那我就能战胜薛举，那时候薛举的土地、人民、士兵全是我的，此时杀害他们有何益处？于是将这些人全部释放。然后他又乘胜攻陷张掖、敦煌、西平、枹罕，尽有河西五郡之地。

这两件事说明李轨这个人的性格特点：他有野心，也有能力，且性格比较宽厚。不过不久，他就干了一件不那么宽厚的事情。

李轨身边有一个谋士名叫梁硕。此人随同李轨起兵，有很高的威望，此时担任吏部尚书。梁硕一直担心一点：李轨手下有不少的胡人和突厥人，不仅人数众多，而且在李轨政权里居于高位。梁硕是有着"非我族类其心必异"思想的，他担心这些胡人作乱，所以总是劝李轨加强戒备。一来二去，梁硕就得罪了户部尚书安修仁，听安修仁这个名字就能猜出他的族属，是个粟特人，这个人和他的兄弟对李轨的命运产生了根本性的影响。

安修仁憎恶梁硕对自己的偏见和歧视，偏巧梁硕又得罪了李轨的儿子——当时李轨的儿子去看望梁硕，梁硕没有站起来回礼，这让李轨的儿子十分恼怒。安修仁抓住这个机会和他一起构陷梁硕，说他欲勾结外敌谋反。最后，李轨听信了安修仁的谗言，让安修仁带着毒药去梁硕府上逼迫梁硕自杀。

这件事对李轨身边一起打天下的部下们产生了极大的冲击。

大家发现，这位大家共同推举的首领现在越来越高高在上了，梁硕曾经是他的左膀右臂，结果现在因为一点莫须有的罪名就遭到杀害，实在是令人寒心。从此以后李轨的部下与他离心离德，政权逐渐不稳。

甚至有人还专门给他下套，让他变得更加不得人心。当时遭遇饥荒，发生了人吃人的惨剧，李轨召集群臣议事，想散尽家财赈济饥荒。算了算总数还远远不够，又想打开官仓，用储备粮赈济灾民。大臣曹珍随声附和，但是另一个大臣谢统师一直对李轨心怀不满，想以阴招害李轨，他当着李轨的面与曹珍争论，说：百姓饿死一些又能怎样呢？被饿死的原本就是体弱多病的，身体好的不会饿死。官仓的粮食是要用来应对战争的，岂能拿出来随便作为小恩小惠加以施舍？你这是想用官粮给自己积攒名声，不是为国考虑。

李轨听了，竟然觉得谢统师说得有道理，下令关闭官仓，这下子老百姓怨声载道。而且李轨听信了一个巫师的鬼话，说是有天女将要降临，所以派人修筑了一座高台迎候天女，此事耗费钱财甚多，一来二去，李轨统治区域内人心惶惶，离心离德。

早在这些事之前，李渊曾经想收服李轨。就当时的形势而言，李渊要想全力向东争夺天下，就必须有一个稳固的大后方。当时西北地区三路军阀，唐弼已不是问题，薛举最为凶悍，是必须要铲除的敌人，而李轨则是可以争取的，李渊打算劝其归降。此时的李渊已经称帝，于是发了一封玺书给李轨，称其为从弟。之所以这么称呼，是因为李唐皇室声称先祖乃是陇西李氏，老子的后代。其实，根据陈寅恪的考证，李渊家乃是赵郡李氏，李轨是陇西李氏，非要硬靠上陇西李氏，是因为他们身处关陇集团，出身也必须是这里的才显得比较合群。

李轨是陇西李氏，所以李渊称其为从弟，李轨刚开始很高兴，派遣其弟弟李懋入朝，李渊拜李懋为大将军，又派人前往陇西册封李轨为凉王、凉州总管。但是此时李轨已经称帝，于是召集手下人商议：李渊这个人恐怕才是谶言里所说的应天命者，而且他已经占据长安，天下没有两个李字，我想去帝号，接受李渊的册封，不知各位怎么看？

曹珍回答说：隋朝大势已去，天下英雄并起逐鹿，唐可以占据他的关中，我们继续保有我们的凉州，都是天子，为何要接受他的册封？如果您觉得李渊势大，我们可以模仿西梁故事，一方面继续保持帝号，一方面可以像西梁做北周附庸那样做唐的附庸。

李轨听从了曹珍的建议，派遣尚书左丞邓晓来长安，上书唐高祖，内自称为"从弟大凉皇帝"，李渊勃然大怒，说：李轨竟然自称为帝，这是与我作对。于是他就将邓晓抓起来投入监牢。

这时李渊手下大臣安兴贵站出来主动请缨。此人不是别人，正是安修仁的兄长。其家族自中亚迁居到中原已经几代了，世代为官。他想趁着自己的兄弟在李轨那里受信赖，说服李轨降唐，建立不世功勋。他能这样主动，李渊当然高兴。但是李渊同时也很担心。

李渊说：李轨背后有突厥，而且还与吐谷浑相勾结，势力盘根错节，岂是你一人可以说服的？

安兴贵回答说：李轨虽然势力不小，但臣有两手准备。首先以大义祸福劝说他，假如听从了臣的建议最好不过。若是顽梗不化，臣家世代是河西豪族，人多势众，而且臣弟安修仁正受李轨信赖，臣会见机行事。此事必成。

李渊点头同意，给了安兴贵特使身份，前往凉州。

李轨见了安兴贵，问他自安之策。安兴贵说：凉州再怎么说也是偏远之地，财力物力有限，无险可守，何况周围又有突厥等虎视眈眈。现在李渊占有长安，兵锋所向无不降服，此乃天命所归。您不如举河西之地归降李渊，以后荣华富贵就是汉代的窦融也无法相比。

李轨沉默许久，回答说：当年汉景帝时候，吴王刘濞以江左之地自称东帝，我现在占据河西，又何妨称西帝呢？唐再强大又能奈我何？你不要再用唐的高官厚禄来诱导我。

安兴贵一听害怕了，连忙站起来找补说：我是听说富贵不还乡，好比衣锦夜行，臣现在满门都受您的信赖，怎么敢有异志？李轨听了也不说什么。安兴贵算是搪塞过了这一关。

退下来安兴贵心里明白了，李轨是无法劝说的。于是他找到兄弟安修仁，密谋举兵起事。

在这兄弟两个的策划下，凉州城内外的胡人被动员武装起来。过了几天，安兴贵、安修仁发兵围凉州城，李轨率领步骑兵千余人出城迎战。安兴贵和安修仁此时有一个外援，是昔日的薛举手下将军奚道宜，此人乃是羌人，与薛举有矛盾，所以来投奔李轨。李轨最初答应给他刺史做，但是奚道宜来了之后他却反悔。奚道宜由此对李轨产生了怨恨。于是这次两股势力一起攻打李轨。

李轨支持不住，败退城里，然后登城固守，等待外援。此时

兴贵河右困李轨

（《新刊徐文长先生评唐传演义》明熊大木著 明万历四十八年武林藏珠馆刊本）

安兴贵派人前往各城晓谕说：大唐皇帝派我来取李轨，其余一概不问，不从者诛三族！于是各城均按兵不动。

其实安兴贵的恐吓是一方面，另一方面各城按兵不动也反映出李轨此时的确已经众叛亲离，无人为其卖命。

李轨知道大势已去，于是登上玉女台，与家人饮酒告别。安兴贵抓获李轨，将其送往长安。李渊下令将其斩首于长安。以安兴贵为右武侯大将军、上柱国、凉国公，赐帛万段，安修仁为左武侯大将军、申国公。李轨从举兵到最后败亡一共只有三年多时间。

很快，薛举的势力就渗透到了扶风，这里最强大的武装就是唐弼。薛举开始了他的阴招。他假意招抚唐弼，唐弼看薛举实力强大，于是就杀死了傀儡李弘芝，归降薛举。没想到薛仁杲趁着唐弼毫无戒备，突然发动袭击，唐弼仓促间只好带着几百个骑兵逃走，而薛仁杲乘机夺取了唐弼所有部队。

扫清了唐弼的势力，薛举与李渊算是直接驳上火了，当时薛举对外号称有三十万大军，窥探长安，在扶风与秦王李世民的部队发生了冲突。

大唐建国

　　薛举与李渊的冲突，可以看作是李渊生平遭遇的第一场大恶仗。薛举的实力强劲，富有才干且野心勃勃。李渊不消灭他，后方不稳，更何况他早已经开始觊觎长安。当时他把首都由金城迁到秦州，就很明显地表露了东进的愿望，灭掉唐弼武装以后，双方更是直接发生了冲突。

　　当时薛举对外号称大军三十万，直取扶风。扶风是关中的西大门，假如此处有失，长安将无险可守。所以李渊立即派出了自己最得力的干将李世民。

　　从太原举兵以来，李世民屡经战阵，已经锻炼成了一个优秀的指挥官。此时李渊最得力的助手就是两个儿子——李建成和李世民，而李建成此时已经是世子，未来的皇太子，不可能让他再去战场上冒险，所以李渊开始越来越多地委任李世民担当各种重责大任。这也就为李世民积攒了很高的威望和战绩，并且逐渐超过了哥哥李建成，也为后来的玄武门事变埋下了伏笔。

　　围攻扶风的是薛仁杲部队。李世民趁敌不备，突然袭击，薛仁杲大败，扶风围解，而且薛仁杲的部队损失十分惨重，被斩首数千级。李世民大有追击薛仁杲直至陇西的态势，所以薛举一时间大为恐慌。

他问手下：古来有天子主动投降的吗？要知道，薛举文化水平不高，他并非明知故问，而是真的有了这个念头才问群臣。

黄门侍郎褚亮回答说：当年南越国赵佗投降汉高祖，三国时期蜀国刘禅也投降了晋朝，西梁萧琮投降了隋朝，他们都过着很好的日子，这种事自古有之。褚亮不是别人，正是后来唐朝著名大臣、书法家褚遂良的父亲。他原本是南方人，是陈朝的官员，陈朝灭亡后他进入了隋朝中央政府。后来因为和杨玄感叛乱有关系，被贬到了西海郡担任司户。西海郡在今青海北部，属于陇右地区。褚亮这个人以文学闻名于世，才高八斗，所以薛举在陇右举兵后就把他招到麾下，拜为黄门侍郎。

褚亮内心其实是向往李唐的，所以才有这样的劝告，降唐后他也得到了李唐的重用，唐太宗时期他是著名的十八学士之一。

但是卫尉卿郝瑗对此表示反对，他站出来说：皇帝不该问这个问题，褚亮的回答简直是悖逆，创业打天下，哪个人能一帆风顺？当年汉高祖刘邦屡尝败绩，蜀国主刘备甚至在战场上丢了夫人和孩子，哪里有一场败仗就举国投降的道理？郝瑗不是别人，就是当年隋朝的金城县令，被薛举用计俘虏的那一位。此时他已经是薛举的官，而且越是有黑历史，越要在薛举面前表示所谓忠心，于是他对褚亮大加指责。

此时薛举也觉得自己有些仓皇失态，于是他镇定下来，笑着说：我刚才那么问，是想试探一下你们。

于是他给郝瑗厚赏，又将他引为谋主。郝瑗趁势建议薛举联合梁师都和突厥对抗李渊。

梁师都，夏州朔方人，家族是地方豪族，隋朝时担任鹰扬府郎将。大业末年，他被免官归乡，召集起一支人马自己起事了。他杀死了朔方郡丞唐世宗，占据朔方郡城，自称大丞相。朔方靠近北方大草原，于是梁师都主动投靠突厥，继接二连三战胜隋官府军队，攻占雕阴、弘化、延安等郡，最后野心膨胀，登基称帝，国号为梁，年号永隆。在南郊祭天的时候，据说掘地埋玉时得到一枚印，大喜过望，认为是符瑞。突厥送给他狼头大旗，并赠以"大度毗伽可汗""解事天子"的称号。梁师都引导突厥兵马占据河套以南，成了突厥势力的代言人。

郝瑗意识到，凭借薛举一己之力是难以抗衡李渊的，所以提出这样的建议，想从西、北两个方向威胁李渊，而且引突厥为奥援，借助其声威压制李渊。

古往今来，外敌的入侵往往就是借助内部的分裂，而且自十六国北朝以来，这种借助北方草原民族力量为自己攫取私利的事情屡见不鲜，甚至李渊也不能免俗。但是他很早就知道这是不得已而为之，而且早就与突厥做了分割，并且在他的儿子李世民手上最终完成了对突厥的奋起一击，彻底改变了东亚权力结构，从这点上来说，李渊就比他的对手们要高明得多，识大体，有底线。

但是此时薛举与突厥联手的可能性越来越大，这是个亟待解决的问题。李渊决定利用突厥人战略眼光短浅、贪图财利的特性，于是他派遣光禄卿宇文歆出使突厥，而且去的时候带了很多的金银财宝。宇文歆口才很好，终于说服了当时突厥的莫贺咄设，也就是后来著名的颉利可汗，突厥最终拒绝了与薛举的联手，这算是李渊在外交战场上的一次收获。

此时形势稍稍安定，李渊决定进行他最重大的一件事情——建国。当初隋炀帝死讯传来的时候，他还恸哭不已，说："吾北面事人，失道不能救，敢忘哀乎！"（《资治通鉴》）与此同时，隋炀帝的死让他彻底打消了顾虑，隋炀帝这一死等于是将各股割据势力放到了同一起跑线前，无论是自己手里的代王侑，还是洛阳的越王侗，都已经失去了意义，没必要再借助隋朝皇室的名号撑门面了。此时他手握数十万雄兵，又名应谶言，颇得天下人心，而且占据着长安，政治上具有极强的象征意义。那么，此时自己的雄心壮志就有必要把它变成现实。

在温大雅所写的《大唐创业起居注》里，李渊登基的过程被描述成代王侑也就是隋恭帝自知天命已改，自愿禅让，而李渊是再三辞让，最后在大家劝说下不得已做了皇帝。谁都知道这不过是官样文章，建国是李渊的终极目标，一切的辞让不过是政治秀。

历史上的禅让，除了原始社会军事民主制时期真实存在过以外，没有哪一场禅让不是伴随着血雨腥风的斗争，不是伴随着实力的碾压。当年曹丕逼迫汉献帝禅位给自己的时候，曾经在禅让仪式上很得意地说了一句："舜禹之事吾知之矣！"这就叫以小人之心度君子之腹。传说中尧舜禹那个时代，父系氏族社会实行军事民主制，私有制还不发达，家天下的观念还没有最终形成，所以那时候的禅让制是真实存在的。到了曹丕以及李渊的这个时代，原始禅让制的基础早已经不复存在，只是在表面上保留了禅让的仪式而已。

但不管怎么样，仪式还是要有的。隋恭帝发布诏书说："当今九服崩离，三灵改卜，大运去矣，请避贤路。……予本代王，及予而代，天之所废，岂其如是。……今遵故事，逊于旧邸。庶官群辟，改事唐朝。宜依前典，趣上尊号。若释重负，感泰兼怀，假手真人，俾除丑逆。济济多士，明知朕意。"（《大唐创业起居注》）

而李渊则按照传统再三辞让，群臣又再三劝进，最后李渊以一副迫不得已的姿态接受了大家的劝进，于是裴寂等再拜舞蹈，山呼万岁而出。经过几天的准备，义宁二年五月甲子，李渊正式在长安举行了登基大典，仪式在太极殿举行。从此，一个将持续近三百年的强盛王朝正式建立了。

李渊宣布国号为唐，年号武德，定都长安，接着在几天内颁布了一系列政令，以李建成为太子，以李世民为尚书令，相国府长史裴寂为尚书右仆射，相国府司马刘文静为纳言，隋民部尚书萧瑀、相国府司录窦威并为内史令。废隋大业律令，颁新格。天下官人百姓，赐爵一级。义师所行之处，给复三年。

就这样，一个新兴的王朝开始跃出地平线。李渊这个新皇帝还是一副平易近人的样子，在群臣面前不称朕，而自称姓名，甚至议事的时候还拉大臣与他同榻而坐。刘文静等人诚惶诚恐，劝谏说："昔王导有言：'若太阳俯同万物，使群生何以仰照！'今贵贱失位，非常久之道。"（《资治通鉴》）

李渊则笑着说："今诸公皆名德旧齿，平生亲友，宿昔之欢，何可忘也。公勿以为嫌！"（《资治通鉴》）

刚刚登基的李渊显示了他虚怀若谷的作风。当时有万年县法曹孙伏伽上书劝谏说：隋朝因为倒行逆施而灭亡，陛下龙飞太原，应该知道是什么原因。臣看到您头天即位，第二天就有人来献鹧鹰而且被接纳了，这是玩物丧志的公子哥的做派，不是一个君王应有的行为。隋朝末年，靡靡之音盛行，可是臣听闻太常寺最近在民间征调妇女彩衣，想在玄武门举行歌舞大会。以上这些行为都是一个君主应该摒弃的，应该将之罢废，以免浸染成风，败坏纲纪。现在皇太子、诸王身边各有幕僚，一定要仔细选择辅佐人选，否则离间骨肉，后患无穷。

李渊听了，十分高兴，逐一接纳，将孙伏伽拜为治书侍御史，以示广开言路。

至于那位可怜的隋恭帝杨侑，他退居回当年的代王府，李渊封他为酅国公。武德二年（619年），年轻的杨侑死亡，死因不明。

就在李渊忙着建国的时候，薛举开始大举进犯关中，兵锋直指泾州。泾州是隋朝的安定郡，是通往关中的重镇，薛举只有拿下这里才能进入关中。

薛举首先占据高墌城外围。李渊得知消息，立即以秦王李世民为西讨元帅，率领八总管前往应敌，这是一场血雨腥风的大战。双方都在战场上投入了重兵。

但是这场战役却以李世民的失利宣告结束。

李世民大军来到高墌城外，修筑壁垒，与敌对峙。李世民的算盘是这样的：敌人兵多而粮道远，我军应该保持耐心，等到敌人粮食耗尽然后一举歼灭之。这是李世民用兵的一个特点，他最擅长的就是疲敌之计，总是不急于求战，在战场上利用各种机会耗尽敌人的士气和军粮，然后趁敌人撤退或者军心不稳一举图之。在隋末农民大起义中涌现出的各股武装力量中的兵员，绝大多数都是临时征召起来的农民，并非职业军人，他们的战场纪律一般都比较差，可以打顺风仗，却打不了逆风仗，一旦军心不稳或者遭到追击，很难保持阵形，也很难保持斗志，所以李世民这一招屡试不爽。

但是天算不如人算，李世民刚赶到战场就患上了疟疾，病倒了。他躺在病榻上，非常担心属下破坏自己的既定战术，反复对代替他主持军务的纳言刘文静、司马殷开山嘱托说：敌人孤军深入，粮食少，所以他们急于求战，但是不论他们怎么挑战，你们都要记住，千万不要应战，一切等我病好了再做打算。

刘文静、殷开山退了下来。此时殷开山起到了很坏的作用，他对刘文静说：现在军中主事的是你，秦王这样说，是担心你的能力，你应该击破强敌，难道还把敌人留给秦王吗？

刘文静听了这个话怎么表态，史料没有记载，估计是没有听从他的建议。过了一阵，殷开山再次劝告刘文静：即便不与敌决战，也不能让敌人产生轻我之心，尤其是现在秦王得病，更不能让敌人耀武扬威，所以请整顿部队，拉出营寨，向敌人示威。

刘文静估计是没有违背秦王教令与敌决战的胆量，但是架不住殷开山反复劝说，觉得出营寨对敌示威还是可以的，于是他们率领大军，在李世民不知情的情况下走出军营，来到高墌西南方向，对敌示威。

没想到薛举也是个优秀的战术家，而且此时他正急于求战，好不容易看到唐军出营，觉得机会难得，于是突然对唐军发动了袭击，掩袭唐军背后。刘文静、殷开山没想到敌人真的会发动进攻，被打了个措手不及，军队大败，八大总管的部队全部被击溃，士兵死亡十之五六，多名高级将领阵亡，还有将领被俘虏。比如开国功臣刘弘基，在形势不利的情况下苦苦死战不退，全军箭矢都射光了，最终被俘。但是刘弘基始终没有投降薛举。后来薛氏政权失败，刘弘基这才回归唐朝，李渊对他大加褒奖，官复原职。

秦王李世民听说刘文静、殷开山擅自率军出营，十分震惊，手书一封信要信使递交给刘文静、殷开山，但是已经来不及了。面对惨烈景象，他也毫无办法，军队新败，士气全无，只有率军撤退。最终刘文静和殷开山被减死除名。

唐军东撤，薛举又趁势拿下了高墌城，而且还修筑了一座"京观"，用以表彰自己的赫赫战功。筑造"京观"的材料即是阵亡唐军将士们的头颅。

对于这场战役我觉得有疑问，战败责任真的要归属刘文静和殷开山吗？按照传统史料的说法，李世民对这场战败毫无责任，完全是刘文静和殷开山自作主张的结果。但是从事后对这两人的处罚来看，可以说板子高高举起轻轻打下，这两人并没有被真的弃用，后来又曾追随秦王出征，然后官复原职，殷开山甚至后来还名列凌烟阁二十四功臣之列，而刘文静则更是李世民的左膀右臂。对他们的责罚可谓一掠而过。

出现这种现象有两个可能：

可能性一：李世民保护手下。

此时秦王集团正在逐步形成，这两人都是秦王干将，所以李世民出于护犊子的心理要保护他们。

可能性二：他们只是替罪羊。

正因为是替罪羊，所以李世民不能真的大开杀戒。这场战役李世民是总指挥，得病与否、病情轻重我们只能靠现存的传世史料加以了解，而这些史料都是经过贞观时期修改的，所以不能排除李世民为自己文过饰非的可能。因为得病，所以副手就胆大到擅自调动军队出营，这种事怎么想都觉得太牵强。

当然，虽说没有确凿证据可证明李世民在这一问题上撒谎，但是导致京师震动，甚至动摇了新兴王朝的惨败战争，最终却如此轻描淡写地处理，尤其还是在将领违背军令的情况下，总让人觉得不太符合逻辑。

战役的失利带来的最大影响就是关中西大门被打开了。薛举通过这一场胜利收获了极高的威望，军队士气高昂。郝瑗趁势向他建议进军长安：如果能拿下长安，那么天下就极有可能是我们的了。

薛举听了这个建议，踌躇满志，下令整顿兵马，准备直扑长安。说实话，此时唐军新败，主力部队多有损伤，形势岌岌可危，假如薛举大举入侵，长安能否守住还真难说。

但是命运之神此时再次垂青李渊。就在入侵前夜，薛举忽然病倒了，而且还产生了幻觉，觉得有人要害他。招来巫师作法，巫师占卜说：唐兵为祟。这下子薛举更加害怕，觉得这是死在战场上的唐军将士来找他索命，惊恐之下，一命呜呼。

薛举作战勇猛，有谋略，但是性格残忍，经常杀害俘虏，或者将俘虏断舌、割鼻，甚至扔到碓里捣死，他的妻子性格也很残忍，经常鞭打奴仆，有的奴仆不胜痛苦，在地上翻滚，她下令把人的双脚挖坑埋住，露出腹部或者脊背供她鞭挞。这次薛举在恐惧中去世，很多人便把这看作报应。

薛举一死，进军长安的计划只能暂停了，而且也对其军队的士气产生了很大的负面影响。薛仁杲即位，给薛举上谥号为武皇帝，然后继续谋划攻打长安。

那么，接下来李渊将怎样应对？

殷开山肖像图
（《凌烟阁功臣图》清刘源绘 上海同文书局石印本）

【十四】

耸辔平陇

薛举虽然已对长安形成了威胁，可是在兴奋刺激之下竟然一病不起，最终撒手人寰，老天帮助李唐除掉了一个劲敌。

此时对李渊来说，是个好时机。他立即抓住这个时机，命令秦王李世民再度整军，出击薛仁杲！

按理说李世民新败，为何要再次派他出征？对于李渊来说，这个儿子是要委以大任的，必须要重塑他的威望。有句话叫作"用功不如用错"，意思是与其使用有功之将，不如使用有过错之将，因为后者往往可以知耻而后勇，迸发出更大的勇气和毅力。李渊极有可能就是抱着这样的心态，让李世民再度出征，从而给了他一个报仇雪耻的机会。

此时敌方主帅已经是薛仁杲了。此人是薛举生前所立太子，骁勇善战，精于骑射，号称"万人敌"。但是性格粗鲁野蛮，贪财，也不懂得礼贤下士，所以并不得人心。他曾俘获庾信儿子庾立，因为庾立拒绝投降，他竟然将庾立杀死，甚至把他的肉分给属下们，此举引发了民间尤其是知识分子的极大不满，因为庾信乃是南朝著名文学家，侯景之乱后逃到江陵，后来作为西梁使臣出使西魏，然后就留居北方了。

此人在整个知识界享有崇高声誉。他死后由儿子庾立继承爵位，没想到遭到薛仁杲如此残杀，这个事件引发了人们对薛仁杲的憎恶。

攻克秦州之后，薛仁杲贪财残暴的一点又展现无遗，他把秦州城里的富人全部召集起来，然后施以酷刑，将他们倒吊起来，用醋灌鼻子，只为一个目的——索取赎金。薛举都看不下去了，曾经责骂他说：你的确有才干，但是你刻薄寡恩，早晚有一天要颠覆我王朝。

武德元年（618年）八月，李渊正式任命李世民为元帅，出征薛仁杲。当时李轨还没有败亡，李渊还派遣使者联系李轨，试图对薛仁杲产生牵制作用。

此阶段内，唐军其他部队与薛仁杲的战斗一直没停止过，而且薛仁杲占据了上风。

秦州总管窦轨击薛仁杲，战败。

唐将刘感镇泾州，薛仁杲前来围攻。刘感与敌人展开殊死搏斗，城中粮食耗尽，刘感把自己的战马杀死，肉分给众将士，自己一块也没吃，只取了一点肉汤，搅拌了一些木屑吃下去了。此时李渊堂弟、长平王李叔良率领援军赶到。狡猾的薛仁杲使了一招"回马枪"，他对外声称本军粮食已经耗尽，然后率军西撤。又派高墌城的人来诈降，说是要策应唐军收复高墌。

高墌就是在薛举与李世民大战后丢失的，所以对于长平王李叔良来说收复此地具有很强的振奋人心的作用，他立即派遣刘感率部前往收复此城。但刘感是个小心谨慎的人，他率部来到高墟，却发现城门紧闭，一点也不像要归降的样子，对城头上接应者喊话，接应者说：你们可以翻墙上来！

刘感闻听觉得有诈，他不想让兵士白白翻上城头送死，于是下令火烧城门，而那些所谓接应者见状却从城头上泼下水来，想浇灭大火。刘感一看明白了，这就是一场骗局！立即命令部队里的步兵撤退，自己率领不多的骑兵留后掩护，此时只见南原方向上烟尘蔽日，薛仁杲主力部队兵分数路呼啸而下，在百里细川唐军被敌人追上，又是一场大战，唐军惨败，刘感被薛仁杲俘虏。

薛仁杲见了刘感，对他说：你要想活命，必须配合我，我现在要围攻泾州，你去向城头喊话，告诉他们我已打败援军，而且兵分数路进攻长安，要他们快快投降。

刘感此时装出屈从的样子，跟着薛仁杲部队来到泾州城下，然后独自一人骑马走到城墙下，对城上大声喊道：贼军全在此处，秦王已率数十万大军前来救援，城中诸位务必坚守！

薛仁杲大怒，命人将刘感抓住，挖了一个坑，将他膝盖以下埋在土里，然后让部下万箭齐发将其射死。刘感一直到死都在破口大骂。

薛仁杲败亡后，唐高祖李渊派人到处打听刘感尸骸所在，最终找到了尸体，举行了隆重的葬礼，以少牢祭祀，赠瀛州刺史，封平原郡公，谥号曰忠壮，然后给了其家人田宅以示慰问。

刘感牺牲后，李叔良再也无力出城决战，只能婴城固守，泾州好歹是保住了。

与此同时，唐陇州刺史常达也率部击薛仁杲，并且在宜禄川战役中击败薛军，斩首上千级。薛仁杲几次与常达作战都讨不到任何便宜，于是他又开始使用诡计。他派出将领仵士政率领数百人诈降常达。常达此时连战连胜，可能有点轻敌，觉得敌人在连败的情况下部下离心离德也很正常，不仅接纳了仵士政，而且给予他们优厚待遇。但是仵士政找了一个机会，挟持了常达，将城献给了薛仁杲。

薛仁杲见了常达，以为他会屈膝投降，没想到又是一个硬骨头，常达不屈不挠，坚决不降。薛仁杲这次不知道怎么了，可能想展现一下自己的仁慈，竟然没有杀害常达。后来薛仁杲败亡，常达重归唐朝，唐高祖李渊接见他说：你的忠义堪比古人。然后对史官说：刘感和常达这样的人，一定要收入史册，鼓励后人。然后拜常达为陇州刺史。

薛仁杲这边连战连胜，一时间得意无比。但是他也有很大的隐忧，他当太子的时候就已经与薛举的属下们产生了很多矛盾，即位后很多人其实并不服气他。比如薛举的谋主郝瑗，就借口哀悼薛举过甚得病，不再露面。这也就为薛仁杲的失败埋下了伏笔。

此时李世民率领唐军大部队已经来到高墌外围。高筑壁垒，但是就不出战。薛仁杲派遣部将反复挑战，李世民不为所动。有人劝李世民出战，李世民说："我军新败，士气沮丧，贼恃胜而骄，有轻我心，宜闭垒以待之。彼骄我奋，可一战而克也。"（《资治通鉴》）

而且他下令，军中不得言战，有敢言者斩！

李世民还是要充分扬长避短，敌军士气正高，但是粮道远，自身经济实力又有限，打不起消耗战，本方军队新败，士气需要慢慢培养，而且粮道近，后方道路平坦，有利于粮食运输，自己耗得起。所以他在等，等敌人粮食耗尽，然后趁势取之。

薛仁杲十分焦急，反复挑战，但是李世民的部下汲取了上次战败的教训，坚守不出，一直坚守了六十多天。薛仁杲这次真的粮食吃尽了，打仗拼的是后勤补给，补给断了，军心不稳。果然，陆陆续续有不少薛仁杲的部下开始投降李世民，其中包括将领梁胡郎等。梁胡郎不仅是自己投降，他是率领着部下整建制投降的。李世民心里明白，薛仁杲撑不住了。

李世民布置兵马，决战开始了。

他首先命令行军总管梁实率部出营寨以为诱饵。梁实把部队带到了浅水原，然后驻扎下来。这下子薛仁杲的部将宗罗睺大喜，他连续挑衅六十天不见敌人出营，这次终于出来了。他率领主力部队对梁实展开猛烈进攻。梁实凭险据守，死战不退。由于驻扎的地方地势可能偏高，所以营中没有水源，全军上下连续几日没有水喝，打得十分艰苦。

李世民耐着性子等了这几天，等到宗罗睺军马都十分疲惫了才对部下们说：时机到了！可以一战！

第二天，李世民全军出动。首先派遣大将庞玉前出浅水原，正在围攻梁实的宗罗睺见状立即挥军来攻打庞玉，庞玉扮演的角色就是一块砧板，目的是吸引住敌军主力，李世民则扮演铁锤，等到敌人被吸引到砧板上，铁锤才开始挥舞。

当时庞玉与宗罗睺激战正酣，庞玉眼看已支撑不住了。就在此时，李世民率领主力骑兵出现在浅水原以北，呼啸而下。宗罗睺急忙分出一支部队来对付李世民。唐军气势如虹，李世民亲自率领数十名骑兵冲入敌阵，搅得敌人阵营大乱。与此同时，唐军各部从不同方向发动猛烈突击，喊杀声震天动地。

宗罗睺再也扛不住了，部队完全溃散，当场被斩首数千级。宗罗睺一路狂奔向后撤，李世民率领二千骑兵穷追不舍。窦轨劝他说：宗罗睺虽败，但是薛仁杲尚且占据坚城，不可轻易进兵！

李世民对他说：我早已考虑到了，现在我军正是势如破竹的时刻，战机不可失，一鼓作气就在此时！

李世民一直冲到折墌城下，薛仁杲率领部队出城迎击，但也就在此时，薛仁杲干将浑干却跃马扬鞭逃出阵营，率领几个部下投降了李世民。薛仁杲大惊，意识到部队已经人心不稳，出城野战必然溃散，于是赶紧指挥着部队撤回城里，关上城门据守。

到了傍晚，唐军的步兵部队追上来了，李世民指挥着部队将城池四面包围，准备天亮后攻城。到了半夜，只见城头人影幢幢，薛仁杲的士兵不断有人用绳子缒下来，投降唐军。薛仁杲困守孤城，一筹莫展。第二天，他不得不出城投降。唐军俘虏敌军万余人，另外还有百姓五万余人。

李世民大破薛举图
（《新刊徐文长先生评唐传演义》明熊大木著 明万历四十八年武林藏珠馆刊本）

唐军彻底战胜了薛氏劲敌！诸将都来对李世民表示祝贺，有人说：昨日您率领骑兵直冲城下，步兵没跟上来，又没有攻城器具，我们都认为您肯定不能获胜，结果却拿下了折墌城，不知道您是怎么考虑的？

李世民回答：宗罗睺的部队都是陇外人，都是些悍勇之辈，我们出其不意击破之，但是这场仗打成了击溃战，不是歼灭战，我看到战场上敌人被杀的并不是很多，所以此时假如我们不急速冲到折墌城下，那么这些散兵游勇可能都会跑回折墌城，薛仁杲把他们重新整顿起来，我军再想攻城就难了。我冲到城下，这些散兵游勇回不了老巢，只有逃回老家去，这样折墌城就空虚了，薛仁杲再怎么也逃不出我的手掌心了。这就是我的制胜之道。

大家听了无不表示钦佩。李世民胜就胜在能够审时度势，不拘泥于陈规，灵活应变，充分发挥骑兵的机动能力，直接掐住了敌人的命门，让他们无法聚拢，最后兵不血刃拿下折墌城。

至于俘虏的薛仁杲士兵，李世民并没有把他们关进战俘营，而是让他们继续保持编制，交给薛仁杲旧将们加以统领，甚至于和他们一起射猎游玩，以示宽宏大量。李世民一生多次用这个办法对待降将，起到了很好的收服人心的作用。

但是也有那种油盐不进的家伙。例如薛仁杲有个部将叫旁仚地。此人是羌人豪族，勇敢善战，薛举父子对他都很信赖。所以他死心塌地要为薛家尽忠。他本来也在被俘之列，李世民让他继续统领旧部，但旁仚地率数千部下逃亡，越秦岭到商洛，又转而向蜀地，沿途甚至击败了唐军庞玉部，到了始州（今四川剑阁），旁仚地纵容手下到处抢掠，他给自己抢了当地王家女儿。后来旁仚地喝醉，在野外睡着，王氏女是个性格刚烈的女子，她趁着旁仚地睡得不省人事，手下人也都疏于防范，竟然拔出旁仚地的腰刀，一刀砍下其头颅，拎着到了梁州（今陕西汉中），献给了唐朝守军。唐高祖听说后，诏封王氏女为崇义夫人。

李世民听说了薛仁杲手下有黄门侍郎褚亮，于是特地登门拜访，赠送布帛二百段，马四匹。褚亮很感动。李世民笑着对褚亮说：寡人受诏命前来平定薛氏，得到您这样的名士实在是高兴，您长期侍奉无道昏君，不觉得辛苦吗？

褚亮回答：薛家不知天命，抗拒王师。现在薛氏覆败，我和其他人都获得了新生。

李世民这样做就是展现自己礼贤下士的作风，与薛仁杲滥杀名门之后的举动形成强烈对比，这是一个君主应有的姿态。所以说李世民这个人的确是个有心之人。褚亮归降到李世民麾下，成为秦王府文学参军。唐太宗即位后，他成为弘文馆学士，是著名的十八学士之一。

同时还有个附带收获，那就是褚遂良。褚遂良是褚亮的儿子，此前一直担任薛仁杲的通事舍人，这回也随着父亲投降，担任了铠曹参军。李世民的豁达大度和风采，褚遂良牢记在心，后来他一直对李世民忠心耿耿，大概就是此时打的底子。

怎么处置薛仁杲和他的死党？得知胜利的唐高祖从长安发来指令，要求李世民将薛仁杲一干人等全部处死，原因是他们杀害唐军将士甚多，不杀不足以报仇。

李世民有不同的看法，他上书父亲，这样说："薛举虐杀不辜，此其所以亡也，陛下何怨焉！怀服之民，不可不抚！"（《资治通鉴》）意思就是怀柔为上，不要记仇，不要愤怒。的确是，君主不应该让愤怒左右自己的情绪，永远要跳出爱恨情仇，高屋建瓴通盘考虑。平定薛氏根本目的就是获得一个稳定的大后方，为未来东进扫清障碍，既然如此，安定人心至上，多杀无益。

于是唐高祖接受了建议，将薛仁杲和他几个死党运到长安，然后斩首示众。李世民为了给常达出气，特地将仵士政当众扑杀，其余人一概不问。这样就迅速收服了陇西地区的人心。

后来随着李轨政权的终结，李唐王朝终于有了一个稳定的大后方，可以腾出手来东进统一全国了。

这场平定薛氏政权的战役可谓艰险。新兴的唐王朝损失惨重，但最终涉险过关。李世民先败后胜，算是一次实打实的历练。增加了经验，也让他变得更加稳当。部队经过这一场恶战，增强了坚韧度，提高了战斗力。算是因祸得福。

但是不管怎么样，这场战役还是在李世民的记忆里留下了深刻印记，他后来有两个举措，反映出对这场胜利的重视。

其一，兴建应福寺大佛。

应福寺位于陕西省彬县，靠近这场战役发生地浅水原。这座佛寺里有一尊大佛，高达二十米，十分庄严。这座大佛是唐贞观年间修建的。

在大佛背光左下角有一竖行铭文："大唐贞观二年十一月十三日造。"这就证明了大佛是李世民时期所建，在该寺千佛洞中心柱小龛上又刻有豳州长史武太一撰写的题记，题记已经残破，有些字剥落了，但能看清"武圣皇帝平薛举时所置也"的字句，李世民死后的谥号叫"文武圣皇帝"，这里石刻有残破，"文"字应该是掉了。由于"文武圣皇帝"是唐高宗给唐太宗的谥号，所以这个题记应该是高宗以后所写，记述的是这座佛寺的历史。

考虑到修建大佛旷日持久，可以推断这座大佛在唐高祖李渊

应福寺大佛

时期就已经动工了，唐太宗时期落成。修建大佛的原因是平定薛
氏政权，按照当时的惯例，这应该是修建起来为阵亡的将士们追
福的。李世民修建这么大的一尊佛像，反映出他对阵亡将士们的
痛惜之情。

其二，雕塑白蹄乌。

唐太宗去世后，他的陵墓前树立了六座骏马的浮雕，这六匹
马都是李世民生前的坐骑，为他平定天下立下了汗马功劳。其中
有一匹"白蹄乌"，就是浅水原大战李世民大破薛仁杲时骑的马：

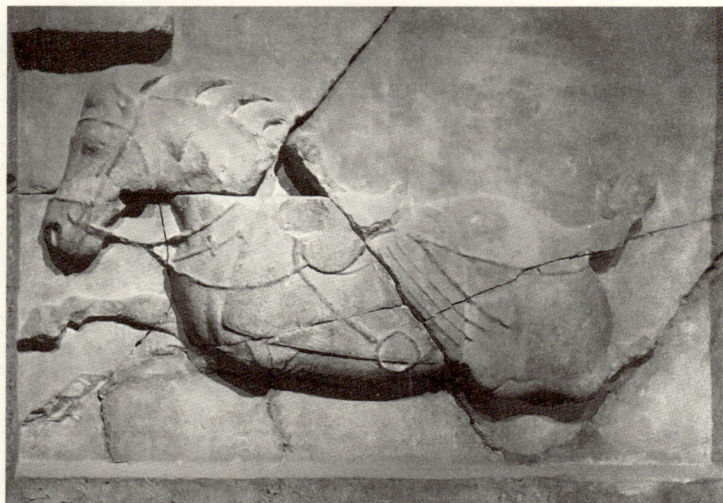

昭陵六骏雕塑之白蹄乌（孙宜孔／摄）

在唐太宗生前亲撰的《六马图赞》里是这样称赞白蹄乌的：
"倚天长剑，追风骏足。耸辔平陇，回鞍定蜀。"

这座雕像足可见浅水原战役是李世民心目中一生最重大的战役之一。白蹄乌就这样伴随着这位千古一帝。

唐朝后期大文豪柳宗元还曾写过一首《泾水黄》纪念平定薛氏政权的大战："泾水黄，陇野茫。负太白，腾天狼。……老雄死，子复良。巢岐饮渭，肆翱翔。……列缺掉帜，招摇耀铓。鬼神来助，梦嘉祥。脑涂原野，魄飞扬。星辰复，恢一方。"纪念的就是将薛氏父子剿灭的这场重要的战役。

年轻的唐朝通过了建国以来第一场大考，站稳了脚跟，下一步它要并力向东。也就在此时，李世民又接到了李渊的命令，让他去接一个人。

寄人篱下

　　唐高祖命令李世民去接的人正是瓦岗军首领李密。此时的瓦岗军已经瓦解，李密是落荒而逃，不得已投奔李渊。

　　李密在战场上被王世充击败之后，部下只剩下万余人，他带领着他们直接奔向洛口仓。而王世充则乘胜追击，攻克偃师，李密不得不继续逃亡。王世充还俘虏了不少瓦岗军将领的家属，逼令他们写信招降亲人。紧跟着，李密就尝到了众叛亲离的感觉。

　　当时镇守洛口的是邴元真。邴元真曾是隋朝县吏，因为犯法要下大牢，于是他逃亡了，成了翟让部下，而且极可能是个老资格部下，来到瓦岗军的时间比李密还要早。李密开始独立建元帅府的时候，翟让推举邴元真为长史，李密碍于情面，不得不答应了。但是他从来不信任这个长史，也不给他真正的权力，大概是因为李密觉得这是翟让布置在自己身边的一个眼线。

　　李密对邴元真如此疏远，反映了当时瓦岗军内部深刻的矛盾，那就是以翟让为首领的老瓦岗人和以李密为首领的新瓦岗人之间的矛盾，虽然翟让后来被李密杀死，但是矛盾并没有得到完全的解决，有合适的机会它就会发芽。

　　邴元真对李密的冷淡当然是心怀不满。李密要与王世充决战之前，派遣邴元真去镇守洛口，当时就有人劝说：邴元真这个人性贪鄙，而且对您心怀不满，不如早早将其杀死以绝后患。李密没有听他的。

　　但是这件事被邴元真知晓了，他愈发心里不安，真的开始谋划背叛李密。与此同时，李密也得到了眼线的报告，说邴元真阴谋作乱。但是当时军务紧急，来不及处理此事。

　　此时战败，李密逃往洛口，他原本还抱有希望，认为自己手下还有万余兵马，尚可一战。尽管他得知邴元真与敌人有勾结，但是他自作聪明，觉得可以将计就计，趁王世充来攻打洛口，自己可以在洛水岸边摆下阵形，等到敌人半渡然后攻击。但是邴元真的动作比他快，再加上熟悉当地地形，给王世充指引了一条很隐蔽的行军路线，以至于军队已经过了洛水，而李密的侦察骑兵竟然一无所知。所以战斗一开始，李密突然发现，敌人已经全数渡过了洛水，自己的计策落空了，于是他只有再度逃跑，而此时，瓦岗军大将单雄信也叛乱了。

　　单雄信，一个在中国戏剧舞台上家喻户晓的人物。他的确与当时很多著名的大人物密切相关，不过他的很多事迹是小说《隋唐演义》烘托塑造出来的，真实情况如何呢？

　　单雄信是曹州人，自小孔武有力，擅长使用马槊。《酉阳杂俎》记载说："单雄信幼时，学堂前植一枣树。至年十八，伐为枪，长丈七尺，拱围不合，刃重七十斤，号为寒骨白。"

　　他的大枪据说有七十斤重，至于果真如此，还是人们的传闻，就无从知晓了，但不管怎么样，在当时人心目中，单雄信就是个顶天立地的猛将。

他原本是翟让的手下，因为战功卓著，又擅长马上作战，因此被人称为"飞将军"。在李密杀死翟让的那场鸿门宴上，单雄信等人原本可能也是目标人物，但是单雄信苦苦哀求李密，李密大概觉得这个人是不可多得的猛将，还是可以一用的，于是宽慰他，由此单雄信跟随了李密，李密对他还算是重视，曾经任命他为骑兵四大将之一。

在击败宇文化及之后，瓦岗军面临着要不要与王世充决战的抉择。当时李密召开军事会议，大家各抒己见。裴仁基坚决反对正面决战，他指出：敌人铠甲兵器精良，我们应该采取疲敌之计，敌人全数出击，洛阳必然空虚，我方应该派遣一支偏师，绕过敌人袭击洛阳，王世充必然回军救洛阳，此时我主力部队按兵不动，敌人过些日子再出城对付我们，我们就故技重演，这样他就疲于奔命，最终必然为我所破。

李密当时也赞成裴仁基的看法，觉得王世充粮少，经不起这种消耗战，所以是个好计策。但是陈智略、樊文超、单雄信等人持不同看法，他们说："计世充战卒甚少，屡经摧破，悉已丧胆。《兵法》曰'倍则战'，况不啻倍哉！且江、淮新附之士，望因此机展其勋效，及其锋而用之，可以得志。"（《资治通鉴》）

单雄信等人的看法主要有两点：第一，敌人曾是我手下败将，不足为惧。第二，我方部队里有不少新归附的江淮人士，他们正想找机会展效立功，应该给他们一个机会。

这个意见是很荒谬的。首先是犯了轻敌的大忌；其次以将士立功意愿干扰主帅决策，也实在是反映了瓦岗军这支部队还未完全摆脱草莽绿林特色。

李密最终被单雄信等人说服了，决定正面与敌决战。最终的结果就是大败，瓦岗军瓦解。

此时李密在洛口再度败于王世充，而单雄信选择了背叛李密，投向王世充。事实证明，在这场城头变幻大王旗的隋末战乱中，很少有人能够真正做到忠心无二。单雄信就屡次三番改换门庭，我们对他不必苛求，因为他的身旁不知有多少人都是如此。

单雄信的事迹我们后面还会涉及，这里先来看李密的行踪。

经过洛口一战，李密最后的希望也破灭了，那么逃往哪里？有人建议去黎阳仓。此时镇守黎阳仓的是徐世勣。李密犹豫了，他说：当时在宴会上杀翟让的时候，徐世勣也受了重伤，头差点被砍掉，现在我们去投奔他，能保证我们的安全吗？于是犹豫再三，他放弃了前往黎阳仓的念头，转而前往河阳。镇守河阳的是他的老朋友、忠实部下王伯当。王伯当一直很敬重甚至崇拜李密，当年翟让接纳李密，王伯当就劝说有功。所以在无奈的情况下，李密选择投奔河阳。

到了河阳，李密身边只有少数轻骑了。一见到王伯当等，李密百感交集，一支威震天下的瓦岗军，曾经一度雄踞隋末各股武装力量之首，大有夺取天下的雄心壮志，却在自己的一连串糊涂决策之下土崩瓦解，满盘皆输，此时见了老部下，能不百感交集吗？

李密的情绪越发激动，他对王伯当说：我军已经战败，诸位多年辛苦了，我现在只有自刎，以谢诸君。他的这番话有真实情感在里面，但同时也是对王伯当态度的试探。

王伯当一把抱住李密，号啕大哭，手下个个悲泣，莫敢仰视。

李密看出来，王伯当等人对自己还是忠心耿耿的，于是他止住悲泣，对大家说："诸军幸不相弃，当共归关中，密身虽愧无功，诸君必保富贵。"（《旧唐书·李密传》）这是他第一次表明了投奔李渊的念头。李渊此时已经在长安站稳脚跟，但是当时天下那么多股武装，为何李密选择投奔李渊？

大概最大的原因就是李渊是李密心目中唯一能看得起的人物。不要看李密失败了，但是骨子里那种傲气始终在，此人自少年时代开始就胸怀大志，恃才傲物，再加上自己关陇集团核心成员的身份，所以睥睨天下，大有一种舍我其谁哉的气魄。当时李渊举兵后不久，他和李渊的那一番书信往来就证明了这一点，当时他就觉得这天下能与自己相提并论的只有李渊，其他人都不足道哉。此时虽然已经战败，但是虎倒威风在，李密觉得要投降也要投降自己看得起的人。

听了他的决定，部下柳爽站出来表示支持，他说：当年赤眉军伪主刘盆子归降东汉，东汉给予了他优厚待遇，您和李渊都是李姓，犹如刘盆子和刘秀的关系，而且你们自幼相识，虽然说他的太原举兵您没有亲自参与，但是您牵制住了东都洛阳隋军兵马，使得李渊能心无旁骛顺利打下长安，您也算是对他有功，因此您去长安，李渊定然善待您。手下也都随声附和。由此李密下定决心——去长安！

柳爽这个人值得单独说一下。柳爽家族是河东柳氏，后来著名的唐朝大将薛仁贵的妻子就是河东柳氏，这算得上是一个地方大族。柳爽的父亲柳泽曾经是隋朝官员，奉隋炀帝命令出使高丽，结果因病在高丽去世。柳奭闻听噩耗恸哭，然后只身前往高丽，迎取父亲的灵柩。在高丽，他哀悼父亲，悲恸不已，甚至打动了周围的高丽人。

在隋末战乱中，柳奭本人是跟随着自己叔父柳亨投奔瓦岗军的，他在瓦岗军内的具体事迹不详，史料没有明确的记载。而这次附和李密，也算是对唐朝间接立功。后来他和他的叔父柳亨一起随着李密投降了李渊。李渊很欣赏他的叔父柳亨，而柳亨与秦王李世民私交也很好，所以备受器重，柳亨甚至还娶了李渊的外孙女窦氏为妻。而柳奭大概是因为叔父的原因，也比较受重视，后来在唐太宗贞观年间官拜中书舍人，一直到中书令。他的外甥女王氏后来被太宗看中，嫁给了晋王李治，李治后来当太子又当上了皇帝，王氏就成为唐高宗第一任皇后。后来在宫廷斗争中王氏输给了武则天，武则天将柳奭作为王皇后的同党一并铲除，柳奭在南方流放地被处死，亲属全部发往岭南为奴。后来武则天去世之前，突发善心，宽赦王皇后、萧淑妃和柳奭家族，柳奭这才得以归葬关中。

我们继续来看李密归降之路。李密下定决心，这才带领王伯当、柳奭等人向西进发，来投降李渊。当时他自己的残部，加上王伯当的部队，合起来愿意随同入关的有两万人。至于其他来不及通知的将领，有的选择投降洛阳，有的选择投降李唐。

李渊得知李密来降，派遣使者前来迎接，使者一拨接着一拨，李密看了大喜。他对手下说："我拥众百万，一朝解甲归唐，山东连城数百，知我在此，遣使招之，亦当尽至；比于窦融，功亦不细，岂不以一台司见处乎！"（《资治通鉴》）他很自信，认为只有靠着自己的关系，山东地区原属瓦岗军的地盘才能归降李唐，而李唐至少也要给他三公的待遇。

但是到了长安，情况却发生了变化。有司给李密等人的待遇降低了，甚至有时候李密部队连饭都没得吃，众人心中不满。又过了些天，对李密的任命下来了，任命他为光禄卿，赐爵邢国公。光禄卿主管光禄寺，要说级别不算很低，属于从三品，但负责的却是祭祀、朝会和国宴等事务。

唐高祖使迎李密
(《新刊徐文长先生评唐传演义》明熊大木著 明万历四十八年武林藏珠馆刊本)

李密自小心高气傲，又曾经手握瓦岗数十万大军横行天下，如今却让他担任这么个职务，李密气不打一处来。而且李唐的官员对他也多有轻慢，李密更加不满。

可有意思的是，李渊对李密的态度却非常好，甚至称呼李密为弟。而且还把舅舅家的女儿独孤氏嫁给了他。

这是怎么回事？为什么打一巴掌给个甜枣？其实这就是李渊的心机之所在。首先，他必须接纳李密，只有接纳了李密，才能换取李密部下们的归降，这意味着大片的地盘和大量的部队。其次，他不能给李密真正的实权，李密心气很高，又以名应图谶而自居，绝对不能让他有咸鱼翻身的机会。所以给了他一个看起来不算低但是却无实权的光禄卿，而且为了消除李密的不满，李渊又在态度上显得很热情，这就让李密一时间摸不清头绪，甚至可能还抱有一定程度的幻想，以为李渊随后会给自己更高的礼遇。但是李渊这些行为无非就是为了安抚住他。

果然，不多久，李密的部下们纷纷来降，李育德以武陟来降，刘德威、贾闰甫、高季辅等，或献上城邑，或率领部众相继来降。王轨又以滑州来降。尤其令李渊高兴的是——瓦岗军著名将领徐世勣也投降了。徐世勣有才干，又握有黎阳仓和其他地盘，实力强劲，他投向长安还是洛阳，将对整个局面产生不小的影响。而劝说徐世勣降唐的，乃是一个当时并不算起眼，但是日后将驰名史册的重要人物——魏徵。

魏徵，河北巨鹿人，从小是个孤儿，家庭条件并不好，史籍记载说他"弃赀产不营，有大志，通贯书术"（《旧唐书·魏徵传》）。就是说魏徵从小不经营家产，但是爱读书，而且胸怀大志。隋末战乱的时候，他刚开始是隋朝地方官元宝藏的书记官，后来元宝藏要投降李密，让魏徵替他写一封信给李密。李密看了这个信之后觉得文采斐然，于是就召见写信的人。魏徵见了李密，又给李密上了一个十策，就是雄霸天下的十条计策。李密看了之后不断点头，但是却没有照着做。后来李密与王世充进行决战之前，魏徵曾经准确地预见到瓦岗军这一仗要失败，但是没人听他的。甚至有人讽刺他是"老生常谈"，但最后战役的结果，印证了他的预言。

战败以后，魏徵跟随李密投降李渊。可是李渊长时间没有重视魏徵，魏徵感到很郁闷，于是他想立功。此时，在潼关以东李密旧部下中势力最大的是徐世勣，魏徵想劝降徐世勣归唐，于是他向唐高祖毛遂自荐。唐高祖一听很高兴，任命他为秘书丞。魏徵来到了黎阳，见到了徐世勣，给徐世勣晓以利害。他跟徐世勣说，你看李密是一代雄主，尚且投降了唐朝。可见这是天意，天意不可违，所以您最好也归唐。最后徐世勣被说动，决心归唐，但是徐世勣这个人做事很有分寸，他对自己的部下说："魏公既归大唐，今此人众土地，魏公所有也。吾若上表献之，即是利主之败，自为己功，以邀富贵，吾所耻也。今宜具录州县名数及军、人、户口，总启魏公，听公自献，此则魏公之功也。"（《旧唐书·李勣传》）我所占的地盘是魏公李密的地盘，我要是把这块土地献给李唐，那就是利用旧主的失败给自己邀功，我不做这种人。于是他这样投降——他把户口、州县名录送给在长安的李密，然后由李密献给李渊，意思是这仍然算作是李密送给大唐的礼物。李渊刚开始听说徐世勣要投降，结果等半天等不来降表，正奇怪呢，结果李密来了，原原本本一说，李渊大为感慨："徐世勣感德推功，实纯臣也。"（《旧唐书·李勣传》）徐世勣是个推功的君子，真是忠臣。于是下诏拜他为右武侯大将军，封曹国公，赐姓李氏，依旧镇守黎阳。从此徐世勣改名叫李世勣了。

徐世勣字懋功，曹州人，根据他的神道碑《英贞武公李公碑》的记载，他的祖父叫徐康，是北齐的将军，当过太守。他的父亲叫徐盖，《旧唐书·李勣传》记载说："家多僮仆，积粟数千钟，与其父盖皆好惠施，拯济贫乏，不问亲疏。"就是说他家是乡村富豪，但不是那种为富不仁者，相反，他和他父亲都乐善好施，很慷慨。这样就积攒了很高人望，所以在战乱年代里，又有财富，又有人望，很容易就拉起一支队伍来。十七岁的时候徐世勣带着自己的人马投奔了瓦岗军，当时瓦岗军的首领还是翟让，他给翟让提出的一个建议就是兔子不吃窝边草，不要只在附近打转转。他说："宋、郑两郡，地管御河，商旅往还，船乘不绝，就彼邀截，足以自相资助。"（《旧唐书·李勣传》）运河里船多，咱们劫他们去。翟让听了他的话，袭击运河，果然获得了大量财宝和物资，士气大振。结果招来了隋军著名大将张须陀的讨伐，当时李密已经是瓦岗军二号人物，在他的指挥下瓦岗军大败张须陀，将其杀死，《旧唐书·李勣传》说"勣与频战，竟斩须陀于阵"，将斩杀张须陀的功劳记在了徐世勣名下。

徐世勣的事迹以后我们还会涉及，他将是唐朝初期的一个重要人物。

李渊收容李密之后，收获颇丰，瓦岗军旧部的大量投降，为唐军东进开辟了道路。此时，李世民已经战胜了薛仁杲，大军凯旋。李渊特地让李密作为特使前往迎接。大概李渊这样做的原因，估计就是用李世民大军的赫赫军容震慑李密。这是李密第一次见到李世民，他立即被李世民的气质所慑服，对殷开山说此乃英主也。至于是他真的感觉到李世民注定是个成大事之人，还是秦王一党编的故事，就无从知晓了。但不管怎么样，李渊展现自己赫赫军容的目的算是达到了。

但是李密的个性决定了他不可能甘心当一片绿叶、一个碌碌无为之人，很快，他与李渊的矛盾就爆发了，他会采取什么行动呢？

兵部尚書英國公李世勣

李勣，曹州離狐人，本姓徐，字懋功，賜姓也。以攻碻磝山戰功封英國公。平劉黑闥，進封滁陰。勣因解鄭封舒國公，實封九百戶。貞觀十三年命爲蘄州刺史。仍國于英，辭不就，尋以徽中論高麗進太子太師，贈食邑千二百戶年六十六贈太尉揚州大都督諡曰貞武。

劉源

李世勣肖像图
(《凌烟阁功臣图》清刘源绘 上海同文书局石印本)

邢公之厄

性格决定命运。李密在这场大角逐中是绝对不甘心当配角的。寄人篱下对他来说只是权宜之计，而李渊给他的待遇成了最终爆发的导火索。

在一次朝会上，身为光禄卿的李密负责进食，这本来就是光禄卿的分内之事，但是李密这个昔日的一代枭雄却觉得实在是奇耻大辱。他退下来对王伯当诉说了自己的郁闷和愤怒。王伯当也是深表同情。

在李密的墓志铭里，有关李密的心理是这样描述的："公威虽未振，主自为谋。盖当世旧部先附，多出其右；故吏后来，或居其上。怀渔阳之愤愤，耻从吴耿后列；同淮阴之怏怏，羞与绛灌为伍。负其智勇，颇不自安。"（《唐故邢国公李密墓志铭》）这个墓志的撰写者不是别人，正是魏徵，李密的老部下，他对李密的心理应该是有准确把握的。他指出，李密就是因为对李渊给他的待遇不如心理预期而不满，尤其是看到自己的手下得到的待遇甚至比自己都好，所以愈加愤愤不平。我猜想这个所谓"旧部"和"故吏"指的就是徐世勣等人。魏徵在这里使用了两个典故，一个是东汉的彭宠，一个是西汉的韩信，他们有个共同特点，即都是半途来归附，但是又对待遇不满，最终以反贼身份身败名裂。

魏徵所撰写的这段话，揭示了李密最终降而复叛的深刻心理动机。李密是在率领所部东出潼关的过程中叛逃的，但李密为什么东出潼关，是李密一意孤行，还是李渊的刻意安排，这一点就存在两种截然不同的说法。

首先来看《唐高祖实录》的说法："闻其下兵皆不附王世充，令密收集余众以图洛阳。"（《资治通鉴考异》引《唐高祖实录》）

按照这个说法，李密东出潼关是李渊的安排，原因是李渊得到情报，说那些归降王世充的瓦岗军旧部实际上都心怀不满，不愿意跟随王世充，因此李渊想让李密东出潼关去招纳旧部，以图洛阳。这个说法完全符合李渊在平定薛举、薛仁杲之后东出争取天下的意图。《旧唐书·李密传》的说法也类似。

下面再看《资治通鉴》的说法。《资治通鉴》在这个问题上的叙述比两部《唐书》都要详细，它主要是采自贾闰甫《蒲山公传》。按照《资治通鉴》的说法，东出潼关召集旧部是李密向唐高祖建议的："（王伯当）因谓密曰：'天下事在公度内耳。今东海公在黎阳，襄阳公在罗口，河南兵马，屈指可计，岂得久如此也！'密大喜，乃献策于上曰：'臣虚蒙荣宠，安坐京师，曾无报效；山东之众皆臣故时麾下，请往收而抚之。凭藉国威，取王世充如拾地芥耳！'"这是王伯当给李密的建议，建议他东出潼关，召集旧部如徐世勣、张善相等，图谋大业。李密这才向李渊提出要求，主动请缨去召集山东旧部，以图王世充。唐高祖听了大喜。但是也有人对李渊说：李密这个人非同寻常，您切不可放虎归山。没想到李渊是这样回答的：帝王自有天命，岂是他耍点心眼就可以夺去的？我放他出潼关，好比蒿箭射蒿中，不足为惜。他即便在潼关以东叛乱了，首先也要面对王世充，等他们拼个你死我活，我再出来收取渔翁之利。所谓蒿箭，就是用蒿草秆做的箭，不值钱，射出去丢了也不可惜。李渊用这个词来形容李密，可见李渊心思之深，他早就准备把李密牺牲掉。

这里头提到的这个墓志铭是《文苑英华》里的李密墓志，换句话说是传世文献，而1969年在河南浚县出土了《唐上柱国邢国公李君之墓铭》：

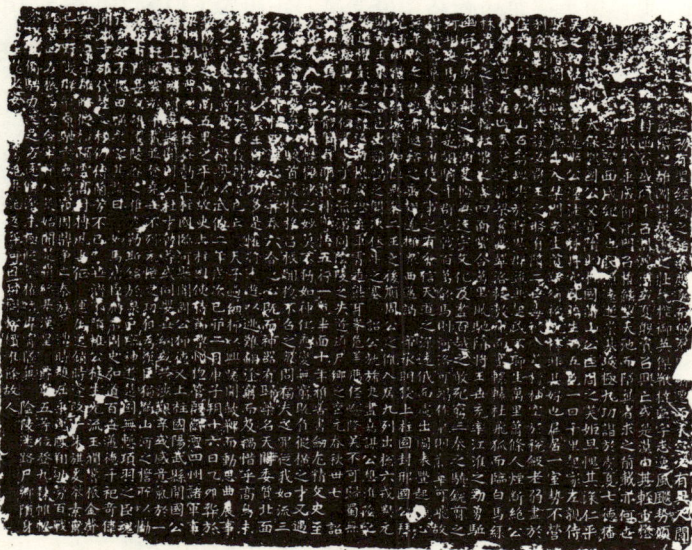

唐上柱国邢国公李君之墓志铭

这个出土的《李君之墓铭》其实就是传世的《唐故邢国公李密墓志铭》的另一个版本。那么两个版本孰先孰后？根据现代学者苏小华的考证，出土的李密墓志铭是经过修改的版本，而传世的李密墓志铭是原稿，所以我们可以说传世的李密墓志铭更能反映真实的情况。传世版本里说，这次东出潼关，主帅不是李密，而是李世民，李密是其先锋："俄属元帅秦王，经营瀍洛，亦亲承秘策，率卒先行。"（《唐故邢国公李密墓志铭》）而在出土墓志里则说："总出六戎，与元帅秦王东讨洛邑。"（《唐上柱国邢国公李君之墓铭》）这就稍微含混其词了。魏徵可能是写了原稿之后，在要被刻成墓志的时候又加以修改，为的是淡化李世民在此事件中的作用。而到了《唐高祖实录》《旧唐书》《新唐书》《资治通鉴》里，秦王李世民在这场事变里的作用完全消失了，要知道，这些书所依据的史料大约是贞观十四年以后唐太宗修改过的史料。李世民不愿意让人们觉得他在李密事件中起着腹黑的作用，至于魏徵所写的墓志，这样的官方史馆外的文献他们是不可能全部修改的，魏徵的原稿可能一直躺在家里，后来才传播出去，这样就留下了一个窥探真相的窗口。

我们现在把事件脉络做一个大致梳理。李渊的确有东出潼关、谋取洛阳的意图，而李密又对李渊心怀不满，所以在王伯当的建议下，借口要收降旧部，想参与到这场军事行动中来。李渊对李密不是全盘信赖，一方面允许他率领所部参与行动，一方面将他的部队变成了秦王李世民的先锋部队。而秦王李世民出发的时间与李密出发的时间只间隔一天，很明显是对李密不放心，起到一个监督作用。

临出发前，李渊宴请李密等人。宴会上，李渊特地邀请李密和李密的谋臣贾闰甫同坐御榻，共用一个杯子饮酒。李渊说：三人同饮，以明同心，大丈夫一言既出，千金难易。有人不愿意让弟东出潼关，我与你推心置腹，绝非他人一两句闲话可以离间。李密、贾闰甫拜谢。李渊又任命王伯当为李密副将。

根据《唐高祖实录》记载，此时李密又提出：能否派遣皇帝素来信赖的心腹与我同行？这很明显是为了让李渊放心。李渊说：不用，我信得过你，事情由你专决。

李渊这一番话是在做什么？说白了，他虽然对李密充满戒心，而且正在部署秦王李世民尾随李密而去，但还是希望能以劝说的方式打动李密，让他彻底安分下来。

但是这两个雄才大略的人物都是属于在政治斗争中不抱幻想、永远做两手准备的人。李密没有被打动，李渊也没有放松戒备。

武德元年十二月初一日，投降唐朝不到三个月的李密率领所部从长安出发，开始了潼关之行。第二天，李世民以太尉身份率领主力部队随后出发。

走在半路上，李密接到了李渊的命令，要求他把部队一半留在华州，带领剩下一半出潼关。前面说了，李密带来归降的部队总数在两万左右，这样的规模虽然不算大，但是要真打起来也很麻烦。所以李渊下令留下一半。

这道诏书对李密的心理构成什么冲击暂且不说，李密的部下们却人心惶惶了，谁都能看出来，皇帝对李密不放心，已经开始有所行动了。李密的长史张宝德担心李密真的谋反后自己受牵累，于是来个先下手为强，秘密给李渊上书，说李密必反无疑。李渊听了后，改变了主意，又下达敕书，要求李密将部队留在原地，自己单骑返回长安。

在这个过程里，李世民究竟起到了什么作用，由于史料的缺乏不太清楚，但可以肯定，他的大部队一定如泰山压顶一样对李密构成强大的心理压力。

得到敕书的李密内心里极为恐慌，他知道李渊已经不相信他了，此次召回，结果只有一个，那就是死。于是李密对贾闰甫说：刚刚出发，就无故要召我回去，我若返回长安，必是死路一条。不如就近击破桃林县，收其兵马粮草，然后向黎阳进军，等到长安得到消息，我们已经到了黎阳，这样大事必成。你意如何？

贾闰甫是他一向信任的谋臣，但是此时贾闰甫已经下定决心不再跟随他了。贾闰甫说：今上是名应图谶者，天下必然一统，您既然已经投降，不合再有异念。唐军在熊州、谷州一带有重兵，您就是占据了桃林又能怎样？不如奉命返回长安，向今上表明心迹，让流言蜚语不攻自破，以后再图大业，不知可以吗？

李密勃然大怒，说了这样一番话，应该是他一以贯之的真实想法："唐使吾与绛、灌同列，何以堪之！且谶文之应，彼我所共。今不杀我，听使东行，足明王者不死；纵使唐遂定关中，山东终为我有。天与不取，乃欲束手投人？"（《资治通鉴》）他首先指出，唐朝不善待他，忍无可忍，然后又说：谶言算什么？那谶言可以解释为李渊是真命天子，也可以解释为我嘛，他不杀我，放我东行，足以证明王者不死。以后我起码可以占据山东半壁江山与之对抗，这才是天命。然后他对贾闰甫发出了威胁：你是我的心腹，今日却说出这样的话来，如不与我同心，我就先斩了你再出发。

贾闰甫听了哭着说：您虽然也名应图谶，但是观察近日情形，天命似乎已经有所改。以您现在微薄的实力，投向谁谁肯接受？自打您杀了翟让，天下人都认为您是忘恩负义之人，谁肯将地盘、兵马拱手相让于您？若不是忠心于您，谁肯跟您说这样的大实话？请您深思！

李密大怒，拔出刀来砍向贾闰甫，幸亏王伯当拼命阻拦，李密才饶了贾闰甫一命，而贾闰甫意识到自己再也不能待下去了，于是逃到了唐军据守的熊州。

现在跟随着李密的只有王伯当了。从翟让瓦岗军时代开始，这两人就有深厚的友谊，王伯当对李密一直是敬佩有加。但是此时王伯当也觉得，此次东行不会有好结果，但是再怎么劝也没有用，最后王伯当把心一横，说：义士不以生死为念！既然您不听我的，那我就与您同生死！

李密决心已下，当即将李渊派来的使者斩首，然后派人前往桃林县，欺骗县令说：我要奉诏返回长安，家眷带着不方便，暂且安置在贵县。他挑选了数十名精锐，全部换上女人的衣服，戴上幂篱，幂篱就是当时妇女戴的一种长面罩，骑马时候防止尘土扑面，从头顶帽子垂下来一直遮盖住身体，所以外人看不出此人性别。这些人在怀里揣着利刃，伪装成李密的家眷队伍，直入县衙，然后突然发难，占据了整个县城。不等唐军反应过来，他们就驱赶着掳获的人口直入南山，并且派人去通知伊州刺史、瓦岗军旧将张善相做好接应。

此时熊州地区的唐军已经被动员起来。大将史万宝与行军总管大将盛彦师商量说：李密乃是一代枭雄，又有王伯当辅佐，恐怕难以抵挡。

盛彦师笑着说：我只要几千兵马，一定可以获其项上人头。

史万宝问：你有什么办法？

盛彦师回答说：兵不厌诈，现在不能说。

于是他率领部队翻越熊耳山，在一处交通要道上埋伏下来，具体地点在陆浑县邢公山（今嵩县邢公岘）。他命令弓弩手占据制高点，刀盾手埋伏在溪谷里，告诫他们说：等到敌人过溪半渡时候再出击。

有人疑惑：听说李密已经前往洛阳，咱们埋伏在这里能找到他们吗？

盛彦师回答说：李密实际上在声东击西，麻痹我们罢了，他没有别的办法，只有投奔襄城张善相，此处是必经之路。假如我们从后追击，山道狭窄，敌人哪怕只留一个人我们也难以向前，不如先占据此要道，必然一举擒之。

盛彦师计斩李密
（《新刊徐文长先生评唐传演义》明熊大木著 明万历四十八年武林藏珠馆刊本）

果然不出其所料，他们就在这里等到了李密。李密刚摆脱追兵，正越过山南，盛彦师所部万箭齐发，步兵大呼而出，李密的部队被断为两截，首尾不得相顾，很快就溃散了，李密和王伯当当场阵亡，盛彦师将他们两人的头砍下，送往长安。

关于李密之死，还有另一个版本，说追击杀死李密者另有其人，这个说法来自唐代的《河洛记》。此人名叫刘善武，是史万宝部下，驻守熊州，奉史万宝命令追击李密。当时李密驱赶着在桃林县掳掠的人口和牲畜逃走了，而刘善武在后面拼命追击，连续追击十天十夜，毫不松懈，四处侦察，最后追上了李密。要问刘善武追击李密为啥追得如此上心？原来，刘善武的哥哥刘善绩当年在洛口仓被李密杀死。刘善武一直矢志复仇，终于逮到了机会，所以可以说是搏命追击。

那么怎么看待两种不同的说法？难道是有人在撒谎？我认为这其实是一场战斗的不同表述罢了。我们注意到，盛彦师是率领部队迎头截击，而刘善武则是率领部队在后追击。在《河洛记》里有这样一段话："追至陆浑县南七十里，与密相及"，也就是说刘善武追击李密到了这里，而《旧唐书·李密传》记述盛彦师战绩时候说了同样一句话，一字不差，也就是说两人到达了同一个地点。为什么会出现文字相同？我认为是两部史书采取了同一份露布，所谓露布就是捷报。刘善武的任务是追击，他可能的确追得很辛苦，而他最大的功劳是驱赶李密向邢公山方向运动，但是最终杀死李密的不是他，所以在《河洛记》是这样表述的："驱密于邢公山，与王伯当死之。"重点强调了那个"驱"字，但是下面就直接说李密和王伯当死了，再无细节，可见完成最后一击的不是他，而是盛彦师。盛彦师也因为此役获得了奖励，只是他的料事如神背后应该有刘善武的贡献，是刘善武的追击使得李密无路可去，只能越熊耳山奔邢公山，在这里遭到了致命一击。

令人感慨的是，似乎冥冥中有定数一般，《分门古今类事》载："李密归国，封邢国公。后至桃林渡叛，上遣兵征之，至六（陆）浑，乃斩于邢公山下。先是，山之侧有乱石纵横，颇妨行李，人谓之邢公厄，密果死于此。"李密封邢国公，最后死于邢公山下邢公厄，他果然在此遭受厄运。

铲除了李密，李渊父子当然松了一口气。李密，一代枭雄，饱读兵书，又有着出色的指挥和组织能力，而且是正宗的关陇集团核心成员，并且名应图谶，本就是一个劲敌。但是性格决定命运，李密过于自负的性格使得他一意孤行，先是执着于与洛阳敌人对峙，而不是西取当时比较空虚的长安，后来又力排众议截击宇文化及，导致实力受到致命损伤，最后在不利条件下选择与王世充正面决战，导致最后战败。失败降唐后，又不掩饰自己咄咄逼人的个性，仅两个月就谋划东出潼关，最终招来杀身大祸，终年三十七岁。此人应运而生，但是命运注定不眷顾他，而是眷顾更有城府、更懂得忍耐和蓄势而发的李渊。

李密之死又为李唐扫清了一处障碍。随着劲敌一个个死去，形势开始逐渐明朗化。李唐向东进军已经提上了议事日程。

李密死了后，首级被献往长安，而他的爱将徐世勣仍在黎阳镇守。李渊念他们曾为君臣，于是派人向徐世勣通报了情况，并将李密首级送给了他。徐世勣再次展现了他的忠义，他主动请求为李密办丧事，而李渊很爽快地答应了。为什么要准许？原因很简单，超越派系利益之上，还有个古人共同遵守的道德标准，那就是忠孝。李渊用这种方式展现了自己的大度，也起到了弘扬忠诚的作用。臣下的忠诚是每个君主都需要的，所以就用这种方式来彰显忠诚之道。于是"勣服衰绖，与旧僚吏将士葬密于黎山之南，坟高七仞，释服而散，朝野义之"（《旧唐书·李勣传》）。朝野上下都称赞他的忠义。

绝处逢生

李密死了之后，唐朝在崤山以东屡有收获。魏徵劝降了魏州总管元宝藏——当年魏徵曾是元宝藏的书记官，由他前去劝说最为合适。而李密临死前想去投靠的伊州刺史张善相也宣布投降李渊。

李渊非常高兴，与此同时，朝廷典章制度建设也开始提上了议事日程。他恢复了官员考课制度。第一次考课，李纲、孙伏伽两位大臣被授予了第一名。孙伏伽是在李渊即位第二天就上书谏言的那位，而李纲更是一个硬骨头老臣，他曾历任北周、隋朝官员，此时已经年逾七十，无论在哪个朝代他都以仗义执言而著称。比如曾为隋文帝太子杨勇担任太子洗马，在一次宴会上，杨勇命令奏乐，左庶子唐令则亲自演奏琵琶，李纲当即要求把唐令则治罪，原因是身为朝廷官员，把自己等同于一个歌伎，会带坏太子。等到太子真的被隋文帝废黜了，他又为太子说话，严厉批评隋文帝：太子天性与常人无异，有好的老师就能让他向善，有坏的榜样就会让他变坏，您这些年来疏于对太子身边人选的考察，罪过不能只归结到太子一人身上！隋文帝听了后十分惭愧，拜李纲为尚书右丞。

　　到了唐代，李纲还是个仗义执言之人，所以这次考课李渊将他和孙伏伽立为一等，目的就是要在朝廷内塑造一种敢说真话、畅所欲言的风气。他还对裴寂说：隋炀帝就是因为拒谏远贤才导致的亡国，我即位以来，一直想让大家畅所欲言，想当一个虚心纳谏的君主，你们不要让我失望，"有怀必尽，勿自隐也"（《资治通鉴》）。

　　此时天下形势还是十分混乱，对李渊来说，东进取王世充、窦建德势在必行，但是自己的大本营也是很重要的。偏偏就在武德二年春，太原告急了。

　　镇守太原的是李渊的儿子齐王李元吉。李元吉这个人孔武有力，论武功是不错的，但是战场指挥能力比起他的大哥、二哥就差远了。此时的太原，形势并不乐观，它面临着来自刘武周、宋金刚和突厥的直接威胁，而且距离李渊现在的大本营关中路途遥远，且隔着黄河，所以令人忧虑。为了加强防务，李渊派遣殿内监窦诞、右卫将军宇文歆协助李元吉。

　　但是窦诞起到的作用却截然相反。他和李元吉成了玩伴，天天骑射游猎，践踏百姓庄稼，而且还怂恿手下抢夺百姓财产。李元吉甚至还用箭射街上行人，看他们躲箭而取乐。宇文歆屡次劝告李元吉，但是李元吉不听。宇文歆一怒之下报告了皇帝，李渊得知消息后下令将李元吉免官，并且让他立即前往长安。

　　但是李元吉有自己的办法，他找了一群太原老百姓，让他们演出一场挽留的戏，然后自己再以民意挽留为借口，上书唐高祖，高祖竟然心软，又让李元吉官复原职担任并州总管。

　　要说唐高祖这人有什么明显缺陷，就在这里。这个人平时聪明睿智，但是一旦遇到儿孙们的问题就会变得优柔寡断，面慈心软。当时李世民败给薛举，他就以刘文静、殷开山为替罪羊，此时李元吉已经恶迹彰显，明显不能胜任防御太原的重任，可他只是雷声大雨点小地处理了一下，后来的诸皇子之争演变成流血的玄武门事变，也有他优柔寡断的因素在里面。

　　太原失守是有征兆的，最明显处就是突厥又开始挑衅了。突厥此时俨然以中原局势的操纵者自居，同时扶植多股势力互相角逐，时不时捧一个打一个。此时突厥又想敲打李渊。李渊在河西地区取得的一系列进展直接触犯了其利益，于是突厥开始怂恿梁师都、刘武周等进攻唐朝，而且还主动出马，挑衅唐朝。

　　当时突厥始毕可汗率军渡过黄河来到夏州，此处地理位置十分微妙，它是梁师都的大本营，东南方向就是长安，而由此向东，又可以联合刘武周。突厥在这里可以直接操纵这两股武装力量与唐朝为敌。

　　突厥先与梁师都汇合，然后又给了刘武周五百骑兵，并且谋划进军太原。但也就在此时，始毕可汗病亡。临死前，因为儿子尚且年幼，于是按照突厥继承法的惯例，立弟弟俟利弗设为处罗可汗。

　　始毕可汗去世前，唐高祖为了笼络他，派遣高静带着财物出使突厥。到了丰州，听说始毕可汗去世，高静不知道怎么办好，唐高祖下敕，让他把财物交给当地政府加以保管。结果处罗可汗听说了此事，大怒，甚至要发兵攻打唐朝。突厥一直是这种吃相难看的样子，他们往往没有长远的政治策划，常斤斤计较于眼前利益的得失，所以这笔款子没到手便怒火中烧。眼看冲突将起，怎么办？唐军丰州总管张长逊建议高静，拿出那笔钱来，以赙赠的名义送给突厥。赙赠就是给有丧事的人家的馈赠，可以理解为现代的白包。高静将这笔钱送给了突厥，突厥这才作罢。

但要以为突厥就此满意了，那就太天真了，突厥自己不出面，但是可以怂恿刘武周等出面。

除了突厥的帮助，刘武周还有个强有力的武器，就是当时天下第一猛将尉迟敬德。尉迟这个姓氏证明他是一个鲜卑人。尉迟家祖籍在今天山西省北部朔州市，少数民族血统赋予了尉迟敬德勇武善战的品质。根据《尉迟敬德墓志铭》记载，他的曾祖、祖父分别是北魏和北齐的大将，可谓军事世家。尉迟敬德是刘武周、宋金刚手中最有力的干将。

武德二年夏四月，刘武周联合突厥进犯太原，在榆次县以北的黄蛇岭摆下阵势，兵锋甚盛。齐王李元吉派遣车骑将军张达带领步兵前往应敌，张达一听就不愿意奉命，因为兵力又少，且全是步兵，根本无法抵御被突厥武装起来的刘武周铁骑。所以他提出要增兵，但是齐王李元吉却强迫他出战。

张达非常恼怒，认为李元吉是故意要牺牲他们。果然，张达与刘武周一接战，军队就溃败了，张达一不做二不休，干脆投降了刘武周，引刘武周进攻榆次。

榆次攻克后，刘武周开始进攻太原周边，齐王李元吉出战，将敌人暂时击退。李渊听说消息，紧急派遣太常卿李仲文带兵救并州。

与此同时，刘武周的副手宋金刚也展开了西河攻略战，目的是配合刘武周对太原的进攻。

宋金刚是易州人，隋末起兵，最初有万余人，与河北地区较强大的魏刀儿联手，后来魏刀儿被窦建德围困，宋金刚还曾率兵来救援，又被窦建德击败，只剩下了四千人，于是带着这四千人投奔了刘武周。刘武周听说宋金刚会兵法，很高兴，委以重任，拜其为宋王，甚至把家产的一半拿出来送给了宋金刚。宋金刚也想傍住这棵大树，于是将妻子休了，迎娶了刘武周的妹妹。

宋金刚给刘武周定下了一个战略构想，就是先攻取太原，以此为大本营，再向南夺取天下。

随着形势越发紧张，李渊对太原越来越担心，此时传来消息，李仲文部被刘武周击败，损失惨重。于是重臣裴寂主动请缨，要求带兵抵御刘武周。李渊委任他为晋州道行军总管，听以便宜从事。

七月，刘武周进攻浩州（今山西汾阳），然后退兵。

九月，梁师都联合数千名突厥骑兵进攻延州（今陕西延安），唐军总管段德操兵力少，于是采取了闭门不战的麻痹战术，梁师都部时间久了就有了懈怠，段德操此时才兵分两路突然出击，夹击梁师都，梁师都兵败逃走，唐军追击二百余里，掳获人口两千余。

这些行动，应该都是为了攻打太原而采取的侧翼行动。大概刘武周、宋金刚制定的战略是四面出击，目的是牵制唐军各地力量。与此同时，他们的主要目标似乎不是强攻太原，而是围城打援，重点在击败唐军援军，断了太原城的希望。

决战在介休打响了。宋金刚占据介休城坚守，裴寂率领部队在度索原扎营。营地用水是附近的山涧水。宋金刚悄悄派人前往上游，将水源截断。缺水比缺粮更让唐军恐慌，于是裴寂指挥着军队要迁往有水源的地方驻扎。宋金刚等的就是这个机会——拔营的时候，部队警惕性低，而且比较混乱，缺乏战斗准备，正是出击的好时机。

等到唐军乱哄哄地开始拔营，宋金刚率领主力突然扑出，对唐军发动猛烈进攻，唐军大败，几乎全军覆没，裴寂一路狂奔，用了一天一夜时间逃到了晋州。

援军已被击溃，刘武周、宋金刚整顿兵马，直扑太原。齐王李元吉吓破了胆，他意识到太原已经是一座孤城，想逃命，又怕引起恐慌耽误自己逃跑，于是就对副手刘德威说：你以老弱之兵守城，我亲自率领精锐出城与敌死战。

夜间，李元吉带着兵马和家眷出城，一出城李元吉就一路狂奔，直奔长安而去。天亮时分，刘武周大军抵达城下，城内有土豪策应刘武周，将城献给他。

紧跟着，宋金刚乘胜进攻晋州，经过六天战斗，晋州城丢失，唐军再度蒙受损失，大将刘弘基被俘，这是刘弘基第二次被俘。不久，刘弘基瞅准机会又逃了回来。宋金刚又进逼绛州，陷龙门，这就等于打到了关中的边缘上。

李唐王朝的龙兴之地太原就此丢失，这不仅是一场军事失败，也是政治上的一大挫折。李唐蒙受了舆论上的重大损失，而且此时正在积极计划东进，太原的丢失，意味着向河南进军的计划必须做重大调整。

至于导致失败的罪魁李元吉该怎么处理，李渊再次展现了他护犊子的心理。他对太原的丢失当然感到十分愤怒，但是他把责任推给了窦诞、宇文歆，甚至主要是宇文歆。他说：元吉年幼（时年十六岁），所以我才派遣窦诞、宇文歆来辅佐他，太原城里精兵数万，粮食足以吃十年，而且是我朝龙兴之地，现在却不战而逃，我听说是宇文歆出的主意，我一定要斩了此人！

此时李纲再次展现了他直言不讳的特点。他说："王年少骄逸，窦诞曾无规谏，又掩覆之，使士民愤怨，今日之败，诞之罪也。歆谏，王不悛，寻皆闻奏，乃忠臣也，岂可杀哉！"（《资治通鉴》）齐王年少，但是骄逸，其实窦诞才应该负更大的责任，是他不好好规劝齐王，而且齐王有错，他还往往帮助掩饰，导致太原城上下离心，失败的根源在于此。而宇文歆每每规劝齐王，齐王不听，宇文歆就多次奏闻圣上，这是忠臣，怎么可以杀害？

第二天，李渊的气消了一些，他特地召见李纲，说：有了您，我才避免了滥用刑罚，李元吉自为不善，与别人无关。他下令将窦诞、宇文歆释放。

那么对于李元吉有何进一步的处理？坦白说没有实质性的处理。李渊的护犊子心理还是比较明显的。假如此时真有进一步的处分，也许会帮助齐王李元吉完善下自己的性格。

不过这里要辩白两句。太原的丢失，李元吉肯定要负很大责任，但是李渊给予太原的援助严重不足，而且半途还遭遇失败，太原城当时面临的压力非常之大，十六岁的李元吉心理压力可想而知。李世民修改过的史书对于李元吉的责任当然是大书特书。但是我想说的是，太原如此重要的地方，本来就不该交给一个十六岁的孩子来加以镇守。李渊要负最大的责任。

刘武周、宋金刚占据了太原、晋州，自然是志得意满，自信心倍增，紧跟着又出兵占领了浍州（今山西翼城）。此时刘武周几乎是攻必克、战必胜，而抵御他的裴寂完全不是将才，面对败局一筹莫展，只是下令将晋西南一带的民众全部迁往各处城堡，然后坚壁清野，村庄和良田都一把火烧了。要知道，民众永远是战争后果的最终承担者。对民众来说，群雄逐鹿，谁胜谁负对他们来说都一样，可是坚壁清野直接破坏的是他们的财产，甚至是唯一的积蓄，因此民众十分不满。夏县民吕崇茂聚众作乱，自称魏王，响应刘武周。裴寂来攻打吕崇茂，竟然被这样一支刚刚武装起来的农民军击败。裴寂行政才干值得肯定，但军事上的确无能。

形势如此急迫，李渊被迫动用了家底。他下诏，命令永安王李孝基、大将独孤怀恩、陕州总管于筠、内史侍郎唐俭等带兵讨伐刘武周。

此时在蒲反还有隋军残余势力王行本部，王行本也宣布与刘武周联手，这样黄河渡口就等于向刘武周敞开了。关中地区人心动荡，李渊决定收缩防线，退守到河西，将黄河以东全部放弃。

此时李世民站了出来，李世民没有那么悲观，他认为形势还有挽回的余地，于是他对父亲说："太原，王业所基，国之根本；河东殷实，京邑所资，若举而弃之，臣窃愤恨。愿假臣精兵三万，必冀平殄武周，克复汾、晋。"（《资治通鉴》）他指出：无论是从政治角度，还是从经济角度，河东都不可放弃，现在请给我精兵三万，克复河东！

李渊对自己这个儿子的勇气深表赞赏。于是他动员了关中地区几乎所有兵力，全部交给李世民加以统帅，出击刘武周。李世民大军出征那天，李渊亲自送行，一直走到华阴长春宫为止。

此时已经是冬季，消息传来，刘武周再次进攻浩州。时不我待，李世民加快了行军步伐。此时黄河已经封冻，李世民大军踏过冰面，来到龙门关东北的柏壁屯扎下来，与宋金刚形成了对峙。

此时军粮开始告急——河东地区多年战乱，老百姓东躲西藏，将粮食藏到各种隐秘处，就是搜集也搜集不到。李世民知道，此前裴寂给这一带的百姓留下了很不好的印象，于是他发出教令，然后派使者四处晓谕，做思想工作。河东地区毕竟曾是李唐的大本营，知道这次带兵来的是秦王李世民，躲藏起来的老百姓逐渐出现，而且献上了很多粮食，军粮危机缓解了。

李世民又拿出了他的看家本领——疲敌。他命令大军坚壁不出，然后派遣小股部队不断四处出击骚扰敌人，包抄粮道。期待用这种办法使得敌人逐渐疲惫，然后趁势取之。

李世民是一员良将，良将的特点就是身先士卒。他经常率领轻骑出营亲自侦察敌情。有一次出营，到了敌我接壤的地方，他将轻骑们解散，让他们四处侦察。自己则和一个士兵登上一座土

秦王趁夜窥柏壁
（《新刊徐文长先生评唐传演义》明熊大木著 明万历四十八年武林藏珠馆刊本）

丘观察。过了一阵，可能因为疲乏，李世民和这个士兵都睡着了。而此时敌人已经感觉到情况不对，派出了骑兵想包围这座土丘。假如此次宋金刚得逞，那就没有李世民了，历史怎么发展也就不可预知了，但是天意不绝李世民。

敌人的包围圈正在形成，而李世民还在酣睡。也就在此时，一条蛇追逐一只老鼠，快速从两人身旁爬过，蛇的身体触碰到了士兵的脸颊，这个士兵惊醒了。他站起来想看下周围，赫然发现敌军已经围了上来，大惊失色，连忙唤醒李世民。两人跳上战马，迅速判断了一下形势，发现敌人的包围圈还未完全合拢，尚有空当，于是两人策马扬鞭飞驰而下，从这个缺口突围而走。

但是敌人哪肯罢休，他们可能不知晓这是秦王李世民，但李世民胯下的宝马可是一目了然的宝物，当然不肯放弃，于是敌军在后面紧紧追赶。

李世民内心焦急，尤其此时是冬季，自己的战马刚刚从静止状态拉开肌肉跑起，比不得敌人已经充分热身的战马，一时间拉不开与敌人的距离，形势越来越危险，那么李世民可以逃脱此难吗？

【十八】

力歼双敌

　　李世民被敌人骑兵紧紧追赶，眼看就要追上了，李世民一不做二不休，干脆与敌正面交锋。只见他勒住马，弯弓搭箭，一箭射去，敌人一将领应声落马，其余敌人一下子被镇住了，再也无人敢上前。李世民拨转马头，和那名甲士一起逃走了。

　　李世民一生在战场上多次遇险，全靠他精湛的射术才得以幸免，这是其中的一次。李世民后来曾跟尉迟敬德说：公持长枪，我拿弓箭，咱们两人冲入百万军中，敌人也无可奈何。这就是李世民对自己射术的自信，也算是继承了他父亲善射的绝技。

　　此时唐军永安王李孝基正在夏县围攻起义军吕崇茂部，大将独孤怀恩要求先打造攻城器械再进攻。于是李孝基耗费多日制造各种器械，而此时吕崇茂已经派出使者向宋金刚求援了，这便将战机一点点丧失了。宋金刚此时连战连胜，心气正高，他的如意算盘是先将唐军势力从河东全部清除，既然如此，夏县就非救不可。他派遣自己手下最信赖的大将尉迟敬德和寻相率领大军急速行军来到夏县，打了李孝基一个措手不及。唐军大败，几乎全军覆没，李孝基、独孤怀恩、唐俭、刘世让等一大批重要将领都被俘了。

尉迟敬德大战唐军
（《新刊徐文长先生评唐传演义》明熊大
木著 明万历四十八年武林藏珠馆刊本）

这是唐军自丢失太原以来第二次重大挫败，尤其是这一战中尉迟敬德勇猛无敌的形象给唐军留下了深刻的印象。李世民听说了之后，对尉迟敬德这个名字格外关注。

派去支援的部队接二连三遭受挫败，唐高祖开始焦急了。此时裴寂返回了长安，按律下狱，但是不多久，唐高祖就重新将其召回，官复原职。李渊这个人什么都好，就是遇到儿子、亲信犯错，没有大义灭亲的果决，他这个显著的缺点在此又得到了体现。

随后，唐高祖决定亲自前往黄河岸边视察防务，而这一行，差点让他遭遇灭顶之灾。

给他带来危险的是独孤怀恩。独孤怀恩和李渊有亲属关系，他是李渊生母独孤氏的弟弟之子，他曾经率军攻打蒲州，但是指挥无能，损兵折将一无所获。唐高祖曾经因此责骂他，独孤怀恩便怀恨在心，而且独孤怀恩始终有一个情结无法释怀，那就是他想证明独孤家有爷们。

他怎么会有这样奇怪的想法呢？这与独孤家族奇特的经历有关。

独孤信的家族是一个"盛产"皇后的家族，而且跨越三个朝代。独孤信本人是西魏北周八大柱国之一，而他的女儿们与其他柱国大将军或者大将军家族通婚，由于这个集团高度集权，所以从这个集团里诞生了三个朝代，而且巧合的是都与独孤家族密切相关。独孤信大女儿嫁给了北周明帝，四女儿嫁给了八大柱国之一李虎的儿子李渊，七女儿嫁给了大将军杨忠的儿子杨坚。也就是说，北周、隋、唐三代皇室都有独孤家的血脉，独孤信由此获得外号"天下第一老丈人"。

与独孤家女性的风光相比，独孤家男性就黯淡多了。独孤信死后，独孤家男性再也没有恢复独孤信时期的荣光，所以独孤家的男人们估计是比较憋屈的。可是哪壶不开提哪壶，李渊偏偏拿这事和自己的表兄弟独孤怀恩开过玩笑，他说："弟姑子悉为天子，次当舅子乎？"（《旧唐书》）意思是：你们独孤家女性这边不断培养出皇帝来，那下次是不是该轮到你们家男性啦？这就是一句玩笑，但透着李渊的得意。独孤怀恩听了之后简直是被戳了心窝子，再加上这次战败受到责骂，所以独孤怀恩极度不满。他最终决定背叛李渊，而且他仗着自己位高权重，想干一次大事。他曾经对自己的心腹咬牙切齿说："我家岂女独富贵耶？"（《旧唐书》）

他的阴谋是这样的：当时秦王李世民率领主力部队驻守柏壁，独孤怀恩计划联合刘武周和山贼，攻占永丰仓，断柏壁粮道，让李世民腹背受敌，消灭李世民，然后将河东地献给刘武周。但是其计划还没来得及实施，夏县战役就开始了，他身处军营，阴谋无法展开，紧跟着唐军大败，他被宋金刚俘虏了。

但是不多久，独孤怀恩只身逃出了刘武周、宋金刚大营，跑回了唐朝这边。这很可能是一场戏，独孤怀恩极有可能在战俘营与刘武周、宋金刚达成了协议，伪装成越狱，而后回来搞破坏。否则他本来就想背叛唐朝，既然被俘为什么不顺水推舟？

他逃了回来，李渊念他是亲戚，战败主要责任也不是他的，所以继续让其领兵，驻扎在黄河岸边，此时蒲州敌军投降，独孤怀恩率军进驻蒲州城。而唐高祖李渊的御驾也已经来到了黄河岸边，准备渡河去蒲州独孤怀恩军营。独孤怀恩简直是欣喜若狂，原本只想干掉秦王李世民，这次却来了一条更大的鱼，此时不动手更待何时！于是他布置心腹，准备等皇帝车驾来到军营就动手，杀死或者俘虏皇帝。李渊此时还毫不知情，可谓命悬一线。

但是天不绝唐朝，就在李渊准备上船的时候，一个人突然到来，给他带来了独孤怀恩已经叛变的惊人消息。

原来独孤怀恩从刘武周、宋金刚那里逃走的时候是单枪匹马，他的部下还在战俘营中。其中有个心腹叫元君实，当时独孤怀恩策划截断柏壁粮道、歼灭秦王李世民的时候就与他进行过商讨，所以他对独孤怀恩的阴谋完全知情。这人和唐军大将唐俭关在一个房间内，元君实在聊天中把独孤怀恩想投降刘武周的事情泄露出来了，唐俭一听就急了——这还了得，独孤怀恩镇守一方，是个大员，李渊对他还很信任，此人不除，必然酿成大祸。

有人可能要问：元君实对唐俭说这些干什么？大概因为元君实觉得此时大家都被俘了，谁也出不去，战争对他们来说结束了，因此有些机密也就可以作为谈资了。他应该知道独孤怀恩已经逃回了唐军，同时他可能觉得唐俭和他一样被囚禁着，即使知道了又能如何？所以他是在放松的心态下对唐俭说这些的。根据《资治通鉴》的记载，他当时慨叹假如独孤怀恩早点行事，早点夹击秦王、投奔刘武周，也就不会有今天的事了。可见这就是一句毫无意义的废话，却暴露了这个大秘密。

他放松，是因为他不在乎——唐俭可在乎！唐俭心急如焚想把这个绝密情报送出去，可是自己被牢牢禁锢，跑出去是不现实的，那么怎么办？他最终想到了一个人——尉迟敬德。

尉迟敬德此时是唐朝的死敌，刘武周、宋金刚的爱将，唐俭等人被俘就拜他所赐，那么为何唐俭会想到他呢？

唐俭是后来凌烟阁二十四功臣之一，他在太原起兵过程中出谋划策立了不少功勋，此时虽被俘，但始终是身在曹营心在汉。《旧唐书·独孤怀恩传》记载说唐俭被俘后反倒策反了尉迟敬德。1978年，唐俭墓志在陕西出土了，墓志里对此事有更详细的记载："乃察诸贼帅，皆是庸流，惟尉迟敬德识量弘远，说令择主，理会其心。"（《大唐故开府仪同三司特进户部尚书上柱国莒国公唐君墓志铭》）就是说唐俭在敌人内部观察诸将，觉得都是庸才，唯独尉迟敬德是个顶天立地的汉子，而且可以被说动。于是他就对尉迟敬德展开游说。至于尉迟敬德为什么能被说动这就不是很清楚了，或许是刘武周、宋金刚投靠突厥这样的举动令尉迟敬德早有不满，虽然尉迟敬德是一个少数民族，但是看人要看其文化属性，而不能只看其血统。鲜卑入主中原几百年了，又经历过民族大融合，从文化上来说，尉迟敬德是不折不扣的中原人士。虽然当时各路人马包括李渊都和突厥有着千丝万缕的关系，但是毫无疑问，刘武周对突厥是最谄媚的一个，大概就是这个原因使得尉迟敬德不满，也使得他能被唐俭说服。

此时唐俭要揭发独孤怀恩，思前想后没别的招，只有靠尉迟敬德。于是他晓之以理动之以情，一五一十地对尉迟敬德进行了游说，可是唐俭心里明白，不能要求尉迟敬德释放自己，因为自己身为大将，要是越狱了刘武周肯定要彻底追查，尉迟敬德一定会暴露。所以唐俭要求尉迟敬德悄悄释放另一个将领刘世让，刘世让级别比自己低，不起眼，跑了也不会引发太大的震动。尉迟敬德果然照办。

刘世让不是别人，就是前面提到的在平定薛举、薛仁杲战斗中被俘的唐将，当时他的坚贞不屈甚至打动了敌人，此人对李唐可谓忠心耿耿。刘世让接受了唐俭的命令，逃出战俘营之后就一路狂奔，生怕自己跑得慢让独孤怀恩阴谋得逞。

紧跟着就是极其惊险的一幕——当刘世让日夜兼程赶到黄河岸边的时候，唐高祖李渊正准备乘船过河来见独孤怀恩，而独孤怀恩已在对岸埋伏人马，就等他过河然后杀之。就在唐高祖一只脚已经踏上船的时候，刘世让赶到了，将独孤怀恩的阴谋原原本本做了禀报，高祖听罢惊出一身汗，他连声说：刘世让此时赶到，岂非天意，岂非天意？于是他装作若无其事的样子，但是放弃了过河，而是下令让人招独孤怀恩到对岸来，独孤怀恩虽然颇感意外，但是他也没想到此时会被人揭发，且自己作为地方大员过河来迎接皇帝是理所应当的。他不想让皇帝起疑心，想过河继续麻痹皇帝。于是他乘船来到对岸，唐高祖的卫士们立即将其拘捕，然后前往独孤怀恩军中，并将其同党一网打尽，最后独孤怀恩被处死，时年三十六岁。一个危险的定时炸弹被解除了。

这戏剧化的一幕让我们慨叹，李渊的确有运气，命悬一线最终化险为夷，但是此事也反映出，刘武周、宋金刚的威胁必须立刻解除，否则唐军这边人心不稳，难免再出纰漏。

尉迟敬德虽然帮助了李唐一把，但在是否投降唐军这个问题上似乎还是犹豫不决。他率军撤往浍州，李世民派遣殷开山和秦琼对其进行截击，虽然未能获得大胜，但是也斩首两千级，这是唐军对尉迟敬德部队的第一次胜利，鼓舞了军心。紧跟着在安邑附近，李世民亲自率军再次袭击尉迟敬德，尉迟敬德和寻相逃走，军队大部分被俘，以前被他俘虏的唐军将士就此获救不少。

李世民率领主力撤回柏壁，继续与宋金刚主力对峙。连续两次胜仗使得唐军士气大振，有将领建议趁势与敌主力决战。李世民说：现在刘武周盘踞太原，宋金刚率领主力与我对峙，人马众多，粮食告急，而且敌人运输不畅，他们现在急于求战，我方应该避其锋芒，多处分兵，让他们疲于应对，等到粮尽自然退兵，那时才是我们伺机而动的时候。

果然，敌军粮尽，开始撤退。李世民策动部队在后追击，在吕州大破敌寻相所部，乘胜追击，一昼夜行军二百里，沿途还打了不少遭遇战。总管刘弘基拉着秦王坐骑的缰绳劝说：士卒疲惫，您的战绩已经足够大，不如在此扎营，等待后方粮草运来，再图后举。

李世民回答说：宋金刚已经技穷，军心离散，我们应该一鼓作气，乘胜追击，不能给敌人留下喘息时间！于是李世民策马扬鞭继续追击。主帅如此，士兵们更不敢说"不"字，于是大家继续紧紧追击。最后在雀鼠谷追到了宋金刚主力，一日之间八次战斗，俘虏斩首数万。此时，李世民已经两天没吃饭，三天未解甲。当时唐军已经缺粮，全军只有一头羊，李世民与大家分食。

数日后，双方在介休又是一场大战。宋金刚搜罗了数万兵力，出介休城西门，背城布阵，南北绵延七里。李世民派李世勣与敌接战，李世勣抵挡不住，稍微后撤，敌人乘势追击，这给了李世民以机会。因为敌人向前运动，导致阵营离城墙有了一段距离，李世民率领骑兵果断插入这个空当中，在敌人与城墙之间打入一个楔子，敌人腹背受敌，大败，当场被斩首三千级，而宋金刚率领少部分随从落荒而逃，李世民在后面追击，一直追到张难堡。此地有唐军樊伯通、张德政驻守，在刘武周、宋金刚横扫河东的时候，此地唐军誓不投降，坚守城池。本来守城将士已经越来越绝望，忽然间唐军主力出现在城下，城内人是半信半疑，此时李世民主动站出来，解下头盔，城内人看到果然是秦王，个个喜极而泣，打开城门迎接援军。李世民的左右告诉城内守军，说李世民已经数日没有吃饭，城内赶紧献上了浊酒和脱粟饭。

在太原的刘武周听说宋金刚战败，吓得放弃了太原，奔走突厥。宋金刚本来很不服气，搜集残兵败将重新整顿，想与李世民再次决战，但是手下无人听从军令。宋金刚知道大势已去，于是带领百余骑兵，也投奔了突厥。他们不愧是突厥的人，战败了就跑到突厥那里，尉迟敬德没有跟随他们，而是退守到城中。李世民派使者前来劝降，要说尉迟敬德还是有点思想基础的，所以他很快和另一个大将寻相一起率领数千人投降了唐军。

尉迟敬德的投降给他带来了一个崭新的人生，他自此跟定了李世民，而且是忠心耿耿、死心塌地。要说尉迟敬德为何如此忠心，恐怕和他投降之初的一番波折有关。

尉迟敬德是不可多得的猛将，得到尉迟敬德，李世民大喜过望。为了表示对尉迟等人的信任，李世民将投降的数千人仍然交给尉迟敬德统领，而且让他们的军营和自己的军营混杂在一起，当时有人对此表示担心，李世民说："昔萧王推赤心置人腹中，并能毕命，今委任敬德，又何疑也。"（《旧唐书》卷二）这里的萧王指的是汉光武帝刘秀，刘秀没当皇帝前封号是萧王，他对待俘虏采取的是完全信任的态度，所以俘虏们都死心塌地为他所用，"推心置腹"这个成语就是从这里来的。李世民的意思就是：我学光武帝，换尉迟敬德一颗忠心。

但是很快发生了一件事，差点让尉迟敬德丢命。怎么回事呢？原来跟着尉迟一起投降的那个寻相又叛逃了，引起了唐军的骚动，有人擅作主张将尉迟敬德捆绑起来塞入囚车，还有人劝李世民说：这人和寻相是一伙的，谁知道忠心不忠心，加上现在又被囚禁了，肯定心生怨气，不如杀了算了。李世民大不以为然，他说：我的看法和你们不一样，尉迟敬德何许人也，寻相算什么，尉迟要是想谋反早就反了，还能在寻相之后吗？于是他命令释放了尉迟敬德，将其请入大帐，赔礼道歉并送上了一笔财宝，说：您要是还想离去，我也不阻拦，这些财宝算是路费，也算咱们共事一回的纪念。尉迟敬德听了以后非常感动，开始要一心一意辅佐李世民。所以说，自古及今，人事工作至关重要的一点就是情感工作，只有金钱关系那就永远是个雇佣和被雇佣的关系，自古的好头领都是打情感牌的高手。

此后尉迟敬德一辈子跟随李世民建功立业，李世民也一辈子欣赏尉迟敬德。

開府儀同三司鄂國公尉遲敬德

朔善陽名恭累從有功以平隱巢亂授右武大將軍封吳國公食封千三百戶貞觀十三年命為宣州刺史國于鄂驛不就歷鄜夏三州都督年七十四諡曰忠武

恕菴源

尉迟敬德肖像图
(《凌烟阁功臣图》清刘源绘 上海同文书局石印本)

一代雄主窦建德

平定刘武周、宋金刚，收复太原，让唐高祖李渊十分高兴，他下令摆酒庆贺。在酒宴上他下令打开府库大门，让群臣自己进去取财宝布帛，能拿多少拿多少，只要自己扛得动。叛臣独孤怀恩的田宅也被没收，用来奖励有功将士。一根眼中钉肉中刺总算是拔掉了。

但唐朝统一战争的特点是局势复杂，四面开花——这边刚刚解除刘武周、宋金刚的威胁，那边的窦建德又开始发难。

窦建德为人公正，深孚众望，很得河北地区的民心。他每次攻城获得的战利品都分给手下，自己分文不取。平时伙食与战士们一样，不吃肉，只吃蔬菜，吃小米饭，妻子曹氏也不穿绫罗绸缎，身边婢女加起来也就十余人。

而且窦建德是个很有大局观的人。他曾在战场上俘虏了隋朝河间郡丞王琮，然后又把他释放了。但是王琮并没有就此解甲归田，而是再次进入河间城，凭城固守，对抗窦建德。窦建德攻城未果，死伤惨重。此时消息传来，隋炀帝在江都被杀，王琮等人穿上丧服，登城大哭。窦建德派人进城慰问，王琮就此请降。有窦建德手下反对，说：王琮是力尽而降，不是主动归降，并且杀伤我将士甚多，请把他烹了。窦建德正色说："琮，谊士也，吾方旌擢以励事君者。且往为盗，可妄杀人，今将安百姓，定天下，而害忠臣乎？"（《新唐书》）于是下令谁也不许加害王琮。我们从他这番话里还能看出，此时的窦建德已经有意将自己的境界往执政者的境界上提升，不再满足于当一个军阀、一个武装集团的头领。他正式告诫大家：我们不再是贼了，我们的目标是定天下，所以要奖励忠义。

当然，有时情绪失控，他也会忘记自己的原则，但是此时只要有人劝，窦建德又能体现出他另一个优点——纳谏。

与唐朝对峙的时候，窦建德攻克赵州，抓获了唐军总管张志昂及张道源，加上前面俘获的唐将陈君宾，这三人都对窦建德进行了不屈抵抗，窦建德很恼火，想杀了此三人。这时国子祭酒凌敬谏曰：人臣各为其主，他们坚守城池是尽人臣本分，是忠臣，你杀了他们，如何激励自己的部下？窦建德恼怒地说：我到了城下，他们也不投降，力屈才被俘，这种人有什么舍不得的？

凌敬说：你派去镇守易水的高士兴，敌人才到城下，他就立即投降，你觉得这种人如何？

窦建德幡然醒悟，想起了自己以前的话，也明白此时的自己不能再由着性子快意恩仇了，必须明白做什么事都要有个表率作用，于是他下令释放三员唐将。

从这件事上可以看出，窦建德是个识大体、有分寸的人，也能虚心纳谏，这种人成为唐朝的劲敌一点也不偶然。

消灭了宇文化及之后，窦建德获得了巨大的利益，这不仅指的是各种财物，也包括各类人才。要知道，窦建德身为一介平民，率众起义，手下也都是草莽英雄，在那个讲究门第、讲究出身的时代，他天然就居于劣势。怎么摆脱自身的"山寨"气息呢？刚好，宇文化及送货上门了，他从江都裹挟来大批隋朝重臣，这些都是建国急需的人才。所以窦建德俘获他们之后，立即委以重任：

裴矩担任了尚书左仆射，主管人事。

隋朝兵部侍郎崔君肃为侍中。

少府令何稠为工部尚书。

虞世南为黄门侍郎。

欧阳询为太常卿。

其余人才也都量其才干，各有任用。有不愿意留下的人，窦建德也不强求，给他们路费，然后派兵礼送出境。这也包括剩下的一万多骁果们，想回家的就地遣散。

这些人的任用使得窦建德小朝廷的面貌焕然一新，原先缺人才、缺制度、缺经验，这下什么都有了。这些隋朝的大臣以隋朝典章制度为基础，为他建立了一套完整的礼仪、法制、行政体系，窦建德非常高兴，经常拉着这些隋朝旧臣聊天，咨询各种事务。

此时窦建德发现，关中的李渊已经成为最大的威胁，自己必须与他人联手才可以对抗，于是他主动与洛阳王世充交好。此时的王世充还没有取代皇泰主，所以窦建德遣使奉表给皇泰主，对其称臣。皇泰主封他为夏王。

后来王世充废黜皇泰主，自立为帝，国号郑，窦建德一看，自己也不必伪装了，于是建天子旌旗，下书称诏，追谥隋炀帝为

闵帝。他又开始寻求突厥的帮助，应和亲到突厥的隋朝义成公主
要求，派兵护送隋炀帝的萧皇后去了突厥。

此时唐朝在潼关以东还有不少据点，窦建德开始谋划拔除这
些据点。

他攻陷邢州，抓获唐军总管陈君宾。然后又攻打洺州，唐军
总管袁子干投降。紧接着又开始威胁相州，此地的唐军主帅淮安
王李神通非常焦虑，他曾是窦建德手下败将，已经有了畏敌心
理，思前想后，决定主动撤往黎阳，与李世勣汇合。

李世勣自打投降唐朝以来，一直在黎阳驻守。这里控制着黄
河以北大片疆域，而且又有黎阳仓，是重要的战略据点。

此时的窦建德咄咄逼人，一步步碾压过来，攻克了赵州。距
离黎阳三十里的时候，李世勣派出了骑兵将领丘孝刚前去侦察。
丘孝刚骁勇善战，善于使马槊。虽然手下只有三百人，却按捺不
住求胜的欲望，主动对窦建德展开袭击。

窦建德的部队被打了个措手不及，很快败退。但是丘孝刚不
了解的是——窦建德每次行军都是三个纵队，辎重部队在中间，
步兵和骑兵部队在两旁。纵队与纵队之间间隔三里。丘孝刚靠突
然袭击击溃了一翼纵队，但是另一翼的敌军却迅速赶来增援，自
己毕竟只有三百人，被敌人击败，丘孝刚阵亡。

窦建德原本的行军目标是卫州，在黎阳以南，遭到突然袭
击，窦建德大怒，率领主力部队反过头来攻打黎阳。李世勣的
兵力少于敌军，大败。黎阳城这个重要据点丢失了。李世勣率领
百余人斩关而走，逃出了包围圈。但是，城内一系列重要人物被
俘，这其中包括淮安王李神通、魏徵、唐高祖的妹妹同安公主，

还有李世勣的父亲，可谓损失惨重。

窦建德对待这些俘虏还是很宽容的，为李神通和同安公主设别馆安置，同时劝降魏徵。而魏徵就此投降窦建德，成了他的起居舍人。要说魏徵给我们留下的印象应该是铁骨铮铮的汉子，却投降了窦建德，似乎让人觉得有些惋惜。但是，人无完人，在那个战乱年代，几乎没有人真正可以做到从一而终，这不是魏徵第一次投降，也不是最后一次。就当时的道德观看来，这毫无疑问是魏徵的人生污点，但魏徵是个知耻的人，君明臣直，当他遇到李世民那样的明君时，他就焕发出了全部的能量和勇气，成为一个直臣、诤臣，用一生的政绩洗刷自己的污点。从这一点上来说，他是个知耻而后勇的典范。

此时，滑州刺史王轨家奴杀了王轨，带着他的首级来献给窦建德，窦建德大怒说：家奴谋害主人，这是大逆不道！我怎么能接受你！于是将其斩首，又将王轨的首级送回滑州安葬。滑州百姓心悦诚服，即日请降。于是如多米诺骨牌一般，附近很多州县都投降了窦建德。

窦建德春风得意，率军回到洺州，筑万春宫，宣布迁都至此。

而李世勣逃出去几天后，又顾念自己的父亲，于是返回，投降了窦建德。窦建德拜他为左骁卫将军，继续让他守黎阳。但是窦建德还留了一手，他把李世勣的父亲扣为人质，带在自己身边，以此来要挟李世勣。

李世勣时刻想着回归唐朝，但是又怕害了自己父亲，于是与郭孝恪商量，郭孝恪说："吾新事窦氏，动则见疑，宜先立效以取信，然后可图也。"（《资治通鉴》）我们刚刚归属窦建德，你现在有任何举动都会引发他怀疑，不如先替他立功，然后找机会再图大举。李世勣接纳了他的建议，一方面他不动声色为窦建德东征西讨屡立战功，另一方面他暗地寻找机会，想杀死窦建德然后回归。

李世勣劝窦建德说：曹州和戴州人口众多，孟海公占据着那里，与洛阳王世充面和心不和，不如取曹州、戴州，然后威胁徐州、兖州，河南可不战而取之。窦建德觉得是个好计策。问题在于，前些日子才和王世充结为盟友，这样做不等于与王世充为敌吗？

窦建德结盟对象是隋朝皇泰主，皇泰主已经被废，同盟关系就不存在了。更何况，这个战乱年代里哪里有什么真正的朋友，都是看利益行事。对于窦建德来说，他的大本营就是河北地区，但是只此一隅显然不足以平天下，因此占据河南、山东一带对他来说至关重要，也许这就是所谓霸业基础呢。所以他无时无刻不在操心着河南的事宜。

想明白了这些，他决定亲征。先派遣自己的大舅子曹旦以五万人渡河，李世勣率军三千也来到河南策应。

李世勣的如意算盘是趁窦建德来到自己军营，突然袭击，杀死窦建德，抢回父亲，然后投奔唐朝。但是天算不如人算，什么准备都做好了，结果传来一个意外的消息：窦建德老婆生孩子，窦建德取消了行程，计划落空了。

不过很快，李世勣不想回归唐朝也得回归了。李世勣有个拜把兄弟叫李商胡，此人手下有五千兵马，也暂时归降在窦建德旗下。李商胡有个特厉害的老妈，霍氏，此女与众不同，善于骑射，性格彪悍，人称"霍总管"，总管就相当于今天的司令。这老太太对窦建德十分不满，原因是窦建德的先锋曹旦自打来到河南，就不断劫掠周围州县，就连李商胡这样的带兵之人也不免被其勒索，而窦建德对此不加约束。霍氏在李世勣面前说：窦建德是无道之人，咱们怎么办？李世勣回答："母无忧，不过一月，当杀之，相与归唐耳！"（《资治通鉴》卷一八八）因为是拜把兄弟的母亲，所以李世勣也叫她母亲，说：母亲不用担心，最多一个月，我就杀了他，咱们一起归唐。

结果等李世勣走了，霍总管却觉得他不够坚决，想逼一逼他，于是跟儿子说：既然李世勣也愿意和咱一起反窦建德，不如干脆现在就反。这等于是逼着李世勣跟他们一起反。于是他们连夜动手，先宴请曹旦的偏将二十三人，灌醉了之后全部杀死。另外，曹旦还有两个部将带领着部队在黄河北岸驻扎，李商胡假称奉曹旦的命令，派遣大船去迎接他们，四条船上载了三百人，到了河道中心，一声令下，李商胡的人将三百人屠杀殆尽，唯独一个兽医，因为水性好，跳河泅渡上岸，跑到了曹旦军营里。曹旦立即严加戒备，部队全部进入了战备状态。

这些事干完了，李商胡才通知李世勣，最要命的是此时李世勣还在窦建德军营里，听到消息一身冷汗。他和李商胡是拜把子兄弟，人家能不怀疑到他身上吗？所以情急之下他率领数十人，投奔了唐朝。

问题是他父亲还在窦建德营中，可此时李世勣已别无选择。好在窦建德真是个豁达大度的人，手下要杀李世勣的父亲，他说："世勣，唐臣，为我所虏，不忘本朝，乃忠臣也，其父何罪！"（《资治通鉴》卷一八八）李世勣逃走这是不忘忠义，好人啊，他父亲有啥罪！

如此说来，窦建德是君子。李世勣忠于旧主，在他这里得到肯定和赞扬，说明他心中除了派系斗争之外，还有个共同的至高原则，那就是忠义。派系斗争、战争总有结束的时候，但是未来王朝的建设、民族的凝聚力却需要道德支撑，道德是超越派系斗争之上的。此时的道德标准就是忠义，所以他的大度那是领袖的气度。

窦建德虽然此时取得了一系列的胜利，但是也有隐忧，那就是自己的北方（相当于今天河北省北部、北京一带），还有个劲敌罗艺。

罗艺，隋朝官员后代，性格狡黠，武艺高强，善射，善于使用马槊。大业年间官拜虎贲郎将。大业末年天下大乱的时候，由于涿郡一带物阜民丰，而且隋炀帝伐辽东时囤积的衣甲器杖及粮食很多，还有隋炀帝行宫临朔宫里有大量的金银财宝，所以引来了各路武装窥视。当时涿郡隋朝官员没有人敢出城应敌，唯独罗艺敢，他多次出城挑战各路武装，取得了不少的战果，却招来了那些隋朝官员们的妒忌，罗艺一怒之下发动了兵变。

他对自己的手下进行煽动：我们尽力杀贼，而城内这些大员根本不管我们死活，也不管百姓死活，岂能忍之！手下在他的鼓动下热血沸腾，他趁势率军回城。城内官员打开城门迎接他凯旋，没想到他突然发难，拘押了这些官员，将其中不服从者当场杀死，占据了郡城，然后打开仓库，用金银财宝犒赏将士，用粮食赈济平民。一时间望风归顺者甚多，附近不少郡县都来投降，罗艺自称幽州总管，开始了自己的割据生涯。

后来宇文化及在返回北方的路上派使者来招降罗艺，结果使者被他杀了。窦建德也派遣使者来招降他，也被拒绝。

对于窦建德来说，自己的目标是取河南，再图长安。可是罗艺在自己背后，绝对是一个重大的隐患，所以必须先铲除罗艺。罗艺心里也明白，与窦建德早晚有一战，他只有幽州和营州，地盘不大，对抗窦建德必须有外援，所以他决心投靠李渊。

他对部下说：宇文化及、窦建德这样的人都是贼，不能跟，只有唐公才是符合天命者，我要归顺他，有敢异议者斩！

于是他主动归降唐朝。对于唐高祖来说这当然是天大的好消息，罗艺来降，自己一下子在窦建德背后就有了地盘，欣喜万分的唐高祖封罗艺为幽州总管。

窦建德听说消息，觉得不能再等待了，于是率军十万前来攻打。罗艺手下两员悍将薛万均、薛万彻发挥了关键作用，他们是兄弟，都是天下闻名的猛将，其父亲原本是幽州太守，后来病故，于是兄弟二人留在幽州。罗艺欣赏他们的武艺，重用了他们。

薛万均对罗艺说：敌众我寡，出城在平原上作战一定会失利，您可派遣老弱之兵背城结阵，诱惑敌军，敌人势必要渡河来战，我率领精锐骑兵数百人埋伏在城侧，敌人一旦过河，我们击其半渡，定能获胜。

果然，当窦建德率军渡河的时候遭到了薛万均的突然袭击，大败。

第二年，不死心的窦建德率军二十万再来挑战。将幽州城围了个水泄不通，然后日夜攻打。这一战激烈且惊险万分，敌军四处攀援而上，眼看形势岌岌可危，薛万均、薛万彻兄弟俩决心再次剑走偏锋。他们命令士兵从城内向城外挖地道，地道很长，直接挖到了敌人背后。他们率领数百人顺着地道悄悄爬到了敌人的背后，然后突然袭击，窦建德的军队万万没想到敌人能从地里钻出来，又一次被打败了。

【二十】

劲敌王世充

我们暂且回过头来看洛阳王世充的行踪。

王世充自从战胜李密之后，简直是欣喜若狂，多年的老对手被击败，自己又掌控了洛阳城的局势，能不高兴吗！

王世充将战场上虏获的战利品、十余万战俘、李密的姬妾带回东都，在皇泰主面前进行展示，标榜自己的赫赫军功。皇泰主封王世充为太尉、尚书令、总督内外诸军事。此时的皇泰主已是个毫无实权的傀儡，任凭王世充的摆布。

公元619年春，王世充大搞朝廷制度建设，隋朝的达官显贵纷纷成为他的太尉府僚属，很多隋军将帅都纷纷来归降。王世充的太尉府就是最高决策机关，事无大小，全部决于太尉府。

王世充为了表明自己有招贤纳才、广开言路的胸怀，特地在太尉府外设置三块大牌子，一块写着"求文学才识，堪济时务者"，一块写着"武勇智略，能摧锋陷敌者"，一块写着"求身有冤滞，拥抑不申者"，允许大家上书言事。于是每天给他上书的官员和百姓多达数百人，王世充逐一接见，亲自加以处理。但是口惠而实不至，"人人自喜，以为言听计从，然终无所施行。下至士卒厮养，世充皆以甘言悦之，而实无恩施"。（《资治通鉴》）王世充的所谓亲民不过是雷声大雨点小，能落实的少而又少。

王世充的如意算盘是未来取代皇泰主自己当皇帝，但是此时条件还不成熟，于是他对皇泰主表面上还是很恭敬，又主动请求为刘太后假子，给刘太后上尊号为圣感皇太后，以示所谓尊重，但是同时对皇泰主暗行控制。有一次皇泰主在宫中宴请他吃饭，王世充回家后不知道什么原因呕吐了，于是怀疑自己中毒，从此再也不进宫。

皇泰主内心知道自己旦不保夕，但是又无可奈何，只能求助于佛祖，于是拿出宫中财物交给僧人们赈济贫民，为自己求福。王世充听说了大为不悦，派手下将皇宫所有大门把住，检查来往人员，宫内财物一丝一毫也不得出宫。王世充心里想的是：这些财物未来都是我的，哪能让你做主！

历代权臣篡窃，一般都要伪造个天命祥瑞，王世充便派人到处说黄河水某日突然清澈，这是天降祥瑞。而那些阿谀奉承之人也就献上了更多的祥瑞，大造舆论攻势。可是问题在于，王世充此时能把握局面，全靠打着隋朝的旗号。不要以为天下大乱，就人人视隋朝如寇仇，当时还有一大批效忠隋朝的官吏，其中有一部分人还很坚决。

例如河东郡守将尧君素就是这样一个人。当时他的上级屈突通已经投降了唐军，但是尧君素镇守城池就是不肯投降，手下有人劝他识时务者为俊杰，他不听，这人是隋朝真正的死忠。最后李渊派屈突通前来劝降。屈突通见了尧君素潸然泪下，说：唐国公李渊是真正的天命之所向者，您应该早投降，以保荣华富贵。

尧君素问：皇上把关中交给你，把军队交给你，把社稷都托付你了，你不想着怎么报效君主，却来给人做说客？紧跟着他一指屈突通胯下的战马：你所骑的马，就是代王赏赐给你的，你有何面目再骑它？

屈突通无奈回答："吁，君素，我力屈而来。"（《隋书·尧君素传》）

尧君素回答："方今力犹未屈，何用多言！"（《隋书·尧君素传》）你力屈了，我还有力气，还没有力屈，所以你就别废话了。

屈突通听了这个话很惭愧地退下了。

李渊见屈突通劝降不管用，于是又派遣尧君素的妻子来劝降。他妻子站在城下说：隋朝大势已去，你何必坚持，自取祸端。尧君素不听，张弓搭箭就是一发，他妻子被射倒在地。其死心塌地为隋朝殉国的忠心可见一斑。

最终，城中粮尽，人相食，尧君素再也守不下去了，但是他还是决心与城共存亡。他对手下说：当今圣上为晋王的时候，我就曾在其麾下，我不能不尽忠。假如隋朝真的天命已衰，那我这颗头任由诸位拿去换取荣华富贵。手下的人慑于其威严，无人敢有二心。

尧君素射李氏妻
（《新刊徐文长先生评唐传演义》明熊大木著 明万历四十八年武林藏珠馆刊本）

外界对河东城的情况一无所知，尧君素特地制作了一只木鹅，在它的脖子里塞上了给皇泰主的情报，然后将木鹅投入了黄河，顺流一直飘到了河阳，被当地隋军打捞上来，送给了皇泰主。皇泰主此时才知道了河东城里艰苦的状况，拜君素为金紫光禄大夫。此时河东城内的人通过战俘知道了外界的情况，尤其是隋炀帝的死讯，所以军心逐渐动摇，但尧君素还是硬扛着不投降，最终被部下所杀。

尧君素当然是个特例，别人虽然没有他这么决绝，但是要说心向隋朝，那还是有相当一批人的。而且这又不是个二选一的问题，即便对隋朝没好感也不见得要选择你王世充，所以王世充要想篡位必须有点特别手段。

王世充心里明白，任何时候都要军权在手。只要军队忠于自己，皇泰主和反对派就容易被制服。他对外号称要攻打新安，将军队带了出来，与此同时还带上了文武大臣中所有支持自己的人。在军营中他们不商讨战术，而是商讨如何逼皇泰主退位，拥立王世充。

但不是所有人都赞成，李世英即提出异议：现在之所以还有很多人来归附洛阳，全靠我们打着隋朝的旗号，他们认为您能中兴隋室。您突然提出要皇帝禅位，恐怕这些远人都会弃我们而去。

王世充回答：您说得很有道理——王世充就是这么个人，嘴里话说得很好听，做不做就是另外一回事。

长史韦节、杨续是王世充死党，他们看到李世英这个态度，干脆对王世充说：隋朝气运已竭，没什么好讨论的。禅位的事情不是一般小事，本就不该放在这里让谁都可以说一两句。这等于是劝告王世充乾纲独断，不要理会他人意见。

太史令乐德融也站出来，说：我夜观天象，发现岁星在郑国之分野，这是天意，假如不顺从天意，王气就会衰落。这句话对王世充简直是一剂兴奋剂，高兴得不得了，因为他的封号就是郑国公。

从此时开始，王世充就正式开始了他代隋的工作。再有人给他提意见的话，他就表面上糊弄过去，根本不听。有时惹恼了他，他还找个机会把此人贬到洛阳以外去。

紧跟着，他派遣心腹段达去向皇泰主请求给自己加九锡。所谓九锡，是皇帝给大臣的最高礼遇，包括车马、衣服、乐县、朱户、纳陛、虎贲、斧钺、弓矢、秬鬯等。以前王莽被赐过九锡，曹操、司马昭也都有过，所以九锡被视为是权臣篡位的先声。

段达说完后，皇泰主许久不吭声。他知道这是王世充篡位的步骤，可是自己势单力薄，傀儡一个，能不给吗？他对段达说：郑国公平定李密的时候已经封为太尉，从那时起到现在没有什么大的战事和功勋，等到天下被平定再议此事如何？

没想到段达正面硬怼，他说：太尉欲之。

皇泰主熟视段达，最后说：任公！

这一番熟视是皇泰主无奈心情的体现，他聪明睿智，虽然年龄不大，但是颇有雄心壮志，但无可奈何的是权臣当道，自己已经失去对局势的把握。此时权臣爪牙又如此咄咄逼人，他没有别的办法，只能用眼神表达自己的愤怒，然后又不得不屈服。

于是，王世充被拜为相国，假黄钺，进爵郑王，加九锡。

和所有权臣篡位一样，王世充也要大搞舆论战，尤其是要制造天命神授的假象。有洛阳道士桓法嗣献《孔子闭房记》给王世充，预言王世充将为天子，王世充拜其为谏议大夫。然后王世充又派人捉了很多鸟，在鸟脖子上系上一些帛书或者纸条，那里面估计都写着王世充当为天子一类的胡话，然后把这些鸟放飞。有的鸟落到人手中，获得者当然非常惊讶，以为真的是天降瑞鸟，凡是来献鸟的也都拜官爵。

然后他派遣太常博士孔颖达等为禅代典礼做准备。此处多说几句，孔颖达不是别人，他是孔子第三十一世孙，著名的经学家，此时他迫于无奈为王世充服务。后来王世充失败了，他归降唐朝，成为唐政府所倚重的经学家，后来编纂了《五经正义》，算是官方儒学的代表性人物。

王世充又派遣段达、云定兴去劝皇泰主退位，直接对皇泰主说：隋朝天命已绝，现在郑王功德甚盛，希望您学习唐尧虞舜禅位。

皇泰主勃然大怒说："天下，高祖之天下，若隋祚未亡，此言不应辄发；必天命已改，何烦禅让！公等或祖祢旧臣，或台鼎高位，既有斯言，朕复何望！"（《资治通鉴》）虽然皇泰主很年轻，但是这番正色呵斥仍然让段达等人出了一身冷汗。王世充一看来软的不行，于是干脆来硬的。他派自己的兄弟将皇泰主囚禁在含凉殿，然后正式举办了禅位大典。可笑的是禅让者皇泰主始终没法在众人面前露面，仪式就在这样滑稽的气氛里举行了。

王世充宣布国号为郑，大赦，改元为开明。以其子玄应为太子，玄恕为汉王，奉皇泰主为潞国公。

王世充刚开始还想展现点明君风范。比如自己的子侄越王君度、汉王玄恕与将军丘怀义、郭士衡一起饮酒玩六博，还叫了妓女，遭到御史弹劾。王世充大怒，给王君度、王玄恕打了几十个耳光，但是对丘怀义、郭士衡却从宽处理。这是在展现自己约束子弟的决心。

他在皇宫门阙下和玄武门设置了坐榻，经常接见臣下和百姓，或者骑着马穿越街道，也不封路，百姓只要避让即可。他还对大家说：昔日天子深居宫中，不了解民间疾苦，我不能做这样的皇帝，我要亲自处理各种庶务，就好比一个州的刺史一般。他在顺天门外摆个座位，坐在那里听政，广开言路，命令"西朝堂受抑屈，东朝堂受直谏"（《旧唐书·王世充传》），在西朝堂听老百姓诉冤狱，在东朝堂听老百姓上书直谏，挺不错吧。可惜，三分钟热血，言路一开，老百姓每天上书几百份，结果搞了几天他就不耐烦了，再也不接见老百姓了。

而且此人没有皇帝的气质，话痨，说起话来滔滔不绝。《旧唐书·王世充传》记载说："世充每听朝，必殷勤诲谕，言辞重复，千端万绪，百司奉事，疲于听受。"一件事翻过来覆过去不停唠叨，而且千头万绪，臣子们都摸不清头绪。没有皇帝应有的庄重和一言九鼎的气质。

虽然王世充努力想表现自己，但是有很多人已经看穿了他。比如原隋马军总管独孤武都为他所信赖，独孤武都的堂弟独孤机联合一大批对王世充不满的官员，想策反独孤武都，一起将唐军引来。他们派崔孝仁说服独孤武都："王公徒为儿女之态以悦下愚，而鄙吝贪忍，不顾亲旧，岂能成大业哉！"（《资治通鉴》）崔孝仁又用天命来说服独孤武都，说：李渊才是名应谶言者，现在唐军就在新安，不如我们把他们招来，里应外合，拿下洛阳。独孤武都听从了这个建议。但是，王世充不知道从什么渠道获得了这一消息，先下手为强，将独孤武都等人全部杀了。

还有一位叫徐文远的知识分子，精通经学，尤其擅长研究《左传》，曾经是隋朝的国子博士。大业末年战乱，徐文远家徒四壁，只能自己出城去打柴，结果被瓦岗军抓获，而李密见了他大惊失色，原来早年间在长安的时候，徐文远是李密的老师。所以李密请徐文远上座，然后率领手下拜见徐文远，持弟子礼。但是徐文远很矜持，他说：你李密要是想学伊尹、霍光辅佐君主，我愿意效力。要是想学王莽、董卓，那我老了，不堪使用。

后来瓦岗军失败，徐文远又被王世充俘虏，王世充也曾是徐文远的学生，所以也厚待徐文远。而徐文远每次见到王世充都远远地行礼。有人问：您为何见李密那么矜持高傲，见王世充如此彬彬有礼？徐文远回答说："李密君子，能受郦生之揖；王公小人，有杀故人之义。相时而动，岂不然欤？"（《大唐新语》）

王世充当皇帝后，让儿子汉王玄恕拜国子助教吴人陆德明为师。陆德明也是当时有名的才子，后来唐朝十八学士之一。此人很有气节，不想为王世充服务。可是一介书生怎么对抗他们呢？陆德明想到的办法是装病，他吃了巴豆，伪装拉肚子，汉王玄恕进来拜师，他闭着眼睛装病重，甚至还在汉王玄恕面前拉痢疾，自始至终没有说一句话。

当然，对王世充来说最大的损失不是这些人，而是秦琼和程咬金。秦琼和程咬金是天下有名的悍将，王世充收纳了他们，当然是如获至宝。可是秦琼和程咬金却看不上王世充，尤其是程咬金，总觉得王世充行为做事虚伪。

最终导致秦琼和程咬金叛逃的导火索是他们的老上级裴仁基之死。裴仁基、行俨父子都是瓦岗军的干将，投降王世充原本就是迫不得已。而王世充因为他们曾是李密手下重要将领，所以对他们多有猜忌。裴仁基父子越发感到不安全。

裴仁基父子联合了尚书左丞宇文儒童、儒童弟尚食直长宇文温一起密谋政变，杀死王世充，帮助皇泰主复位。结果泄密了，被王世充满门抄斩。王世充的弟弟齐王世恽劝说王世充：裴行俨等人能有这样的密谋，全是因为皇泰主还活着。皇泰主只要存活一天，就有复辟的可能，不如早日下手，以绝后患。于是王世充派人将皇泰主杀害。

当时王世充派自己侄儿王行本带着鸩酒到皇泰主住所处，皇泰主知道当日难免一死，请求与母亲相见，狠心的王行本不允许。皇泰主以布为席，焚香拜佛，留下了一句遗言：愿来生再也不生在帝王家！然后毅然喝了毒酒。可是没有马上死掉，王行本亲自动手将其勒死。皇泰主享年十六岁。死后被埋在了哪里都不知道。

裴仁基父子和皇泰主之死这件事让秦琼、程咬金等人十分愤恨，而且有唇亡齿寒之感——他们和裴家都是从瓦岗军投降过来的，能不觉得寒心吗？所以他们就开始谋划逃跑。

当时程咬金主张逃跑最坚决，他说："王公器度浅狭而多妄语，好为咒誓，此乃老巫妪耳，岂拨乱之主乎！"（《资治通鉴》卷一八七）王世充这个人气量小，浅薄，而且好说大话，爱赌咒发誓，这就是个老巫婆嘛，哪里像个拨乱反正、匡扶天下的君王！那么逃到哪里去？当时最有希望的政权就是李渊的唐王朝，据有关中和长安，而且兵多将广。李渊也是个很有谋略和气度的人，李密失败后也投奔了他，所以程咬金和秦琼等人认定唐朝是最佳选择。

不久机会来了，王世充与唐军作战，秦琼在阵前忽然策马而出，与程咬金等数十人向西跑出数百步，然后下马向王世充作揖说：虽然你待我们不薄，但是我们不想跟随你。王世充也不敢追击。

但是，王世充此时实力还是很雄厚的，而且他注定将是李渊最大的对手之一。

李世民结纳叔宝
（《新刊徐文长先生评唐传演义》明熊大木著 明万历四十八年武林藏珠馆刊本）

【二十一】

双将归降

秦琼和程咬金的归降，让秦王李世民大喜过望。他早就听说过两人的大名，给予二位很高的礼遇，拜为马军总管，率领骑兵。这一封赏大约是看中了两个人精良的骑术。

秦琼不久就有了一次报答李世民的机会——当时李世民要伏击尉迟敬德，尉迟敬德效力于刘武周、宋金刚，骁勇善战，可谓横行无阻，而且刚刚在夏县获得了一场大胜，俘虏了包括独孤怀恩、唐俭等在内的众多唐军大将，正在率军缓缓后撤。李世民知难而上，越是强敌，越是要在此时发起挑战，因为唐军当时接连大败，需要振奋士气。当然，他也有底气——自己手里也有了一批猛将，其中就包括秦琼、程咬金等。

秦琼率领骑兵部队参加了这场英雄对英雄的凶险战斗，尉迟敬德吃到了第一场败仗，被唐军斩首二千余级。《旧唐书》说秦琼"破尉迟敬德，功最居多"。此战大大鼓舞了唐军的士气。大后方的唐高祖听说消息之后也是欣喜异常，他派人赏赐给秦琼一个金瓶，并且说了这么一番话："卿不顾妻子，远来投我，又立功效。朕肉可为卿用者，当割以赐卿，况子女玉帛乎？卿当勉之。"

（《旧唐书·秦叔宝传》）你不顾家小来投奔我，又立下如此大功，我身上的肉假如对你有用我都会割下来送给你，何况财物？

不久，唐军取得了巨大胜利，大败宋金刚，并且逼降了尉迟敬德，从此李世民如虎添翼，两个翅膀一个是秦叔宝，一个是尉迟敬德。特别有意思的是，虽然尉迟敬德最终的投降是唐军整体压力所致，并非秦琼亲手抓住的，但是秦琼家人却号称"生擒尉迟敬德"，秦琼的孙子秦怀道墓志近年也出土了，上面明明白白写着秦琼"擒尉迟敬德"（《秦怀道墓志》），唐人一般有家传，往往是自家写的传记传给子孙。估计秦怀道墓志就是参考了家传，这肯定是有点夸大了。

至于程咬金，他和秦琼一样，在平定刘武周、王世充、窦建德的战斗中也厥功至伟，而且降唐后他改名为程知节。

紧跟着又有一员大将来降，就是罗士信。他和秦琼一样，都曾是隋军和瓦岗军大将，在瓦岗军失败之后投降了王世充。王世充很是厚待他，给了他高官厚禄，而且与他同寝同食。但是后来，王世充又接受了邴元真的投降，并且给邴元真的待遇和罗士信一样。罗士信深以为耻，因为这位邴元真不是别人，正是在李密落败后将洛口仓献给王世充，导致李密再次逃亡的那位。罗士信等一干瓦岗军旧将都认为，自己投降王世充是迫不得已，力屈而降，而邴元真纯粹是出于一己私利卖主求荣，所以非常看不起他。王世充给邴元真的待遇和自己一样，罗士信当然不满，而王世充对此一无所知。很快，他的另一个举动也大大刺激了罗士信，导致罗士信出走。

罗士信有一匹骏马，高大威猛，很多人都羡慕，而王世充的佄子赵王王道询看中了这匹马，向罗士信索要。换作一般谄媚之徒，此时大约巴不得献马以求媚上，但罗士信不是这样的人，他很干脆就拒绝了。而王道询不甘心，又来找王世充，王世充竟然下令将这匹马给了王道询。王世充就是这样的一个人，一方面摆出一副明君的做派，一方面又分不清轻重缓急，不懂得人才工作的核心是人心，一味迁就熊孩子，伤了大将的心。

罗士信就此下定决心——降唐！此时王世充下令让他攻打谷州唐军，罗士信离开洛阳后，立即率领亲信部下千余人投奔了唐朝。唐高祖闻听大喜，派使者前来迎接，而且任命罗士信为陕州道行军总管。紧跟着像多米诺骨牌一般，接连有多位当年被迫降王世充的瓦岗军旧将来归降。自此，唐朝在这一带可以说有了稳步的发展。

罗士信很快就开始为唐军建功立业，他武艺高强，往往身先士卒，而且战利品全部分给属下，分文不取，甚至脱了身上的衣服拿来奖赏将士。而且此人作战还很机智，比如在攻打王世充的战斗中他受命攻打千金堡，敌人婴城固守，而且对罗士信破口大骂。罗士信恼怒，决定用计。他派遣百十个人装作逃难而出的样子，为了装得像，还抱着很多婴儿。这些人夜间来到千金堡城下，大呼开门，而且婴儿此时也开始啼哭，从城头看下去，的确像是逃难的难民。这些人大喊着：我们从东都来投罗总管！紧跟着，又装作是突然发现投奔错了方向一样，这些人又惊呼：这里是千金堡，咱们搞错了！于是佯装惊慌失措逃向夜幕中。千金堡的守军以为这些人都是从洛阳逃出来的，必须杀了以儆效尤，于是打开城门，蜂拥而出去追击，没想到罗士信的主力部队已经在城外埋伏好了，此时一拥而上，夺取了城门，千金堡被破。

罗士信在围攻慈涧的时候，王世充派自己的太子王玄应救慈涧，在这场大战中罗士信身先士卒，冲入敌阵，将王玄应刺下马来，王玄应周边的人拼死相救，才把他救了回去。

罗士信就是这样一个有勇有谋的将领。

至于被王世充任命为滑州行台仆射的邴元真，最终没落得个好下场。濮州刺史杜才干，也是李密旧将，恨邴元真在关键时刻出卖李密，决定铲除这个叛徒。他谎称要举城投降，邴元真信以为真，竟然亲自前来受降。杜才干假意迎接，将邴元真请入州府，然后突然间发难，命令壮士将邴元真捆了起来，杜才干指着邴元真鼻子大骂：你本是个庸才，魏公器重你，给你高官做，你无尺寸之功，却背叛魏公，罪莫大焉，今天是你自己来送死，这就是你的命！于是他将邴元真的头砍下，命人拿着去祭祀李密的坟，自己则举城投降了唐朝。

此时河南至淮河一带是块被争夺的肥肉，王世充借着战胜瓦岗军之威要争夺，李唐借着瓦岗军旧将大批归降的当口也要争夺。所以这里的局势是犬牙交错，一片混乱。

唐高祖派遣夏侯端作为特使去河南之地进行招降。当时黎阳还在李世勣手中。李世勣派兵送夏侯端过河，传檄各州县，一时间东起海边，南到淮河，二十余州皆归降唐朝。但是夏侯端来到谯州的时候，忽然传来一个不好的消息，汴州、亳州都归降了王世充。这下子夏侯端的退路被断绝了。

夏侯端此时身边有两千名士兵。他平时爱护士兵，所以深孚众望。此时粮食虽已吃尽，但是无人离开他的身边。夏侯端下定决心要为国尽忠，他下令将自己的战马杀死，把肉分给诸将士，大家都哭了。夏侯端说：你们的故乡都已经陷入贼手，你们到现在未离我而去，恐怕全是咱们共事的情谊所致。我是皇帝特使，不能跟随你们，你们可以自行散去，或者把我的头砍下来送给王世充以求富贵。士兵们流着泪说：您不是唐朝的亲属，完全因为忠义而坚持，我辈又怎么能害您以求利？

夏侯端说：你们若是不忍心杀我，那我自刎吧。于是拔出剑来就要自刎，大家一起抱住他并夺下宝剑。全军找小路想悄悄潜回，又走了五天，饥饿加上与敌军的战斗，很多人离散了，夏侯端身边剩下五十二人。这些人饿得面如菜色，但夏侯端手里拿着符节始终不放。

王世充听说了夏侯端的境遇，觉得此人是条汉子，他派人前来招降，甚至把身上衣服脱下来交给使者，要赐给夏侯端，拜夏侯端为淮南郡公。夏侯端当着王世充使者的面将衣服和书信焚毁，说：我是天子大使，怎么可能归降王世充，你要想让我到王世充那里去，恐怕只能带着我的头去。

他毅然决然地再次踏上归途，把节旄拆下来放在怀里，把刀子绑在竹竿上，日夜兼行，披荆斩棘，终于到了唐军据守的熊州。这一路他的随从有坠崖的、被水淹死的，还有被虎狼吞噬的，最终回到长安的只有二十余人，而且各个都没有了人形，头发都脱落了。夏侯端见了皇上，只谢罪说没有完成任务，对于一路上的艰苦只字未提。唐高祖拜他为秘书监。

此时河南地区还有唐朝一块飞地，就是杞州，刺史李公逸为唐朝坚守此地已经很长时间了。李公逸曾经是李密起事时候的朋友，瓦岗军旧将。瓦岗军失败后被迫投降王世充，但是不久他又宣布归降唐朝。此时杞州周边都是敌人地盘，但李公逸矢志不渝。当时王世充的部队攻打杞州治所雍丘，李公逸派使者入朝求援，但是唐高祖实在没有办法，自己的地盘与杞州并不接壤，要想救杞州，必然要发动一场对王世充的全面战争，可是此时自己还未做好最后准备，所以只能是爱莫能助。

李公逸没有办法，留部将镇守雍丘，然后自己亲自率轻骑间道潜回唐朝，估计目的是亲自面见皇帝求救兵。但是在襄城他被敌人截获被俘，又被押到洛阳。王世充对李公逸说：你越过郑国臣服于唐国，这没有道理吧？李公逸回答：我只知道天下有唐，不知道有郑。王世充一怒之下将其斩首。不久，杞州也被敌人攻克。唐高祖听说消息感慨良久，拜李公逸儿子为襄邑公。

王世充手下的将帅们几乎每个月都有来投降唐朝的，平民百姓也有很多人为了躲避必将到来的大战而逃亡的。王世充没办法，使用严刑峻法加以约束，规定一人逃跑，全家斩首，鼓励父子、兄弟、夫妻间互相举报，而且连邻居也不放过，规定每五家为一保，有一家逃亡，那么剩下四家全部斩首。洛阳城出外打柴的人都要登记，必须按时回城。又把宫城里很多宫殿变成了监狱，关押那些反对自己的人；大将出征，家属也必须关到宫城内，据说宫城内每天拘押的人超过万人，粮食供给不上，每天都有饿死的。

城中粮食危机日渐严重，老百姓没粮食吃，大家将土投到水缸里，取上面一层浮沫，再掺杂米糠等物做成饼饵吃掉，人人身体浮肿。连官员也有不少饿死的。

　　王世充曾向十二州派遣营田使，结果出现了这样的现象：洛阳城内的官员假如得到任命，就会欣喜若狂，称为"登仙"，为什么呢？因为离开了洛阳城，有粮食吃，而且未来可以相机行事，随时逃走。

　　王世充的严刑峻法就是典型的垂死挣扎，越临近灭亡越是挣扎得厉害，他的连坐法不仅在心理上使大家陷入恐慌，而且在实际效果上也起到了反作用——一家逃亡，剩下四家为了避免受牵累被杀头，也会随之举家逃亡。所以王世充的地盘上人心惶惶，人口流失很快。

　　李渊侦察到这些情况后，认为王世充大势已去，可以一鼓作气拿下他。于是开始与群臣商议东征事宜，而且派人四处征兵和调集粮草。王世充听说后，非常紧张，因为此时的唐朝比他以前遇到过的任何敌人都要强大，而且又有着天命的光环，此刻王世充内心充满了恐慌。

　　他也开始了大规模征兵，所有州县征集到的兵马都集中到洛阳，派遣四镇将军加以统帅。

　　武德三年（620年）七月，唐高祖下诏，正式开始了对王世充的征讨。秦王李世民被任命为主帅，率领大军东征。此时的唐军兵强马壮，实力雄厚，又经历了多年战争，经验和战斗力都今非昔比。这一行，唐军士气高昂，如果拿下王世充，统一河南之地，那么天下大局即可奠定。

　　东征的队伍里还有陕东道行台左仆射屈突通。这一点尤其让李渊感动，因为屈突通的两个儿子还在洛阳王世充的手里。李渊问屈突通：你若参加东征，两个儿子恐怕性命难保。屈突通回答说：臣曾是俘虏，理应就死，赖陛下恩待于我，我当时就已经发誓，余生以死报答，今日有幸参加东征，两个儿子算什么。唐高祖为之击节赞叹。

屈突通的这种精神面貌就是一个代表，唐军上下都有这种精气神。

唐军在潼关以东本来就有熊州和谷州两个重要的战略据点，所以东出潼关之后行军十分快捷，在两州唐军策应下，大军主力很快来到了洛阳以西的新安，沿途王世充的军镇和堡垒纷纷归降。秦王李世民八月就已经兵临洛阳城下。

王世充倾城而出，大军铺天盖地而来。他隔着溪水对秦王李世民喊话：隋末丧乱，群雄逐鹿，长安和洛阳各有分野，本来可以相安无事。我从来没有西侵，熊州、谷州距离我不远，要想拿下也不是难事，可是我为了与唐修好，没有任何非分之举。没想到秦王您却不断入侵，如今又劳师远征，千里运粮，恐怕不能成功吧？

王世充的喊话完全是一番地方军阀对地方军阀的基调，基本内容就是希望井水不犯河水。而李世民的回答则很有意思，完全是居高临下，他以皇帝代表的身份训斥冥顽不灵者的口吻对王世充说：四海之内皆承认唐朝为正朔，只有你冥顽不灵，东都百姓翘首以待王师，关中百姓踊跃参军，你若及时来降，还可以保荣华富贵，如果继续负隅顽抗，就无须多言了。

此番对话体现了两人不同的心理状况，王世充明显对自己的实力没有信心，而李世民则是信心满满，大有毕其功于一役的豪迈。

但是在战役开始之初，李世民还是非常谨慎的，此人用兵从来稳妥，他没有贸然与王世充进行主力决战，而是将部队分成多股，四处侵袭王世充领地，让他首尾不得相顾。等到敌人窘态毕出再一举图之。

事实证明他的谨慎是必要的。王世充虽然已经日落西山，但是手下兵力还不少，而且该人也是战场上摸爬滚打出来的一员悍将，并非轻易就可以拿下。果然没多久，李世民就在战场上遭遇风险，甚至差点丢了性命。

当时罗士信将围慈涧，王世充帅军三万来救。李世民亲自率领少量轻骑前来侦察敌情。李世民是个优秀的统帅，对战场情报历来十分重视，又担心斥候的消息有误，所以常常亲自前去侦察，也正是这个习惯使得他多次在战场上遇险。

而这次遇险则格外惊险，首先是地形不利，在一条狭窄道路上与敌相遇，措手不及。其次是敌军主将非同一般——大将单雄信。

李世民见状立即指挥后撤，敌人猛扑上来，双方还是爆发了激战，李世民人少，眼看寡不敌众，李世民让左右先撤，自己弯弓搭箭，接连射倒数人，手下人见状也奋勇上前，击退了敌军，而且俘虏其将领一人。

此时襄阳一带投降了唐朝，尉州刺史时德睿帅所部杞、夏、陈等州也来投降。

李世民加紧了对敌人的围攻，也就在此时他再次遇险，而且这次对手又是单雄信。当时李世民率领五百骑兵在敌前观察，他登上了北魏宣武帝景陵瞭望。

北魏宣武帝景陵

　　他站得高望得远，可是同时也把自己暴露在了敌人面前。这次王世充亲自率军万余人围了上来，而且打头阵的是单雄信。这次比以往任何一次都危险——李世民被敌人围了一个水泄不通，单雄信一马当先，手持马槊直扑李世民，槊头甚至都快刺着李世民了，也就在此时，尉迟敬德从斜刺里杀出，将单雄信刺下马来，救了李世民一命。尉迟敬德此时刚刚归附唐朝，马上就立了一大功。单雄信受伤，敌人一时慌乱，尉迟敬德护送着李世民杀出重围。这时唐军屈突通率领主力赶到，尉迟敬德返身和屈突通身先士卒冲入敌阵，王世充军队大败。二人率军救了李世民，斩首上千，俘虏敌排矛兵六千人。敌人大将陈智略被俘。李世民十分高兴，拉着尉迟敬德说了这么一番话："公何相报之速也！"（《资治通鉴》卷一八八）您报答我这速度也太快了。然后赏赐了一篑金银。

　　王世充几次前哨战都战败，而且地盘也在逐日缩小，他感到自己已经力不从心。也就在此时，一个天大的好消息传来，王世充顿时如同捞到了救命稻草一样兴奋起来。

相时而动

就在王世充苦力支撑的时候，他得到了一个大好消息——窦建德要来援助他了。

当时天下力量最强大的武装集团主要就是李唐、窦建德、王世充，可以说是三足鼎立，李唐占据关中和河东，窦建德占据河北，王世充占据河南，三股力量犬牙交错，维持着一种微妙的平衡。当然，要想称霸天下，就必须打破这种平衡。

李唐对王世充的攻击毫无疑问就是一个打破平衡的信号。要说此前的话，李唐和王世充、窦建德一样，都在忙着巩固根据地，那么此次攻击洛阳，是李唐开始正式统一天下的强有力的信号。这不仅使王世充感觉到极大的压力，窦建德也有了唇亡齿寒之感。

其实在发动对洛阳总攻前，李渊还是很想安抚住窦建德这股力量的，这跟三国时代一样，拉一个打一个是常事。当时李渊派出使者前往河北，提出与窦建德结盟，但窦建德不置可否，没有答应也没有拒绝。与此同时，为了表示善意，他还下令释放了在黎阳战役中俘虏的李渊的妹妹同安长公主，让她随着唐朝使者返回了长安。

窦建德在考虑什么呢？或许因为他知道，三股力量中唐的实力最强，而唐消灭王世充之后，自己就是下一个目标，可是此时如果公然站到唐对立面上去，自己有那个实力吗？更何况此时他与王世充的关系早已经交恶。

原来，在皇泰主时期，窦建德曾经对皇泰主称臣，接受其册封，当皇泰主被废黜继而遭到杀害之后，窦建德已经与洛阳分道扬镳，尤其是窦建德还曾入侵王世充的殷州，杀伤甚多，双方彻底翻脸，甚至互相之间连信使交往都没有。

所以此时窦建德的抉择就显得格外重要，就好比唐与王世充现在是一台天平的两端，而窦建德则是一枚砝码，他投向哪边，哪边就有了很大的胜算。

就在他犹豫不决的时候，中书舍人刘斌劝告说：现在三方是鼎足之势，唐军倾巢出动攻打王世充，旷日持久，王世充已经渐渐不能支撑，唐军灭王世充是板上钉钉之事，王世充的郑国危在旦夕。郑国破，则我夏国唇亡齿寒，您应该举全部的力量救援郑国，里外夹击，势必破唐，此后可以看形势发展决定。您要么击退唐，保全郑，恢复三足鼎立之势；要么就是唐兵退，郑实力衰微，那么我们可以乘势灭掉郑，然后集中两国的力量，并力向西，攻破潼关，占领长安，天下皆归我有。

窦建德听了之后连声赞叹，认为是好计策，自己可以立于不败之地，而且还有机会兼并天下。于是他派出使者主动与王世充联系。王世充大喜过望，立即派遣自己的侄子作为使者正式向窦建德乞援，窦建德答应了。与此同时他还派遣使者前往李世民处，要求唐朝罢兵，李世民自然不可能答应，那么这就等于两国正式宣战了。

对王世充来说这当然是天大的好消息，他压根没指望窦建德能来援助自己，没想到居然来了，窦建德地盘广大，兵多将广，他的来援对王世充而言可谓是一针强心剂。

转眼到了武德四年（621年）春。窦建德虽然答应来救援，但是为了应对这场前所未有的大战，他需要时间来招募训练兵马、筹措钱财、准备粮草，所以暂时按兵不动。李世民则抓紧这个机会猛烈进攻王世充，可能是想趁两大强敌尚未真正携手先击破一个。

当时李世民将手下精锐骑兵千余人分为两队，全部穿黑衣黑甲，分别让秦琼、程咬金、尉迟敬德、翟长孙加以统帅。这一千多骑兵就相当于装甲部队，突击的核心力量，每次大战，李世民都穿上黑衣黑甲率领这一千多骑兵冲锋，敌人每次看到这黑色铁流都为之胆破。

屈突通当时镇守千金堡，王世充大兵围攻，千金堡形势岌岌可危，屈突通举烽火求援。李世民料到以屈突通的指挥能力和兵力，王世充不可能迅速得手，于是暂时按兵不动，为的是麻痹敌军。一直到屈突通第三次举烽火，李世民才倾城而出，由于马快，手下人只有两个人跟着李世民，大部队落在了后面。远远看见敌人，李世民毫不退缩，弯弓搭箭，瞄准一个将军模样的人射了过去，此人应弦而倒，他是王世充大将葛彦璋。敌军见状大惊，就在此时唐主力部队跟了上来，如同龙卷风一般掩杀上去，王世充大败，被俘被杀者多达六千，自己也差点被俘。

又有一次，王世充太子王玄应亲自从虎牢运粮入洛阳，被唐军斥候侦察到了，李世民派出大将李君羡伏击了王玄应，王玄应逃跑，但粮食和部队全部损失了。

此时李渊也在为儿子打气，他批准了李世民围攻洛阳的作战计划，而且让使者转告李世民：破城之日，隋朝留下的乘舆法物、图籍器械，你可以全部收取，至于金银财宝，则全部留给将士们。

不久，双方又展开了一场大战，而这一战李世民又差点丢了性命。当时李世民率军来到洛阳禁苑的青城宫，尚未排列好阵形，王世充已率领两万部队冲了出来，面对谷水列阵，呼声震天地。唐军诸将看见都面有难色，因为要跨河击敌，敌人若击我半渡，那么形势就很危险了。李世民命令在北邙山下列好阵势，自己再次登上北魏宣武帝景陵瞭望，逐渐心中有数了。他下来后对大家说：敌人这是垂死挣扎，心存侥幸，我们必须将其击败，让他们以后不敢出城。

于是他命令屈突通率领五千人作为前锋渡河，告诉屈突通，一旦与敌开始战斗就举狼烟。这估计是为了缠住王世充的主力，掩护唐军主力过河。

屈突通与敌交战后，按约定举狼烟，李世民指挥全军跟上，与屈突通汇合。李世民认为王世充阵形背后是个缺口，可以利用，于是率领数十个精锐骑兵冲到王世充背后。没想到这里有一道河堤，地形一下变得复杂起来，李世民自顾往前冲，忽然发现身边的骑兵与自己失散了，这下危险降临了。

跟随李世民的只有将军丘行恭。此时敌人已经围了上来，李

丘行恭单骑救主
（《新刊徐文长先生评唐传演义》明熊大
木著 明万历四十八年武林藏珠馆刊本）

世民的战马忽然中箭负伤，再也跑不动了，情急之下丘行恭连发数箭，箭无虚发，敌人一时间不敢上来。抓紧这个当口，丘行恭将自己的战马让给李世民骑，又试图抢救李世民的战马，但是此马伤势过重已无力回天。丘行恭手持长刀，步行掩护李世民撤退，连斩数人，直至敌人再也不敢围上来。

后来唐太宗李世民的昭陵六骏雕塑中就展现了其中的场面。

这匹马叫飒露紫，就是此役中李世民的战马，画面上正在给它拔箭的人就是丘行恭。此战十分凶险，飒露紫牺牲在了战场上，昭陵飒露紫雕塑赞语是："紫燕超跃，骨腾神骏，气詟三川，威凌八阵"（《六骏赞》）。由于丘行恭救了李世民的性命，所以丘行恭的形象也留在了雕像上，成为六骏中唯一的人物形象。

李世民回到本方阵营，此时大战正酣，双方苦战，死守不退，王世充也十分勇敢，阵形被冲垮就重组再战。如此三番五次，最终王世充还是败下阵来，李世民率军追击直到城下，俘虏斩首共七千人。

李世民手下有悍将段志玄，勇猛无比，深入敌阵，由于马匹被敌人击倒，所以被俘。两个骑兵挟持着他向后撤，将要渡过洛

昭陵六骏雕塑之飒露紫（孙宜孔／摄）

水的时候，段志玄忽然一声大吼，猛然发力，两个骑兵均被他拉下马来，段志玄跳上一匹战马，一路狂奔回到了唐军大营，敌军数百人在后面眼睁睁看着不敢追。

必须指出，这一战李世民的指挥存在大问题，他恃勇冒进，作为最高指挥官，不该一次次将自己置于险境之中。而且他对地形的观察不充分，没有意识到长堤对自己的部队会产生分割作用，此战能幸免于难，纯属侥幸。不过这也反映出李世民此时的心态，他迫切希望在窦建德完成动员赶赴战场之前结束洛阳的战斗，有些操之过急。

还有两个插曲，可以反映出此时双方人心之向背。唐军有一名叫作王怀文的将领，曾经担任斥候，但是被王世充的部队俘虏了。王世充想软化他，于是将他作为自己的随从，以示亲近，没想到王怀文一心向唐，不愿意跟随王世充。王世充率军出右掖门排列阵势，准备与唐军作战，王怀文从后面大吼一声，挺槊直刺王世充，可是王世充身上的铠甲特别坚固，加上可能王怀文刺的角度有问题，槊杆都断了，竟然没能刺伤王世充。当时，左右大惊失色，一时间都懵了，没人抓王怀文，王怀文拨转马头就跑，这时王世充的卫队才反应过来，尾随紧追，最终追上将王怀文杀害。李渊听说了王怀文的事迹，诏赠王怀文上柱国、朔州刺史。

王世充为了给大家打气，脱下铠甲，以示自己毫发无伤，然后得意地说：王怀文以槊刺我，我却毫发无伤，岂非天意？

王世充此时接连吃败仗，士气低落，所以要抓紧一切机会鼓舞士气。王世充手下有御史大夫郑颋，此时想离王世充而去。借着王世充炫耀自己毫发无伤，他上前说：我听说只有佛祖有金刚不坏之身，陛下简直就是人间的佛祖。臣愿削发为僧，日夜祈祷，为陛下助力。

王世充说：你是重臣，此时正是战斗关键时刻，你若出家，恐怕舆论一片哗然，不如等战事平息再说吧。

郑颋再三请求，王世充就是不许。回到家里，郑颋对妻子说：我当年跻身仕途，是想匡扶天下的，现在却遇到这乱世，又遭遇这善于猜忌的君主，立于危亡之地，智力浅薄，无以自全，人生早晚有一死，早死晚死又有何差异，不如依从我自己的心愿吧！

于是他立即私自削发为僧。王世充知道了大怒，说：郑颋这哪里是向慕佛法，他分明是认为我要失败，所以出家以避祸，不杀你不足以服众！于是他下令将郑颋在市场上斩首。郑颋临刑的时候镇定自若，谈笑风生，围观者无不暗暗称赞这是条汉子。

王怀文和郑颋的两个故事告诉我们：王世充这边真的大势已去，被俘的唐将一心向唐，他自己的大臣也与他离心离德，王世充命不久矣。

这里顺便说一下一个流传已久的故事，即少林寺"十三棍僧救唐王"。这是评书和戏剧舞台上脍炙人口的故事，少林寺到现在依旧大名鼎鼎，尤其是1982年李连杰主演的电影《少林寺》上映之后，嵩山少林寺成了旅游热点，有关它的话题似乎永无休止。有一个盛行的传说（也是电影脚本的依据）——在唐王朝与盘踞洛阳的王世充的战斗中，少林寺曾有十三棍僧挺身而出，挽救了被王世充军队追击的李世民，即所谓"十三棍僧救唐王"。

这仅仅是个传说而已。少林寺僧众的确参与了这场战争，但不是拯救李世民，而是擒获了王世充的侄子王仁则，这个王仁则曾奉王世充命令逼死隋朝皇泰主，并曾霸占少林寺地产，根据立于开元十六年（728年）七月十五日的《皇唐嵩岳少林寺碑》记载，

《皇唐嵩岳少林寺碑》拓片（局部）

武德四年秦王李世民攻打洛阳，少林寺僧志操、昙宗等十三人助战，擒拿了王仁则，并将其献给了秦王。碑文曰："僧志操、昙宗等，审灵眷之所往，辨讴歌之有属，率众以拒伪师，抗表以明大顺，执充侄仁则以归本朝。"碑文还记载说李世民非常感谢，胜利后特地遣使到少林寺以示答谢："太宗嘉其义烈，频降玺书宣慰，既奉优教，兼承宠锡，赐地廿顷，水碾一具，即柏谷庄是

也。"并允许少林寺留置僧兵，以充自卫，少林寺僧习武风气延续至今。

该碑分三截：额书、秦王赐少林主教原文及《皇唐嵩岳少林寺碑》文。教文是武德四年太宗为秦王时赐少林主教碑原文，开元时重刻于此碑上。碑上刻有"世民"二字，应该是李世民平时习惯的签字字体（玺押）。

李世民抓紧了对洛阳城的围攻，要说王世充这么多年来盘踞洛阳，守城能力还是相当强的，在城防方面很下功夫，所以一时间也难以攻克。王世充还搬出了技术兵器，抛石机可以把五十斤的石块抛到二百步以外，还有一种"八弓弩"，箭杆的粗细像车辐条一样，箭镞是一把斧子头，能射五百步。胡三省在给《资治通鉴》作注的时候说"八弓共一絭也"，絭指的是弓弦，也就是说"八弓弩"指的是八把弓捆扎在一起，共用一根粗弓弦，估计是使用某种机械力上弦，所以威力巨大。这些兵器对王世充来说当然是守城的利器。

唐军连续攻城十余天，损兵折将，一无所获。此时这场战役已经跨年度，而且战事频繁，唐军虽然斩获良多，但是自己的损失也不小，尤其在那个没有火炮的时代，攻城历来是一个艰巨而危险的任务。劳而无功，唐军士气开始低落，加上耳闻窦建德与王世充联手，人人都感到巨大的压力。刘弘基等提出班师。李世民说：此次前来，就是要一举荡平王世充。现在河南诸州县纷纷归降，只剩下洛阳一座孤城，此城必破，只是时间早晚问题。此时已经接近胜利，怎么能班师呢？于是他下令："洛阳未破，师必不还，敢言班师者斩！"（《资治通鉴》）众人再也不敢吭声。

此时李渊在长安也听说了唐军的困难处境，对于李渊来说，虽然没有御驾亲征，但是每天为这场旷日持久的战争输送粮草、军费、人员，也是一个巨大的压力。此时军心不稳，所以他下了一道密敕，要求李世民班师。李世民又上表父亲，反复劝说，陈述洛阳城必克的理由，同时派遣参谋军事封德彝入朝向皇帝禀报情况，封德彝向皇帝奏报：王世充原先地盘虽大，但不过是各地长官屈服于其压力而已，现在各州县已经纷纷投降我，只剩下洛阳一座孤城，王世充已经智穷力竭，假如此时我们班师，敌人一定会重整旗鼓，那时候各地互相勾结，再想图之难矣。李渊最后被说服，同意李世民继续战斗的要求。李世民给洛阳城写了一封劝降书，但是王世充没有任何回复。

唐军鼓足勇气，再次对洛阳展开围攻，只是改变了以往急于求胜的做法，改用堑壕和壁垒团团围住洛阳城，让城内的人无法得到补给。城中粮食本来就不多，这下子更加窘迫，一匹绢只能换三升粟，十匹布才能买一升盐，平日里当作宝贝的金银珠宝，此时简直贱如泥土。城内树皮草根都吃尽了，开始吃泥土掺米糠，很多人饿得浮肿，饿殍遍街。当年皇泰主迁入宫城的三万人家，此时剩下不到三千家，百官公卿也有很多饿死街头。这就是战争的残酷。

而此时王世充心里最盼望的还是窦建德的到来。窦建德答应出兵已经有一段时间了，此时王世充简直是翘首以待。那么此时窦建德在做什么？

窦建德在这段时间里正在为大战做好一切准备。这场洛阳之战将规模空前且意义重大，可以说是决定天下形势的一场总决战。因此窦建德要做空前之准备，不仅要准备兵员、马匹、粮草、军费，还要肃清后方，对于幽州罗艺，他实在是没办法鲸吞，对于孟海公，他则大打出手。

孟海公也是当时的一个军阀。此人在大业九年参加了农民起义，占领了曹州和戴州，兵力一度达到三万。这支武装力量虽然不至于形成心腹大患，但是卧榻之侧岂容他人酣睡，尤其是自己要倾城而出攻打唐，窦建德当然不能放过孟海公。于是武德三年十一月，窦建德亲自率领大军渡过黄河，猛攻曹州，第二年二月，曹州城破，孟海公被俘。窦建德并没有杀他，而是接受了他的投降，带着他来救援洛阳。

于是，窦建德数十万大军，浩浩荡荡开赴洛阳，唐军最不想看到的一幕还是来了。那么李世民将如何应对呢？

决 战 虎 牢 关

　　窦建德大军来势汹汹，不仅包括窦建德主力，还包括了新近收降的孟海公等人的部队，十万大军，对外号称三十万援军。从黄河下游逆流而上，部队在岸上行进，运粮船在河里行进，水陆并进，浩浩荡荡，蔚为壮观。

　　窦建德一路攻克管州、荥阳、阳翟，大有一副势不可当的架势。王世充派遣自己的弟弟王世辩率领数千士兵与之汇合，窦建德大军屯扎在成皋东原，双方的使者开始频繁联系，唐朝的两大强敌终于联手了。这是李渊从太原举兵以来从未遇到过的大规模战役，也将是决定天下命运的一战。

　　窦建德志得意满，决定先礼后兵。他派遣使者给秦王李世民送了一封信，信中要求唐军退回到潼关以内，返还所有侵占的郑国土地，这样可以继续保持双方的友好关系。言下之意，如若不然就刀兵相见。

　　李世民将这封信宣读给诸位将领，咨询他们的意见。此时唐军将领们有了巨大的意见分歧，因为这场战役已经到了极其微妙的阶段。唐军前半阶段的战役目标实际上没有全部完成，蚕食了王世充很多的领地，歼灭了王世充的许多有生力量，这都是辉煌的战果，可惜没有抢在窦建德到来之前拿下洛阳城，这是最大的遗憾。在经过李世民修改的史料中我们可以看到，对这场战役前半阶段只有平铺直叙，并没有对指挥得失的检讨，这是为李世民隐讳。实际上前半阶段李世民的战役目的没有达到，所以才有了两大强敌联手的危险。

此时洛阳强敌未灭，外面又有强敌来援，按兵法来看唐军背腹受敌，处于极其危险的境地。再加上跨年战斗，唐军士气已经比较低落，所以何去何从，将领们发生了激烈的争执。

郭孝恪说：王世充已经智穷力竭，即将就擒。此时窦建德前来，不过是上天要让他们同时灭亡罢了，请坚守虎牢，顶住窦建德，伺机而动，必能破敌！

薛收建议说：王世充的优势是钱财多，兵员多是从江淮带来的精锐，最大的短板是缺粮。所以和我们作战他觉得很别扭，因为我们抓住他短板了，现在窦建德亲率大军而来，如果两大强敌联合在一起，转运河北之粟以供应洛阳，那么局面将非常棘手，这会使战争旷日持久，统一遥不可及。当务之急是趁两个敌人还没有建立起交通通道，分兵围住洛阳，挖掘深沟阻绝其交通，王世充出战也不理睬，大王您亲率主力奔赴成皋，秣马厉兵，以待其破绽，然后一举拿下。窦建德如果失败，那么王世充势必绝望，洛阳投降指日可待。

但是萧瑀、屈突通、封德彝等人有不同的看法：现在我军早已疲惫，王世充死守坚城，一时间难以攻克。而窦建德则携战胜孟海公之余威，兵锋甚盛，我们腹背受敌，十分危险，不如先退兵到新安，再图后举。

李世民思考再三，对这两种不同的意见反复揣摩，最后毅然决定迎难而上。他说：王世充已经是垂死挣扎，窦建德刚战胜孟海公，心气很高，有轻我之心，我计划占据虎牢关与之对抗。窦建德若冒险来攻，我取之甚易，如果彼狐疑不敢战，那么洛阳城内的王世充根本坚持不了那么久。洛阳城一旦攻破，我军合兵一处，士气倍增，可以一举拿下窦建德。现在兵贵神速，要马上行动，如果敌人抢先进入虎牢关，周围新归附我们的州县必然不能坚守，再与王世充真的合兵一处，那我们就危险了，我已经下定决心了！

虎牢关是所谓洛阳八关之一，在荥阳境内，是洛阳东边门户，南连嵩岳，北接黄河，易守难攻。窦建德自黄河下游而来，水陆并进，这里是必经的门户，假如此地有失，那么洛阳以东就等于敞开门户了。此时窦建德大军已经在成皋东原，距离这里很近了。兵贵神速，李世民必须抢在敌人之前到达虎牢关。于是他迅速部署，决定留部分部队围住洛阳城，这个任务交给了齐王李元吉和屈突通等人，自己则率主力东出虎牢关迎战窦建德。

机不可失，下了命令后，李世民下令"中分麾下"，就是把军队平分为两部分，自己火速带领三千五百人出发前往虎牢关。为什么只有这点人马？这是精锐骑兵，李世民的用意是先带着骑兵高速行军，抢占虎牢关，大部队以步兵为主，可以随后跟上。

当时李世民是正午出发的，而王世充正好在城头上瞭望。他看见一队骑兵过北邙山向河阳方向绝尘而去，一时间摸不着头脑。我估计他是在犹豫：这支军队是去迎战窦建德吗？为什么兵力不多？李世民在搞什么花样？是不是在诱我出城？犹豫再三，他没敢乘势出城挑战唐军。

李世民一路急速行军，第二天就到达了虎牢关。窦建德本来已经到达成皋，却没有立即攻打虎牢关，白白将战略要点让给了李世民，这是极大的失误。

安顿好虎牢关的城防，李世民就率领五百骑兵去侦察窦建德大营。他这一次不仅想侦察，还想挫敌锐气，所以带着李世勣、秦琼、程咬金、尉迟敬德四大金刚出发。沿途他们看到一个合适的地点，让李世勣、秦琼、程咬金率领大家埋伏起来，自己则带着尉迟敬德等四名骑兵前行，一边走一边说：敌人若遇我而还，就算是聪明。意思是他要给敌人一个下马威。

离窦建德大营还有三里，这一行人被敌人的游动哨发现了，以为是唐军派出的斥候。李世民弯弓搭箭，大喊一声：我乃秦王！一箭射去，敌人一名军官应声而倒。敌人大惊，整个军营都骚动起来，涌出来五六千人要抓李世民。随从们大惊失色，李世民则毫不慌乱，对那几个人说：你们先走，我和尉迟敬德断后。

只见这两人调转马头，徐徐前行，敌人追得近了，李世民就射死一人，敌人就止步不前，等一会又不甘心，于是又追来，李世民就再射死一人，前前后后射杀数人。有时敌人追近，尉迟敬德就挥舞长矛冲入敌阵，前后格杀十余人。李世民这是把自己当作诱饵诱使敌人进入包围圈。果然，就这么若即若离地将敌人带入了包围圈，李世勣等人大呼跃起，奋力杀敌，斩首三百余级，俘获敌人将领两名，剩下的敌人狼狈逃回。

李世民这次是主动冒险，目的是用这种小规模的胜利提升本方士气，这在交战之初是很有必要的。

　　然后李世民亲自写信给窦建德，说：赵、魏之地，原本是我所有，被足下侵夺，不过你礼遇被俘的淮安王李神通和同安长公主，所以也就不再追究。王世充以前曾和你结盟，但是却背弃了你，现在他已经朝不保夕，所以才引诱你前来相助。现在前哨一战，你方大败，与洛阳又不通郊劳之礼，你不觉得怀愧吗？希望你明白事理，早日退兵，否则悔之晚矣。

　　窦建德没有任何的回应，双方在虎牢关僵持，展开了旷日持久的对峙。

　　这边洛阳城内王世充当然非常焦急，他期盼着窦建德能突破重围与他汇合，但是此时却只听声不见影，距离不算遥远，就是盼不来。于是他屡次主动出城挑战，希冀能击败兵力已经减少大半的围城唐军。

　　齐王李元吉自打丢失太原以后再次披挂上阵，这一次他的指挥中规中矩，有得有失。例如，有一次王世充出击，李元吉布设埋伏，当场斩首八百，俘虏上千，生擒大将一名。又有一次，王世充再度出击，李元吉与之激战，失利，损失大将一名。但不管怎么样，秦王李世民给他的任务就是围住洛阳，不让城内敌人外逃，这个任务李元吉完成了，所以在战役结束后他受到了唐高祖大大的嘉奖。

　　此时窦建德的后勤补给开始出现问题了，而且士气也正在被时间所消磨。双方在这个阶段内有过几次小规模的接触战，但是窦建德没有占到任何便宜，尤其是李世民派遣大将王君廓率领一千名精锐骑兵绕到他们后方，袭击他们粮道，导致窦建德全军震动。

前进，前进不得，后退，洛阳必然失守，何去何从？

此时窦建德手下国子祭酒凌敬来给他献策。凌敬实际上是来劝窦建德换个思维模式，救洛阳不是只有正面对抗这一条路，敌人的优势在哪里？在于秦王李世民英勇善战，而且手下名将如云、兵力雄厚。敌人的弱势在哪里？为了攻打洛阳，唐军可谓倾城而出，所有主力都交给了李世民，此时关中空虚，所以关中就是敌人最大的软肋。他劝说窦建德：不如率领大军过河到黄河北岸，然后直取河阳、怀州，留大将镇守，然后大军前行，越太行山，入上党盆地，然后趋蒲津渡口。这样做好处有三：第一，敌人在这一带兵力空虚，我方可保万无一失；第二，可以趁机抢占地盘，占据河东；第三，蒲津渡口受到威胁，敌人必然震撼，主力必然回撤，那么洛阳之围可解。

一言以蔽之，凌敬给的其实就是一个"围魏救赵"的建议。必须指出，凌敬这个建议是非常明智而且务实的，这个建议可以做到扬长避短，既能完成救援洛阳的战略目的，又能有效打击唐朝的河东地区，为日后争霸奠定良好基础。窦建德甚至不用到蒲津，只要兵发黄河以北，李世民就不得不拔军随之过河追击，或者退回关中确保长安安全。假如主力撤离，李元吉的偏师能否坚持住就是个大问题。

窦建德听了凌敬的话，频频点头，决定就按这个策略来。

但是干扰因素开始发挥作用了。原来洛阳城内的王世充焦急万分，度日如年，他派遣的使者悄悄潜出城外来告急，来了好多次，哭泣告急，请求立即决战，而且用财宝贿赂窦建德的亲信，让他们为王世充说话。这些将领拿了贿赂，当然要否决凌敬的建议，他们撺掇说：凌敬不过是个书生，哪里懂兵法，他的话不能听。

众口铄金，这么多人反对凌敬的建议，窦建德最终被说服了，而且他产生了错觉，觉得大家众口一词要求决战，是士气可用。于是他拒绝了凌敬的建议，凌敬气得不得了，据理力争，窦建德再也不听，命人将凌敬搀扶出去。

窦建德的夫人曹氏颇有智慧，她觉得凌敬的建议甚好，劝告窦建德：祭酒的建议甚好，你可以趁机占领黄河以北之并、代、汾、晋诸州，还可以策动突厥袭击关中，唐军主力必然回撤，洛阳之围迎刃而解。如今在这里师老兵疲，旷日持久，何时才是个尽头？

窦建德却说：这不是你们女人家知道的事情，我这次来是答应救洛阳的，洛阳命在旦夕，我却挥师北上，这是背信弃义，我不能这么做。

就在李世民全力对抗王世充、窦建德的同时，太子李建成正在与稽胡苦战。稽胡，古族名，也有一说是山戎、赤狄之后，又称山胡、步落稽，源于南匈奴，所以稽胡的首领是刘姓。稽胡生活地域主要在今山西和陕西北部，由于与汉民族长期交往，所以生活方式已经由游牧转向农耕了。在北魏时期他们曾建立过地方性割据政权，但是被东魏高欢所剿灭。可稽胡不屈不挠，不断反抗中原王朝，北周时期曾经派遣李弼、于瑾等重磅级人物讨伐稽胡。

隋末战乱期间，稽胡再次揭竿而起。当时有个叫刘龙儿的首领自称为王，被剿灭后其子刘季真继续斗争，自称突利可汗，而且还与刘武周结成同盟，这样就成了李渊的死敌。

唐朝建立后他们也没少骚扰唐朝，武德元年四月，稽胡进犯关中富平，然后又集结五万余兵力攻击宜君。宜君距离长安已经不远，相国府咨议参军窦轨率军抵抗。战斗开始，稽胡趁风向有利纵火，唐军被迫后撤，窦轨大怒，立即将十四名军官斩首，当场提拔十四名低级将校取代他们，然后整顿队伍再战。窦轨亲自率领一支几百人的督战队在后面镇守，下达军令：有敢闻鼓声而不前进者斩！于是将士们鼓足勇气发动反击，稽胡箭如雨下，唐军死战不退，终于大破敌军，俘虏二万余人。

此后稽胡虽然不太敢再继续深入内地，但是仍然联合梁师都、突厥不断骚扰唐朝边境。说实话，稽胡虽然不算是唐朝的心腹大患，却像是块牛皮癣一样让人难受，尤其是他们和突厥、梁师都相勾结，等于是突厥骚扰唐朝的一把工具。此时的突厥与唐朝还没有公开决裂，所以有些事自己不好出面，就怂恿稽胡出面。

对李渊来说，稽胡这个麻烦必须铲除，因为自己正准备东进统一天下，不能在自己的北方有这么一支掣肘的势力。武德四年春，稽胡首领刘仚成率领数万部下又骚扰边境，此时李世民正率军围攻洛阳。于是李渊委任太子李建成率军出击。

李建成自打成为太子之后，就很少上阵作战了，而他本人其实有着相当不错的指挥才干和作战经验，此番再次披挂上阵，可谓得其所哉。

李建成此战俘虏敌军千余人，但是很快将其中酋帅数十人释放了，而且还给他们授予官爵，让他们招降稽胡。刘仚成见状投降了，一起投降的稽胡人数众多。李建成等他们集中起来，谎称要在此地设置州县，需要筑城，命令所有二十岁以上的稽胡男子集合，等到他们站队完毕，李建成突然发难，伏兵四起，将稽胡六千余男子杀死。刘仚成只身逃跑，奔走梁师都。要说杀俘是李建成的不是，但是李建成这么做有他的理由，那就是稽胡性情不定，投降还是反叛全看情势，为了根除后患不得不出此下策。

再看李世民这边，当年五月，李世民与窦建德的总决战开始了。窦建德早已按捺不住焦躁的情绪，尤其是洛阳城的情况已经非常糟糕，粮食基本上吃尽，王世充无计可施，也没有任何奇谋妙计可以施展，只有抓住时间。时间是一切，时间是根本，所以窦建德主力全部出营，右翼连接黄河，左翼连接鹊山，直抵汜水，阵形绵延二十里，鼓噪之声震天动地，唐军将士都有些胆怯。李世民登高瞭望，然后对诸将说：敌人从未见识过真正的战斗，心浮气躁，军队喧嚣不止，是无纪律。迫近我城下而布阵，是有轻敌之心；我现在按兵不动，等他们士气衰退、师老兵疲的时候自然退兵，我那时在后面追杀，不过中午，必然破之。

窦建德挑选了三百名精锐骑兵，亲自率领着渡过汜水，来到距离唐军大营不过数百米的地方，要求唐军选出几百个勇士来比画比画。李世民派遣大将王君廓率领二百名长矛手出战，双方战斗一番，不分胜负，各自退回。此时王世充的侄子王琬还在阵前耀武扬威，为什么王世充的侄子会出现在这里？原来他就是奉王世充的命令来向窦建德求援的，也参加了这次战斗。王琬胯下的战马是以前隋炀帝的御马，高大威猛，引起了李世民的注意。李世民不禁感叹说：真是好马啊。尉迟敬德听到了，主动请缨要去夺取此马，李世民不同意，他说：我不能因为一马而丧猛士。

尉迟敬德不听，率领两名助手策马扬鞭猛然冲出，王琬本来位置就凸前，加上毫无防备，一愣神的工夫就被尉迟敬德一把拉下马来生擒了，然后拉着他的马跑回唐营。事发突然，窦建德这边几乎毫无反应，目瞪口呆看着王琬被掠走。

尉迟敬德这样做不是为了逞强，这种大战必须要夺敌士气，再没有比这种百万军中取上将首级的气魄更能振奋军心、威慑敌人的事情了。所以尉迟敬德当着几十万人的面上演了这么一出英雄壮举，唐军士气大振，喊声震天动地。

但是窦建德这边也不甘心示弱，原因很简单，他们已经没有任何退路，此时只有奋勇向前，否则和洛阳城内的王世充一起死无葬身之地，所谓"困兽犹斗"，一场血雨腥风的大战不可避免。

毕其功于一役

李世民与窦建德的大战拉开了帷幕。对李世民来说，他的兵力少于敌方，硬拼划不来，必须要等待合适的时机才可以出手。他最擅长的就是等待时机。

窦建德主动挑战，却在前哨战中让尉迟敬德拔了头筹，难免有些丧气。此时军队从早上列阵，一直到午时不见唐军出来应战，士卒无不饥疲，而且此时正是夏季，中午列阵荒野，那种难受的滋味可想而知。李世民站在本方堡垒上观察敌情，发现敌人的阵形出现了骚动。原来暴晒下，窦建德的士兵们不断有人三五成群脱离队伍去阵线后方喝水，这样阵形就出现了松动。这反映出窦建德部队纪律性不强，后勤工作也欠妥。

李世民认为时机已到。他下令宇文士及率领三百名骑兵出动，先从窦建德阵形前面掠过，向南前进，与敌人阵形保持平行，目的是窥探敌人虚实。李世民嘱托他说：贼若不动，你就撤回；贼若动，我引兵东出！

宇文士及来到敌人面前，敌人果然骚动，这说明敌人战场纪律性不强，有可乘之机。李世民果断出击，这次唐军屡经战阵的骑兵又发挥了关键作用。唐军轻装骑兵突前，大军随后跟上，蹚过汜水，直扑敌阵。

此时的窦建德并不在一线指挥，而是在阵线后举行朝会，也就是说，虽然大战在即，但他还是跟以往一样举行早朝，让群臣谒见自己。这意味着重要将领几乎都不在第一线，也就意味着一线部队得不到及时的指挥。李世民选择的时机简直是太准了。

李世民这次采取的战术是斩首战术，即不顾敌人一线部队，也不顾及自己的后路，率领轻骑兵闯开一个缺口，直插敌人后方，直取指挥机关，擒贼先擒王，以期最大限度造成敌人的混乱。

窦建德群臣刚刚在外排列好，忽然见唐军骑兵杀到了门外，群臣大惊，纷纷向窦建德涌来，窦建德也是无比震惊，马上下令身边的卫队迎敌。可是卫队隔着群臣无法向前，窦建德急得大喊，指挥着群臣闪开一条路。就在这混乱中，唐军冲到了面前，窦建德在卫队掩护下仓皇撤退到东陂，唐军接踵而至，窦建德卫队拼死抵抗，唐军暂时被击退。

李世民此时也赶到了，他立即下令再次进攻，唐军将士无不英勇，大家知道，破敌就在此时！淮阳王李道玄杀入敌阵，然后又杀出，再入再出，铠甲上挂的箭如同刺猬毛一般密集，幸亏铠甲精良，才没有致命伤。即便如此，李道玄还是勇气不减，张弓搭箭射倒多人。李世民将自己的副马给了他，让他紧跟着自己。

此时敌人主力向这个方向增援，唐军主力也涌向此地，这里成了大战的焦点所在。双方激烈鏖战，一时间烟尘蔽日，不辨敌我，李世民率领程咬金、秦琼等人，将战旗卷起，绕过整个战团，绕到了敌人背后，之所以卷起战旗，是希望敌人即便看到自己，在烟尘漫天的情况下一时间也分不清敌我。

到了敌人背后，唐军忽然打开战旗，大风里旌旗猎猎，迎风招展，敌人看到这个情景大惊失色，以为自己被包围了，军心一下崩溃了，四散奔逃。唐军一路掩杀，斩首三千余级。

窦建德只好落荒而逃，唐军在后面紧紧追赶，窦建德在慌乱中坠马，一个叫白士让的唐军将领赶了上来，挺槊便刺，他大喊：不要杀我，我乃夏王，我能让你富贵起来。

唐军就这样擒获了窦建德。给窦建德换了一匹马，引他来见李世民。

窦建德被俘的地点叫牛口渚，窦建德行军时曾听到童谣说："豆入牛口，势不得久。"所以他对这个地名深恶痛绝，没想到果然失败在这个地方。

李世民见了窦建德责备道：我讨伐王世充，与你何干？为何越境犯我兵锋？

窦建德此时只想活命了，他可能估计形势认为唐朝不会杀他，首先因为他与唐朝没有什么大的恩怨，其次他是河北地区之主，唐朝为了安抚河北人心也不至于杀了他，自己最多做个亡国之君罢了。因此窦建德此时只能卑躬屈膝，以求不激怒李世民。他说："今不自来，恐烦远取。"（《资治通鉴》）

李世民下令将其羁押起来。此次大战，俘虏了窦建德士兵五万余人，李世民下令全部释放，遣返回家。

窦建德战败的消息传开，王世充阵营彻底垮了，偃师投降，洛阳守军投降，李世民率领大军返回洛阳，队伍里押解着窦建德、王琬、长孙安世、郭士衡等一干敌人重要将领，将囚车一直推到洛阳城墙下，王世充这才与窦建德相见。

这两人原本的梦想是击溃唐军，然后在洛阳城下会师，没想到等来的是这个结果。一时间凄凄惨惨戚戚。王世充站在城头，窦建德在囚车里，两人对话，说着说着都落泪了。李世民又将长孙安世释放，让他进城去见王世充，详细汇报失败状况。然后李世民就静等王世充投降了。

王世充召集众将开会，向大家表示想冲出重围去襄阳。但是众将一致反对，大家说：我们所依仗的是夏王，现在夏王已经投降，即便冲出洛阳也必然一事无成。

王世充看着大家，知道人心已经散了，自己再也没有能力控制局势，别无选择了。于是他穿上素服，率领着太子、群臣两千余人来到唐军大营投降。李世民以礼相待，笑着对王世充说：你曾轻视我，说我不过是个童子，今天怎么对童子行如此大礼？王世充顿首谢罪。

唐军大举开入洛阳城，将交通要道和市场管制起来，而且李世民事先约法三章，所有将士秋毫无犯。

李世民进入洛阳宫中，命令自己的记室参军房玄龄入中书和门下省，接收隋朝的图籍档案，没想到却发现已经被王世充悉数焚毁。他又下令封存洛阳城府库，将其中的财货拿出来犒赏将士。这些工作都是他在攻打洛阳前唐高祖给他的指示安排。

王世充手下的两千余名官员，大多数得到了宽恕，但是其中有李世民认为罪大恶极的十余人全部被处死。这里面包括单雄信。

李世勣听说李世民要处死单雄信，急忙跑来说情。他与单雄信曾经同为瓦岗军将领，两人有着很深厚的私交，曾经发誓生死与共。所以他在李世民面前深切恳求放单雄信一马。他对李世民说：单雄信勇武绝伦，是一员不可多得的猛将，就这样杀了殊为可惜，我愿意以自己全部的官爵来换取他的一条性命。

没想到李世民坚决不允许，坚持一定要杀了单雄信。

这里有个疑问，李世民一直是个爱才惜才的人，而且在此之前收降了无数自己以前的敌人，例如尉迟敬德，例如秦琼、程咬金，例如李靖，而且往往可以做到对这些人推心置腹，所以这些人都死心塌地跟随他，但是为何此时却一反常态？

大概李世民坚持要杀单雄信有如下两个原因：

第一，单雄信屡次威胁到李世民的安全。

单雄信在战场上屡次威胁到李世民的安全，甚至差一点用槊刺中李世民，李世民受了不小的惊吓。要知道，此时的李世民还不是那个阅历丰富、处变不惊的唐太宗，他是个血气方刚的年轻人，处理事情还没有后来考虑那么周全，此时做事可能有意气用事的成分。

第二，嫌弃单雄信不忠。

单雄信原本是瓦岗军翟让的爱将。翟让被李密设计杀死，单雄信当场跪地磕头求饶，逃得一命，然后效力于李密。李密失败后，他又投降了王世充，而且为王世充攻城略地，而同为瓦岗军旧将的秦琼、程咬金、李世勣等均选择了投降李唐，秦琼、程咬金投奔李唐前还骂了王世充一顿。两相对比，李世民可能觉得单雄信这个人不仅不忠，而且还很糊涂，跪地求饶那一幕可能尤其令他不齿。

值得注意的是，在李世勣拼命挽救单雄信的同时，秦琼、程咬金这两位瓦岗军旧将却选择了沉默。他们此时也在李世民军中，史籍中却没有他们对此事态度的任何记载。他们极可能是在关键时刻保持了沉默。为什么？

我们要注意到，李世勣和单雄信是瓦岗军里翟让体系内的，而秦琼和程咬金属于李密体系内的。这两派本来就有着深刻的矛盾，最后李密杀死了翟让，李世勣身负重伤，单雄信磕头求饶，但即便如此，他们与李密的心腹爱将始终有一层隔膜，起码可以说关系并不紧密。尤其后来单雄信与秦琼、程咬金刀兵相向，那就更没有任何情谊可言了，所以在这个关键时刻两人选择了沉默。

在《旧唐书》里，对于单雄信之死则有另外一个版本的记载："初平王世充，获其故人单雄信，依例处死，勣表称其武艺绝伦，若收之于合死之中，必大感恩，堪为国家尽命，请以官爵赎之。高祖不许。"（《旧唐书》）欧阳修等人写《新唐书》、司马光在写《资治通鉴》的时候果断弃用了这个说法，我认为他们这样做是有道理的。当时处置权全在李世民手中，李世勣身为李世民部下要求情应该向李世民求，不该越级向唐高祖求情。《旧唐书》对李世民后来修改过的史料基本上是照单全收，我们不能排除这个说法是李世民修改史书的结果。为什么李世民会对此事进行掩饰？应该是他可能对杀单雄信有所后悔，尤其是后来刘黑闼叛乱与单雄信之死有关，可能更令他有了追悔之意，于是将此事责任推给了唐高祖李渊。

李世勣退下来哭泣不已。单雄信被推上了刑场，李世勣赶过去给老友送行，亲手割下了自己腿上的一块肉，塞进单雄信的嘴里，哭着说："生死永诀，此肉同归于土！"（《新唐书》）单雄信坦然赴死。后来，李世勣收养了单雄信的儿子，算是对老友的一个慰藉。

要紧的事情处理完毕，李世民在阊阖门接见王世充手下那批尚不至于罪大恶极的大臣们，其中有老臣苏威。苏威年龄很大了，他从西魏宇文泰时期就开始当官，隋文帝和隋炀帝时期都备受重视，出任宰相，而且主持过多项改革以及法律的制定，为隋朝"四贵"之一。但是此人缺乏风骨，多次改换门庭。例如宇文化及在江都杀死隋炀帝后，任命苏威为光禄大夫；宇文化及失败后，他又归降李密瓦岗军；瓦岗军失败，他又归顺王世充。

苏威来见李世民的时候，自称老病，不能下拜。李世民一听就恼火了，到底此时还是年轻气盛，他立即派人去以讥诮的口吻对苏威说：你身为隋朝宰相，眼见隋朝灭亡、君主被弑而不能救，见了李密、王世充的时候，听说你大行蹈舞之礼，今天却不能对我下拜，既然如此，以后也不要再见了。

苏威历经多朝，一直受重用，他可能满心以为唐朝也会继续重用他，所谓老病不能拜伏估计就是个撒娇，想测试下李世民是否能"礼贤下士"，但是没想到李世民根本不买账。除了李世民其人年轻气盛之外，估计还有个原因就是李世民憎恶这种不倒翁，认为他没有风骨，所以根本不接招。

这下苏威傻眼了，等到跟着唐军到了长安，他再次提出想拜见李世民和唐高祖，都遭到拒绝。苏威焦急万分，但是唐朝已经不需要他了，无论是唐高祖还是李世民，此时都有了坐天下的意识，希望在处理各方势力成员的时候为天下人塑造忠义的榜样。这种榜样要么是不忘旧主最终被唐朝感化，要么是弃暗投明主动降唐，前者例如他们对李世勣的表彰，后者例如他们对尉迟敬德、秦琼等人的重用。苏威这种端着架子又毫无风骨的人自然不会得到青睐。

不久，苏威死于长安家中，此时的他无官爵，也无财产，在贫病交加中去世，享年八十二岁。

李世民闲暇之余参观了洛阳城内的隋朝宫殿。隋朝宫殿巍峨壮观，他感慨说：如此穷奢极欲，怎么能不亡国？于是他下令将门楼拆毁，将过于豪奢的宫殿烧毁，以示节俭。李世民已经在思考隋朝由鼎盛到迅速灭亡的惨痛教训，后来他当了皇帝，屡屡将隋朝作为反面典型教育臣下和皇子们，可以说此时他就已经有了直观的感触了。

其实严格来说，隋炀帝是一个颇有才华、雄才大略之人，他有着超前的战略眼光。首先意识到中国经济重心的南移，兴建大运河是为了适应这个趋势；他又比别人更早看到关陇集团的局限性，因此通过爵位和勋官改革限制关陇集团的权力，尽量增加关东和江南人士参与政治的机会。但是他操之过急，完全不顾当时人民的承受能力，将多项大工程集中在短短几年内进行，例如修筑长城、修建新洛阳城、开凿大运河等，又三伐辽东，最终导致民怨沸腾而亡国，超前的眼光和糟糕的执行力结合在一起导致了隋炀帝的悲剧。虽然不是皇帝也非太子，但李世民从此时就开始反思隋炀帝的教训，在自己执政后他尽量避免重蹈覆辙。尽管历史证明，隋炀帝的很多举措是合理的，也被唐朝所继承，但李世民的完成手段则是温和的、循序渐进的。

窦建德的失败使得河北地区望风而降，此时对李世民来说还

有个重大任务，即立刻收降河北诸州县，尤其是齐善行向唐朝献
出了洺、相、魏等州，这是关键的一步。

齐善行，窦建德的左膀右臂，时任左仆射，窦建德战败后，
他护送着窦建德妻子等逃回了洺州。此时一部分将领想拥立窦建
德的养子为主，然后继续抵抗唐军。还有人说不如抢劫本地百姓
财物，入海去当海盗。齐善行坚决阻止，他说：隋末丧乱，我们
是为了求生存才啸聚一处，当了绿林好汉，夏王英明神武，平定
整个河北，兵强马壮，却一日之间完败于战场，一切烟消云散，
这不是说明天命的确眷顾唐吗？这不是人力可以扭转。虽然亡
国，我们也不能涂炭百姓，要么就投降唐，要么就此离开回家。
想要财产的，我们可以打开国库，让大家任意拿取，不要残害
百姓。

于是齐善行下令将国库中的几十万段帛取出，放置在大街
上，让士兵们来取，然后又派遣兵力把守街道，要求所有取完财
物者立即离开，不得再入百姓家。这样三天三夜才把几十万段帛
散发完毕，部队也就等于遣散完了。紧跟着齐善行率领百官、奉
窦建德的夫人曹氏，携带玉玺和很多珍宝降唐。唐高祖觉得齐善
行主动归降，而且做事又极有分寸，于是下令以齐善行为秦王左
二护军。

齐善行的归降意味着河北地区被唐军收服。然后王世充徐州
行台杞王王世辩以徐、宋等三十八州请降，王世充所有地盘都归
唐有。

窦建德、王世充两大强敌被一举歼灭，唐王朝赢得了建国战
争中最关键的一战，这是一场总决战，从此以后再也没有力量可

以阻挡唐王朝一统天下。唐高祖李渊自然是心花怒放。长安城内到处是一片喜洋洋的景象。

七月甲子，秦王李世民大军凯旋，入城仪式无比盛大。李世民身披黄金甲，乘着战车前行，齐王李元吉、李世勣等二十五员立有大功的将领紧随其后，他们的身后是一万名铁甲骑兵，军乐高奏，场面壮观无比，气氛令人感到欢欣鼓舞。李世民将王世充、窦建德以及所俘获的隋朝乘舆、御物献于太庙。

唐朝沉浸在欢乐的气氛中。但是，河北真的被平定了吗？王世充、窦建德又面临着怎样的命运呢？

大战刚熄叛乱又起

　　大军凯旋之后，对唐高祖来说，最大的问题就是如何处理窦建德和王世充。这是个敏感的问题，因为这两人的地盘虽然已纷纷归降，但是形势并不算稳定。很多人都在等着看唐朝如何处理自己的这两个敌人。

　　李世民是前线总指挥，在他命令下已经杀了郑政权（王世充所建）和夏政权（窦建德所建）不少臣下，但是这两个敌首他也不敢擅自决断，于是带回来给父亲处理。

　　此时的李渊似乎对形势过于乐观了，他对两个人的处理结果是不一样的：窦建德处死，王世充流放。

　　为何一定要处死窦建德？大概李渊考虑到窦建德这个人深孚众望，尤其受部下爱戴，如果留存此人，难免会像李密一样再次兴风作乱，这样就难以收拾了。而且这次讨伐目标不是他，但是他却主动来攻，此所谓违天悖命也，必须要严惩。

　　至于不杀王世充，纯属李世民曾有诺在先。当时唐高祖将王世充叫到面前大加责备，王世充拜伏说：陛下的儿子许诺臣不死。原来在王世充投降的时候，李世民曾答应饶其一死。李渊想到，既然儿子已经答应，那就不能处死王世充，以免失信于天下，于是下令免王世充死罪，废为庶人，与其兄弟、儿子一起流放蜀地。

王世充等逃得一死，心中暗喜。他们一行被安置在雍州廨舍，等待被押解到蜀地。这一天，忽然门口有人说有敕文宣达，王世充和兄长世恽认为一定是唐高祖的新命令，于是赶紧跑出门外听宣。来人是几条大汉，为首的看到王世充兄弟跑出来，问明身份之后，忽然拔出利刃，几个人一拥而上将王世充兄弟杀死。

凶手当场亮明身份——独孤机之子定州刺史独孤修德及其兄弟。独孤修德为何要杀死王世充？原来是替父报仇。他们的父亲独孤机在武德二年被王世充杀害，当时血亲复仇被视为壮举，所以独孤修德做出了这个惊人之举。按照当时的习惯，血亲复仇可以减罪，于是独孤修德被免官。王世充的其他亲属被流放，但其中的近亲男子被唐高祖下令陆续以谋反罪名处死。

至于窦建德和王世充其他余党，唐高祖在御史孙伏伽建议下予以了宽大处理。

紧跟着唐高祖开始着手于疗愈战争创伤的工作。他宣布天下大赦，给复一年，战场附近六个州担负了给唐军输送粮草的重任，罗艺的幽州悬隔于外，艰苦卓绝，给复二年。唐朝的律令格式沿用隋朝旧制。这最后一点反映出，虽然唐朝已经建国，但是还无力建立自己的典章制度，所以只能延续隋朝旧制。这一是由于战争尚未结束，无法全力以赴进行制度建设；二是由于此时人才不足，无力做这样的工作。

另外，在经济领域货币问题成为此时亟待解决的大问题。隋朝一直在沿用汉代的五铢钱，隋末货币系统紊乱，烂钱恶钱泛滥，民间甚至有用皮子和纸做的货币。百姓苦不堪言，经济受到极大影响。武德四年，唐朝正式发行"开元通宝"。这种钱制作精良，每十钱重一两，"开元通宝"四个字是欧阳询手书。

隋　五铢钱　　　　　　　　　唐　开元通宝

　　一切看起来井井有条，唐王朝一边继续完成它的统一大业，一边开始履行各种国家职能。

　　也就在此时，河北传来惊人的消息——窦建德余部再次举事。

　　窦建德在河北一直享有极高的声望，他的失败让很多部将不服气，尤其是唐朝接管河北之后，官吏们认为窦建德余党藏匿了很多财物，而且为害乡里，所以对他们绳之以法，严加追捕。本来唐高祖已经下令宽赦窦建德余党，但或是这个政策只涉及高级官员，或是唐地方官员执行走样，总之，窦建德余众日渐恐慌。

　　窦建德旧将高雅贤、王小胡家在洺州，遭到官吏抓捕，被迫逃亡贝州。此时唐高祖下令让贝州的窦建德故将范愿、董康买、曹湛等赴长安。这些人聚集到一处分析唐高祖的用意，得出的结论是这是阴谋，坚决不能去长安。他们说："王世充以洛阳降唐，其将相大臣段达、单雄信等皆夷灭；吾属至长安，必不免矣。……

且夏王得淮安王，遇以客礼，唐得夏王即杀之。吾属皆为夏王所厚，今不为之报仇，将无以见天下之士！"（《资治通鉴》）

李渊杀死窦建德、单雄信的弊端在这里就显露出来了。在范愿等人看来，单雄信等人效力于王世充无非是各为其主，无可厚非，却遭到杀害。窦建德当年抓获淮安王李神通的时候以礼相待，自己被唐朝俘虏后却遭到杀害，唐朝蛇蝎心肠，决不可信。不为夏王报仇，无以面对天下之士。

这里要特别指出，李渊处死窦建德的举动完全没有顾及河北地区的民心。窦建德的夏政权在河北地区是颇有威望的，窦建德为人宽厚，虚心纳谏，体恤民情。河北地区的人民对他的死十分痛惜，甚至一直到唐朝后期，河北地区还有悄悄祭拜窦建德的民俗。唐后期殷侔所写的《窦建德碑》这样说："唯夏氏为国，知义而尚仁，贵忠而爱贤，无暴虐及民，无淫凶于己，故兵所加而胜，令所到而服。……自建德亡，距今已久远，山东河北之人，或尚谈其事，且为之祀。知其名不可灭，而及人者存也。"（《全唐文·窦建德碑》）盛赞了窦建德的为人，记述了唐文宗时期河北、山东一带民间祭祀窦建德的景象。

此时看来，假如李渊当时留住他的性命，然后以他的名义招抚河北，效果会好得多。这也许是唐朝决策失误，也许是李密降而复叛的事情使得李唐对投降的敌首格外警惕使然吧。

窦建德的部将们就是利用了民间怀念窦建德的情绪发动了叛乱。

他们占卜，结果说如果有姓刘的出来主事则大事必成。他们第一个想到了窦建德旧将刘雅。找到刘雅据实以告，没想到刘雅拒绝了，他说：现在天下刚刚出现安定的苗头，我想安分守己当个农民，不想起兵。众人大怒，又担心刘雅泄露机密，于是竟然合起伙来将刘雅杀死。

紧跟着他们又想起故汉东公刘黑闼。刘黑闼，贝州漳南人，与窦建德是发小，家贫无以自给，建德每每资助他。隋末战乱的时候刘黑闼跟随了郝孝德，后来又归了李密瓦岗军，被王世充俘虏，王世充欣赏其武艺和指挥能力，任命他为骑将。但是他看王世充的那些做派，十分瞧不起，于是逃回了乡里。后来他被当时效力于窦建德的李世勣俘虏，献给了窦建德，窦建德听说过刘黑闼的大名，对他委以重任，拜其为将军，封汉东郡公。窦建德经常让他打前锋，而刘黑闼也是见多识广，对各股武装力量的优缺点有认识，作战前经常远置斥候，观察敌情，甚至还亲自深入敌后侦察，然后趁机突袭，所有战斗往往大获全胜，军中无不称其神勇。等到窦建德失败，刘黑闼再次解甲归田，闭门不出，以种菜为业。

这些人找到刘黑闼，把打算一五一十说出来，刘黑闼欣然答应，立即将家里耕牛杀了给他们吃，当场就反叛大计定下了方针。最终他们纠集了一百多人突然发难，占领了漳南县城。

刘黑闼的反叛迅速获得了河北不少地区的响应，队伍也日渐壮大，魏州、贝州接连被攻克，两位唐朝刺史都阵亡。后来又攻陷历亭，俘虏唐朝屯卫将军王行敏，逼迫王行敏给刘黑闼下拜，王行敏誓死不从，于是被杀害。窦建德的余党逐渐向刘黑闼的方向靠拢。他们在漳南县设置祭坛，祭祀窦建德，然后刘黑闼自称大将军，传檄各地，号召叛乱。

唐朝听说了河北叛乱的消息，立即派遣关中地区部队开赴河北平叛，并且诏幽州罗艺夹击叛军。

此时，今山东地区的徐圆朗也与刘黑闼携手了。徐圆朗本是农民起义军的成员，大业十三年起兵反隋，曾有众两万余人，后来归附李密，李密败，降王世充。王世充败，又降唐。唐拜其为兖州总管。他对唐朝其实一直是心存不满的，此时主动与刘黑闼联手，兴兵作乱，带动了兖、郓、陈、杞、伊、洛、曹、戴这八州响应刘黑闼，并自称"鲁王"。此时河北、山东大片地区连在一起，共同反叛唐朝，唐朝刚刚稳定住的局势又开始混乱了起来。

徐圆朗抓获了唐朝出使河南的大使盛彦师，并且威胁盛彦师给镇守虞城的弟弟写信，让他来降。盛彦师提笔写道：我不幸为贼人所擒获，现在只有一死以报朝廷。母亲由你奉养，不要挂念于我。

徐圆朗勃然大怒，想杀盛彦师，没想到盛彦师一副无所谓的样子，徐圆朗转而笑道：盛将军有气节，不能杀。于是继续扣押着盛彦师。

唐朝河南道安抚大使任瓌在宋州时遇到了徐圆朗叛乱，副使柳浚劝任瓌退保汴州，任瓌笑着说：您的胆子太小了吧。徐圆朗一路攻城略地，又要围攻虞城。任瓌派部将崔枢、张公瑾率领河北和山东豪强质子百余人守虞城。什么是质子？就是人质。当时河北、河南、山东不少刚归附唐朝的地区，地方官、窦建德与王世充的旧将、地方豪强按规定向唐朝交出人质，一般都是儿子或者兄弟，以此来保证他们不反。

柳浚又提意见说：崔枢、张公瑾本就是王世充旧将，现在我听说各个反叛地区的质子们纷纷又开始反叛，你现在让咱们手头的这些质子去守城，难免又要叛乱。

任瓌压根不听，按原计划行事。

崔枢等到了虞城，将一百多名质子和当地人混编在一起守城，又让当地人当各队的队帅，结果有一名质子叛逃，于是崔枢将队帅斩首，其余队帅一看，心想：我队里的质子假如反叛，我岂不是也要受牵累掉脑袋？于是他们竟然将队伍里的质子全部杀死。

崔枢将这个消息报告给任瓌，任瓌佯装发脾气说：我让你带质子们去，是为了招降其父兄，你为何将他们杀死？

但是退下来他悄悄对柳浚说：这下子质子们死于虞城当地人之手，虞城人与叛军结下了血海深仇，必能拼命守城，我辈无患了。

果然，虞城人杀死质子们后知道，假如城破自己必然死无葬身之地，于是个个拼命守城，徐圆朗一无所获，不得不怅然离开了虞城。

此时的唐朝正在多线作战：北边有突厥骚扰，尉迟敬德等奉命北上抵御突厥；李靖等率军南下进攻萧铣；河北、山东等地的叛乱难免让唐有捉襟见肘的感觉。

于是曾在河北地区作战过的淮安王李神通再次披挂上阵，率领关内兵绕道幽州，与罗艺汇合，然后又征发河北地区兵力五万人，追击刘黑闼至饶阳，双方展开了一场大战。唐军人数上占据优势，布阵十余里，而刘黑闼审时度势，决定利用背后的一条长堤布阵，由于兵少，阵形显得很单薄。

当时大风雪，风向对唐军有利，于是李神通趁机发动了进攻，刚开始进展顺利，忽然风向改变，刮向唐军，唐军一时间根本睁不开眼睛，刘黑闼趁势进攻。李神通大败，损失兵马器械超过三分之二，而罗艺此时在整个阵形的西侧，正在进攻敌人侧翼，并且颇有斩获。听说主力战败，他立即退出战场，走保藁城，在这里遭到刘黑闼攻击，罗艺大败。猛将薛万均、薛万彻都当了俘虏。或许刘黑闼考虑到罗艺毕竟归附唐朝不久，还可以争取，不想把双方关系搞得太僵，于是将薛万均、万彻头发截掉，以示羞辱，但是释放了他们。罗艺不得不撤退回幽州。

经此饶阳一战，唐朝在河北地区的主力大败，刘黑闼名声大噪。

紧跟着，刘黑闼又攻占了河北重镇定州，抓获刺史李玄通。李玄通是个能干的人，刘黑闼想拜他为大将。李玄通忠于唐朝，誓死不降。他的故吏带着酒肉来看望他。李玄通说：你们来看望我，拿着酒肉，是宽慰我心，我当为你们一醉。和故吏们喝到酒酣耳热的时候，他对看守说：我想舞剑，能否借佩刀一用？看守见他似乎情绪还不错，没什么危险性，于是就把佩刀给了他。李玄通拿起来和着音乐舞蹈，曲终，李玄通长叹一口气说："大丈夫受国恩，镇抚方面，不能保全所守，亦何面目视息哉！"（《大唐新语》）然后剖腹而死。后来唐高祖听说了，为之流泪，拜其子为将军。

此时又传来不好的消息，高开道与刘黑闼联手了。

高开道是盐户出身，骁勇善战。隋末曾在河北参加起义军，攻取渔阳并建都于此，自称燕王，后来归降了唐朝。

高开道残忍而且狡猾。他对自己、对别人都非常狠。曾经有一次作战面部中箭，招医拔出箭头，医者云箭镞入骨太深，没办法。高将其斩首。再招一医，又云无法，再斩。第三个医人被招来，畏惧不已，为了活命强说可以治疗，方法是将创口附近骨裂扩大，嵌入楔子，然后将箭镞拔除。高开道让其动手，动手术的时候始终面不改色，同时割炙饮酒，颇有关云长刮骨疗毒的魄力。事毕赏赐医人三百匹绢。

此时刘黑闼叛乱，罗艺又战败，高开道就开始动念头了，想兼并罗艺的幽州。当时幽州闹饥荒，高开道开仓赈济，凡是幽州百姓来到，高开道都给予优厚待遇。罗艺大喜，于是将数千名幽州老百姓发来领粮，还带来了几百辆车、上千匹驴马，没想到高开道当场翻脸，扣留这些老百姓和车辆牲畜，宣布叛乱，再次自称燕王。这下罗艺又遭受了重大打击。高开道北联突厥，南联刘黑闼，一时间甚是嚣张。

高开道的叛乱带来的直接后果是罗艺再也无法配合唐军进攻刘黑闼，他已经自顾不暇了。高开道十分狡猾，他再次使用奸计，让部将谢棱诈降于罗艺，请罗艺派兵援接，罗艺派来的部队走到半路遭伏击，大败。一时间幽州也岌岌可危了。

此时河北一片大乱，窦建德各地的旧部纷纷杀害唐朝官员响应刘黑闼。刘黑闼进攻宗城，镇守宗城的李世勣弃城直奔洺州。刘黑闼率军紧追不舍，追上后大破李世勣部，唐军步骑兵阵亡五千余人，李世勣逃跑了。

洺州城虽然关门据守，但是有洺州土豪从城墙上翻下去投奔刘黑闼，并且在城内还留了接应。刘黑闼在城东南祭天，然后又祭窦建德，最后一举攻克了洺州。

从举兵到此时仅仅半年时间，刘黑闼已经收复了窦建德的所有地盘。唐朝的统一战争遭受到了重大挫败。

刘黑闼派遣使者前往突厥，联合颉利可汗。可汗大喜，派手下率领一支骑兵与之汇合。

十二月丁卯，眼见河北形势一发不可收拾，唐高祖终于决心动用王牌力量。他命秦王世民、齐王元吉挂帅讨刘黑闼。

此时的李世民已经休息了半年左右。平定窦建德、王世充之后，唐高祖觉得这个儿子厥功至伟，以前的官爵都无法表彰他的功勋，于是为他创造了一个新的官号——天策上将，领司徒、陕东道大行台尚书令，增邑二万户。与此同时，齐王李元吉被拜为司空。

李世民在皇宫西面开馆，招纳天下著名文人，虞世南、孔颖达、杜如晦、房玄龄、陆德明等十八人被延请其中，经常与李世民谈古论今，号称"十八学士"，还让阎立本为十八人画像。

就在他享受这难得的平静时光的时候，刘黑闼反叛消息传来，唐军接连失利。《旧唐书》记载说李世民主动请缨，去河北平叛，但是他不知道，等待他的将是令他难堪的一幕。

太子东征

李世民率领军队踏上了前往河北平叛的征途。在他的设想里，这次出征和以往一样，又是一次胜利之旅。但是他大大低估了形势的复杂性，尤其这次是平叛，并非一次简单的讨伐。平叛需要武力，也需要争取人心，需要更多的政治智慧。李世民将在这场战争里学到很多东西。

武德五年（622年）正月，刘黑闼在新近攻克的相州称汉东王，年号建元，都于洺州，以范愿为左仆射，董康买为兵部尚书，高雅贤为右领军。窦建德时期的文武官员基本上官复原职，一切典章制度都模仿窦建德时期的，而大家认为在军事指挥方面，刘黑闼还要胜窦建德一筹。

李世民大军来到获嘉，刘黑闼认为相州无法坚守，于是撤军向洺州前进，李世民紧紧追击，到了洺水县扎下军营，对洺州形成威胁之势。

洺水县人李去惑据城来降，李世民派遣王君廓率领一千五百骑兵入城，和李去惑共同守城。二月，刘黑闼引兵攻洺水县，秦琼在列人县袭击了刘黑闼的部队，颇有斩获。

幽州罗艺此时也提兵南下，来与李世民汇合。并且接连攻克刘黑闼四个州，抓获刘黑闼尚书刘希道。

对刘黑闼来说，目前兵力上处于劣势，他选择的是急攻洺水县城，而李世民则打算靠洺水县城消耗刘黑闼的兵力和士气，然后一举拿下。

但是他很快发现，形势比想象的要糟糕。洺水县四面都有水沟，水沟宽五十步，这是洺水县主要的屏障，而刘黑闼在城东北方向筑甬道，意图填平水沟直抵城下。李世民见状发动进攻，意图破坏甬道，但是三次进攻均被刘黑闼击败。眼看王君廓不能坚守，李世民紧急召开军事会议，李世勣说：如果甬道修到城下，城必然不能守。猛将罗士信则站出来，主动要求代替王君廓守洺水城。

李世民立即下令用旗号向城内发出命令，王君廓率兵拼死突围而出，而罗士信则率领两百人同时入城，代替了王君廓。刘黑闼继续猛攻，河北军队作战骁勇，李世民预想的以洺水城吸引敌军主力然后趁机破敌的策略根本没有奏效。连续八天，刘黑闼猛攻不止，而唐军无力救援，最终城破，罗士信被俘。刘黑闼素知其骁勇，想劝降他，罗士信破口大骂，坚决不降，最终被杀，时年二十岁。罗士信少年时候就以勇武著称，曾是秦琼等人的好朋友，是隋末唐初乱世里叱咤风云的风云人物，没想到牺牲在胜利的前夜。这对李世民来说毫无疑问是一次重大的打击。

罗士信一直感怀自己的老上级裴仁基。裴仁基是被王世充杀害的。王世充被平定后，罗士信曾以家财重新收敛裴仁基尸骨，葬于北邙山，又对别人说：我死后也要埋葬于此。后来，唐王朝将罗士信的尸骨埋葬在裴仁基墓旁。

不久，唐军再次攻打洺水，李世民与罗艺合兵一处。刘黑闼屡次挑战，李世民坚壁不出，然后派遣小部队骚扰敌人粮道。刘黑闼从冀、贝、沧、瀛诸州水陆运粮，唐将程名振率领千余人的队伍截击粮道，沉其舟，焚其车。战事进展到此时，回到了李世民熟悉的轨道上来，他已经用这种方式战胜了包括薛仁杲、窦建德在内的多个对手。

秦王世民与刘黑闼相持六十余日，刘黑闼越来越急躁，因为粮草不济，军心逐渐不稳了。于是刘黑闼选择夜袭唐军。他选择攻击的是李世勣大营，李世勣发出求援信号，李世民亲自前来救援，反倒被刘黑闼包围，就在此时，尉迟敬德赶到，杀出一条血路来，李世民和略阳公李道宗一起溃围而出。此番历险让李世民察觉到，刘黑闼已经迫不及待了，决战就在近日。

他下令去洺水上游设置堰坝，降低了下游水位，同时形成了一个人工的堰塞湖。他告诉守坝的人：等我发信号你就掘开坝子。

果然，刘黑闼很快就率领二万精锐来攻，李世民率领精锐骑兵与之决斗，大破其骑兵，转而开始攻击刘黑闼步兵部队。从中午作战到黄昏，刘黑闼逐渐无力支撑，部将建议留得青山在不怕没柴烧，先撤离战场再说。于是刘黑闼率领几个心腹悄悄逃离了战场，而他的军队还不知情，继续苦战。此时驻守大坝的守军接到了命令，掘开了堤坝，大水倾泻而下，河道水深瞬时达到一丈，截断了刘黑闼部队的退路，部队崩溃，李世民此战斩首万余，水中淹死数千人。

刘黑闼主力在此次洺水之战中输了个一干二净，只好率领二百人走投突厥。唐军这边形势转为明朗。

徐圆朗听说刘黑闼战败，十分恐慌。有河间人刘复礼对圆朗说：有个叫刘世彻的人，乃不世之才，有帝王之相，将军您假如只是自己独干，恐怕难以成功，不如迎刘世彻为主，必然成功。徐圆朗迷信天命，听从了刘复礼的建议，派他去迎接刘世彻。

刘世彻还没到，有人对徐圆朗说：您被骗了，好好的地盘为什么要给刘世彻？您忘了翟让和李密的故事了吗？徐圆朗又被说动，于是改主意要杀死刘世彻，兼并其部队。

刘世彻到了城外，却不见徐圆朗出来迎接。许久等到了徐圆朗派来的人，要求他入城一见。刘世彻一听就感到不对劲，想跑，但这是人家地盘，自己自投罗网，跑不了就只好进来拜见徐圆朗，徐圆朗兼并了他几千人的部队，任命其为司马，让他出使谯、杞二州。这些地方的人听说过刘的大名，于是纷纷归降。徐圆朗觉得刘世彻的价值已经利用完了，于是将刘世彻杀害。

徐圆朗这样的割据势力，就是靠着蛮力和狡诈起家，格局很低，这种背信弃义的事情堂而皇之进行，这决定了他走不远。

腾出手的李世民就来进攻徐圆朗。但是此时唐高祖命令传来，要求他入京汇报，于是李世民将军队交给齐王李元吉指挥，自己赴长安，将作战计划原原本本向唐高祖进行汇报。高祖批准了作战计划，然后让他赴黎阳，率领大军向济阴进发，并且连下十余城，声震淮、泗。李世民认为徐圆朗大势已去，于是留下淮安王神通、行军总管任瓌和李世勣攻圆朗，自己班师回到了长安。

也就在此前，一个意外的消息传来——刘黑闼打回来了。刘黑闼跑到突厥以后，李世民和唐高祖都以为他跟刘武周、宋金刚一样，跑到突厥以后就再也无能为力了，甚至为此撤销了山东行台，这个临时机构就是为了平定刘黑闼设置的。没想到他却咸鱼翻身，借助突厥的力量返了回来。

从唐朝占领长安开始，突厥就没少骚扰唐朝，他们的目的很简单，不希望看到有一个统一的中原王朝与之对抗。他们支持、帮助乃至收容了很多唐朝的敌人，包括刘黑闼。那么，为什么会帮助刘黑闼打回来呢？因为他们找到了新的借口，就是唐朝代州总管李大恩试图攻击突厥。突厥屡屡进兵骚扰唐朝，李大恩身为代北地区的军政长官当然想出气，他趁突厥闹饥荒向唐高祖提出进攻的要求，唐高祖同意了，他也忍很久了，于是派遣独孤晟率军增援，与他共同行动。李大恩与独孤晟约好了汇合的地点和时间，并且率军队先期到达，但是没想到独孤晟行军迟缓，在约定好的日期没有赶到。此时突厥得知消息了，决定先下手为强，碰巧刚刚投奔过来的刘黑闼跃跃欲试，而且河北地区看起来人心似乎也不稳定，有可乘之机。于是突厥决定，重新武装刘黑闼，让他打前锋。颉利可汗这次花了血本，出动大军数万人，与刘黑闼联手进攻李大恩。李大恩被围，唐朝的援军又迟迟不到，最后李大恩战败被杀。

刘黑闼转而向定州进发，其故将曹湛、董康买来投奔，带动了河北很多地区响应，河北敌情再次死灰复燃，这是唐朝没有预料到的。唐朝此次最大的失误就是将这场战役等同于一般的战役，以为歼灭敌人有生力量就可以取得胜利，但是这是平叛战役，平叛除了武力之外，还要注意人心，要消除敌人反叛的社会基础，争取人心。在河北这个窦建德有较高声望的地方，争取人心更加必要，可是李世民没有意识到这一点，导致河北地区一而再再而三地叛乱。

由于此时李世民在长安，所以唐高祖先委任齐王李元吉讨伐刘黑闼。但是李元吉论指挥才干绝对不及刘黑闼，唐军接连失利，贝州刺史许善护战死，陆续还有州县在投降刘黑闼。

很快，唐军迎来了黑色的一天，淮阳壮王李道玄战死了。李道玄只有十九岁，是李渊的侄子。他崇拜的对象就是李世民，经常追随李世民出征，而且学习李世民冲锋陷阵，十分勇敢。

当时李道玄率领三万大军在下博县与敌人遭遇。李道玄与副将史万宝之间关系不和睦，遇到刘黑闼大军，李道玄率领轻骑兵率先进攻，按理说史万宝应该指挥主力随后跟上，没想到史万宝竟然按兵不动，还对周围人说：我奉皇帝手敕，淮阳王年轻，军事由我负责。现在淮阳王如此冒进，我们如果跟进恐怕全军覆没，不如干脆以淮阳王为诱饵，他战败，敌人必然冒进，我方坚陈以待之，破之必矣。

李道玄在敌阵中奋力冲杀，本以为主力就在背后，结果厮杀许久也不见援军，逐渐力不能支，几乎全军覆没，李道玄牺牲在战场上。刘黑闼的部队转而进攻唐军主力，史万宝迎战，没想到全军因为李道玄之死陷入了恐慌，一下子溃不成军，史万宝只身逃回长安。这场大败带来的结果就是河北几乎一夜之间恢复原状，刘黑闼再次回到洺州定都，唐朝此前的努力几乎付之东流。

李世民听说了李道玄的死讯，悲伤流泪。至于史万宝，史料没有记载他的结局。

李元吉面对着刘黑闼的强大攻势，竟然再也不敢进军。那么此时该怎么办？

唐高祖最后的决定是派遣太子李建成。按惯例，这种复杂局面一般都由秦王李世民出面，但是这次却一反常态，派出了李建成，原因何在？

其一，李世民不适合河北平叛。

李世民此前虽然战场上击败了刘黑闼，却没有稳定住河北局面，事实证明他对这种需要争取人心的战争准备不足。而且，窦建德是他击败并且送往长安的，河北的很多人提起秦王李世民都恨得牙痒痒，李世民的攻击只会让他们更加同仇敌忾。

其二，李建成主动请缨。

李建成的事迹虽然在贞观年间修改过的史料中被大量抹杀，但是从种种蛛丝马迹中我们看到，李建成能力很强，建国战争前半阶段可以说军功不在李世民之下。但是自从被立为太子之后，储君的身份决定了他不能轻蹈险地，所以这几年来大多数时间里李建成都在长安。其间也曾奉命出讨稽胡，但那是因为李世民等全在外面征战，不得已而为之。

可是久而久之，这样的局面就导致李建成和他身边的谋臣心理上出现了微妙的变化。李建成当太子纯因为嫡长子继承制，可是中国历史上嫡长子继承制从来不稳，兄弟相残的事实在是太多，而且殷鉴不远，有个鲜活的例子，那就是隋炀帝杨广和他的哥哥杨勇。杨勇早早被立为隋文帝太子，所以也就没有出外建功立业的机会。而他的弟弟晋王杨广，抵御突厥、讨伐陈朝，为统一大江南北做出了巨大的贡献，两个人的功劳根本不能相比，于是晋王杨广就动了夺嫡的念头，最后联合大臣杨素和自己的母亲独孤皇后，使用各种计策夺嫡成功。而杨勇始终后知后觉，一直到弟弟的心机不再掩饰他才发现，可木已成舟，悔之晚矣。

此时的形势，难道不神似这一幕吗？李世民先后平定薛举、薛仁杲、刘武周、宋金刚、王世充、窦建德，可以说统一战争中最困难的战役都是李世民的功劳，他已经因此被封为天策上将，而且还领十二卫，大权在握，深孚众望。天下人知李世民者多，知太子者少，这对于太子来说简直是极大的威胁。太子及其手下都开始担忧起来。

此番李世民出征效果不佳，李元吉又逗留不敢进，太子身边的谋臣就开始为太子考虑了。主要是太子中允王圭、洗马魏徵。尤其是魏徵，此人历经风雨，颇有政治智慧，能审时度势。当时李世民在洺水战役中击败了刘黑闼，刘黑闼逃奔突厥之后，太子建成问魏徵：河北是不是就此可以平定？魏徵回答说："黑闼虽败，杀伤太甚，其魁党皆县名处死，妻子系房，欲降无繇，虽有赦令，获者必戮，不大荡宥，恐残贼啸结，民未可安。"（《新唐书》）魏徵预料这场战争的实质是争取河北人心，而秦王李世民过于严厉的举措不利于人心稳定，恐怕河北还有大麻烦。

事实证明，魏徵的预测是正确的，好比两位大夫把脉，魏徵认为治病要靠人心，李世民认为治病要靠武力。现在单纯的武力被证明已经失效，那么魏徵认为，千载难逢的机会到了。

王圭、魏徵劝说李建成："秦王功盖天下，中外归心；殿下但以年长位居东宫，无大功以镇服海内。今刘黑闼散亡之馀，众不满万，资粮匮乏，以大军临之，势如拉朽，殿下宜自击之以取功名，因结纳山东豪杰，庶可自安。"（《资治通鉴》）

他们的话两层含义：

第一，趁秦王无功，太子要赶紧立功建立自己的威望，巩固太子之位。

第二，要趁机结交山东豪杰，引为奥援。

这些迹象表明，王圭、魏徵已经意识到了李世民对李建成地位的威胁，开始为未来有可能的斗争做准备。也就是说，玄武门事变的前奏此时已经开始奏响了。人与人的矛盾在团结一致应对生死考验的时候往往显露不出来，反倒是功成名就之日，互相之间在种种因素尤其是权势的诱惑下就会产生缝隙，李建成和李世民这一对亲兄弟就是如此。

太子听了他们的话，主动向皇帝请缨，唐高祖欣然答应，他内心里可能也希望儿子们之间功劳能够平均些，以达到平衡。此时李世民的策略被证明效果不明显，而太子又主动请缨，何乐而不为？于是下诏，正式下令太子出征。这时候是武德五年十一月。

李建成制定的策略是双管齐下，对河北民众和刘黑闼的一般部下要采取怀柔政策，尤其是要建立河北民众对唐朝廷的信任。与此同时，对待首恶刘黑闼要坚决打击，绝不手软。

大军出发，进入刘黑闼地盘，按照《旧唐书·刘黑闼传》的记载，李建成连战连捷，刘黑闼毕竟前面遭遇过战败，再加上河北地区战火弥漫，要恢复实力很困难，李建成的迅速出击使得他基本没有喘息之机。与此同时，按照魏徵的建议，李建成对普通民众和刘黑闼的部下采取怀柔政策，将监狱里的战俘全部释放，而且对其中的重要人物善加抚慰，与他们推心置腹交朋友，一改李世民的强硬严厉作风。刘黑闼这里本来就缺衣少粮，人心不

　　稳，此时听说唐朝实行宽大政策，而且眼见自己的父兄得到释放乃至优待，刘黑闼的部下们开始悄悄逃亡了，各地州县也纷纷出现百姓捆绑起长官投降唐朝的景象。

　　刘黑闼没有办法，只有寻求决战，企图在战场上击败李建成，重树威望。这一战对他可以说是孤注一掷，那么他能成功吗？

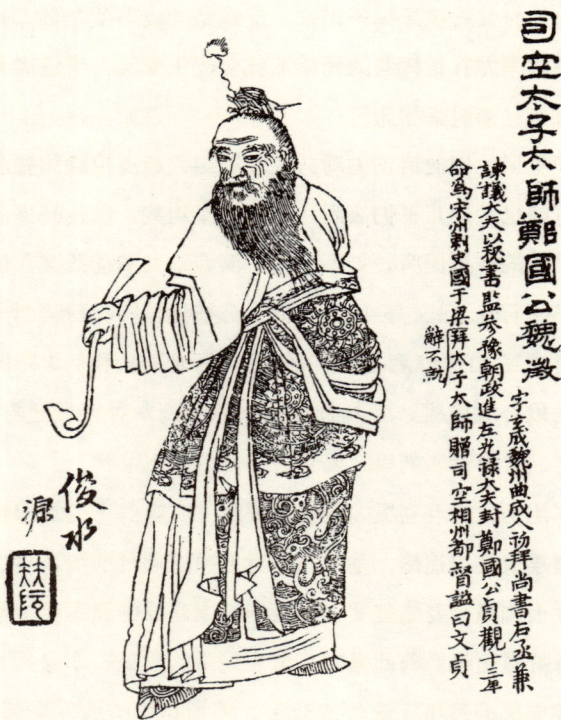

魏徵肖像图
（《凌烟阁功臣图》清刘源绘 上海同文书局石印本）

【二十七】

河北底定

刘黑闼率军在馆陶与太子李建成、齐王李元吉遭遇。此时唐军进展顺利，而且太子亲征，人心鼓舞，刘黑闼在兵力上、士气上都处于下风，因此可谓硬着头皮迎战。此前围攻魏州失利，刘黑闼的军队已经逐步丧失信心。

在馆陶的永济渠旁，刘黑闼布下阵势，与敌接战。他让部将王小胡率军背水而战，自己则督促工兵修筑桥梁，桥梁修成，刘黑闼立即过了渠道逃走了。他的手下看到主帅已经遗弃自己逃走，再也没心思作战，部队崩溃了，纷纷丢弃兵器解开铠甲就地投降。

唐军当务之急当然是抓获刘黑闼，所以唐军骑兵蜂拥而上，拥挤在桥梁上要去追赶刘黑闼，但是才过去不到一千骑兵，桥就垮塌了，而刘黑闼身边骑兵也有近一千人，这样唐军就不敢擅自追击，只好眼睁睁看着刘黑闼逃走了。

李建成决心趁热打铁，绝不放过这个元凶。他派遣刘弘基整顿骑兵，大规模过河，然后追击刘黑闼。刘黑闼也好，追兵也好，都日夜兼程不敢休息。

刘黑闼逃到了饶州，饶州刺史诸葛德威是刘黑闼的部下，出来迎接刘黑闼。刘黑闼此时已经只剩下随从百余人，个个饥寒交迫。诸葛德威请刘黑闼进城休息，但是刘黑闼坚决不肯，大概是因为此时战败，人心叵测，他不知道自己的这些旧部下们是否还忠于自己，假如诸葛德威是想把自己引诱进城来个瓮中捉鳖怎么办？所以他坚决不进城，诸葛德威再三请求，甚至流下了眼泪，刘黑闼这才依从，但是走到城旁的市场就再也不走了。诸葛德威拿来了很多食物，刘黑闼等人开始吃饭。饭还没吃完，诸葛德威亮出了真容，他早已经计划投向唐朝，因此要为唐朝送上刘黑闼这份重礼。他一声令下，伏兵四起，将刘黑闼一行全部缴械扣押。

紧跟着，诸葛德威下令将刘黑闼送往李建成处。李建成下令将刘黑闼和刘黑闼的弟弟刘十善斩于洺州。此时是武德六年（623年）春正月。

至此，在河北掀起轩然大波的刘黑闼叛乱宣告结束。这一仗对于新生的唐王朝来说是一次特别的经历，主要体现在两方面：

其一，唐朝经历了一场不同寻常的战争。

平叛战争与唐朝打过的那些和正规军之间的战争不一样，平叛战争需要的是双管齐下，武力与安抚并重，并且要准确把握民众心理，李世民对此估计不足，导致了前半阶段的徒劳无功。

其二，李建成与李世民的矛盾初露端倪。

要说此前两人还算勠力同心、精诚团结的话，那么从此时起，两人之间的矛盾就开始浮出水面了，标志就是上文中王圭与魏徵劝说李建成主动请缨剿除刘黑闼的那番话。也就是说，洛阳战役结束以后，太子集团已经充分感受到来自秦王集团的压力，秦王功高盖世，已经威胁到了太子的安全。

可以说魏徵的话已经比较赤裸裸了，将李建成和李世民的矛盾完全呈现了出来。而事实证明，太子也的确有这样的担心，所以他听从了魏徵等人的建议，亲征河北，并且大获全胜，可以说弥补了自己威望方面的短板。

那么结交山东豪杰，太子做了吗？事实证明他可能做了。举个例子，玄武门事变后，魏徵投降了李世民，李世民派他去河北"安辑"，为何要安抚河北呢？大概因为当年在平定刘黑闼叛乱的时候太子李建成在这里发展了自己的势力，所以玄武门事变后要安抚他们。结果魏徵走在路上遇到太子和齐王的亲信李志安、李思行被官府押解着送往长安，魏徵说："今若释遣思行，不问其罪，则信义所感，无远不臻。"（《旧唐书·魏徵传》）事变后已经有命令，所有的太子党、齐王党都不追究，现在却把这两人押往长安，那咱们去河北安抚还有什么用？结果释放了此二人，在河北地区果然起到了良好的效应。李志安、李思行是什么人？史料比较缺乏，我们只知道李思行曾经是李渊手下老兵，太原举兵功臣之一，李志安事迹不详，不知道是唐朝旧将还是太子李建成在河北招募的所谓"壮士"。但不管怎么样，我们可以看到，李建成的确在河北地区发展或者说安置了自己的力量，以至于玄武门事变后河北出现了清除宫府党的现象。史料当中双方的矛盾增多也就是从此时开始的。可以说，河北战役使得矛盾得以浮上水面。

这次河北战役对李世民来说也是一次宝贵的经历，经验和教训都足够多，尤其让他意识到——武力不是万能的，争取民心、安抚民心是一个复杂的系统工程，这对这位未来的皇帝是大有裨益的。后来他能说出那句著名的"水能载舟亦能覆舟"，恐怕与这段经历多少有一点关系。此时的他只有二十多岁，遭遇的挫折对他来说是宝贵的财富。

河北战役的尾声是平定凶悍残忍的高开道。刘黑闼叛乱过程中他积极配合，在华北地区兴风作浪，尤其是他还联合突厥。突厥攻打马邑时，由于不善于攻城，特地请来了高开道的部队做攻城的先锋，最终导致马邑陷落，然后突厥和高开道联合镇守马邑。

而高开道此时还是冥顽不灵，在刘黑闼失败后继续与唐朝为敌。但是他的部下已经军心动摇，思归家乡，不愿意再打了。

刘黑闼手下大将张君立来投奔高开道。可能是想给自己找个出路，想投降唐朝的时候献上一份大礼，于是与高开道的部将张金树暗相联合，想杀死高开道。

高开道平时有数百名亲兵，个个骁勇善战，号称"义儿"，对高开道忠心耿耿。要想杀死高开道，必须先对付这些人。张金树在行动前，派遣几个心腹来到内院，与这些义儿一起说笑嬉闹，一边玩一边暗地里做手脚，将义儿们放在房间内的弓的弦全部弄断，将其横刀藏起来，把他们的长矛捆起来放在床下。

夜幕降临，张金树开始行动，他们来攻打高开道的住宅，那些义儿仓皇之间急寻武器进行抵抗，结果发现弓弦断了，长矛和刀都找不到。此时张君立在外城点火响应，高开道的义儿们心理防线崩溃了，陆陆续续有人走出来投降张金树。

高开道一看便知自己无法幸免，于是穿上铠甲，拿着兵器，坐在大堂之上，与妻妾们一起高歌宴饮。高开道是个狠角色，骁勇无敌，张金树的人没有敢于上前的，只是紧紧围着大堂。

天色即将破晓，高开道站起来，先缢杀其妻妾及诸子，然后自杀。张金树又来了个斩草除根，将高开道所有义儿杀死，紧跟着又杀死了张君立，一共杀了五百余人，然后降唐。高开道从举兵到灭亡，一共历经八年之久。唐朝在他的旧地设置了妫州。

刘黑闼和高开道的覆灭是一个里程碑，标志着唐朝在北方地区已经取得了完全的胜利。尽管还有一些割据残余势力，还有突厥的虎视眈眈，但是总的来说，北方地区已经没有能够阻止唐朝统一天下的强大的武装力量了。此时，唐朝开始把目光投向了南方。

就在平定刘黑闼的第二年，太保吴王杜伏威薨，他的死牵扯万端，与局势息息相关，还有冤情渗透其中，这是怎么回事呢？

杜伏威，齐州章丘人。此人青少年时期家贫，不务产业，经常偷别人东西，与一个叫辅公祏的人关系特别好。辅公祏的姑姑家是养羊的，辅公祏多次偷姑姑家的羊给杜伏威吃，姑姑一怒之下向官府进行了举报，官府要擒拿这两个小蟊贼，于是他们逃了，真的落草为寇了，当时两人都是十六岁。

任何一个行业，要想出人头地都不容易，有些要素是必备的，如勇敢、有担当、身先士卒，杜伏威就是这样的一个人，每次出去打劫，他都是出则居前，入则殿后，很快赢得了群盗的支持，被推为首领。

大业年间，天下大乱，杜伏威也想有一番作为。他率领手下群盗入长白山投靠起义军，这个长白山不是现在东北的长白山，而是隋末率先掀起农民大起义的今山东境内的长白山。

杜伏威在这里见到了起义军一个领袖左君行，但是左君行对待他傲慢无礼，杜伏威率领手下离开长白山，选择了南下，发展自己的势力。

当时各路起义军争夺的焦点是中原和关中，而南方地区相对来说还算平静，竞争激烈程度低，杜伏威大约看中了这一点，所以前往这一带发展。当时下邳地区有一路起义军，首领叫苗海潮，杜伏威决心吞并他的势力，派遣辅公祏为特使去恫吓苗海潮，对他说：咱们都是苦于隋朝暴政，揭竿而起，若力量分散则早晚会被隋军吞没，不如合兵一处，而无后顾之忧。你要是觉得自己能当这个主，你就自己当，你若觉得不能当，你可以来听命于我，否则咱们不如一战，一决雌雄。苗海潮自觉不是杜伏威的对手，于是乖乖地率众投了杜伏威。

下邳在今天江苏省邳州市境内，这里距离江都（今江苏扬州）不算很远，而江都是隋朝在长江流域的重镇，也是隋炀帝所钟爱的城市，杜伏威在江都附近发展势力，势必要遭到隋军的讨伐。

当时江都派出了校尉宋颢率兵讨之。这算得上是杜伏威举兵以来遭遇的第一场大硬仗。杜伏威决心利用隋军轻视自己的心理，佯装败北，宋颢率领步骑兵在后面紧紧追赶，结果就逐渐被杜伏威引入了芦苇荡中。隋军的骑兵进入芦苇荡，立即感觉寸步难行，队伍陷入了混乱，紧跟着杜伏威的伏兵从上风向开始纵火，大火席卷芦苇荡，隋军大部分被烧死，杜伏威取得了第一场大胜仗。

紧跟着，杜伏威又收降了海陵地区起义军赵破阵的队伍，杀了赵破阵。这时杜伏威终于引起了隋炀帝的注意。隋炀帝派遣右御卫将军陈棱以精兵八千讨之。当时杜伏威兵力众多，而且士气高昂，陈棱竟然不敢迎战。杜伏威采取了激将法，他派人送给陈棱一身女人的衣服，并且在书信里称呼陈棱为"陈姥"，这一看就是在模仿三国时候诸葛亮激怒司马懿的故事，但是司马懿好歹是忍住了，而陈棱则忍不住，他立即率军出战。

双方这一场大战打得无比激烈，昏天黑地，杜伏威虽然兵力占优，但隋军都是精锐，个体战斗力很强，所以一时间难分胜负。

正在胶着的时刻，杜伏威被陈棱部将一箭射中脑门，杜伏威暴怒，忍着剧痛指着那个将领大喊：今日不杀你，誓不拔除此箭！于是他在万军丛中跃马扬鞭直取该将，这个将领吓得四处躲避，杜伏威勇猛无比，在陈棱的营阵中反复冲杀，所向披靡，并最终抓获了射箭者，逼着他替自己拔出了箭镞，然后一刀将其杀死，携带着其首级继续冲杀，又接连杀死数十人。

陈棱最终崩溃了，只身逃回江都。杜伏威由此声威大震，连破高邮、历阳，江淮地区各股武装力量纷纷来归附，杜伏威势力呈几何级增长。

他在众军中拣选了敢死队五千人，号称"上募"，给予极高的待遇，并且与之同甘共苦。每次作战，但凡有难啃的骨头他都交给上募去攻击，战斗结束后要亲自检阅上募，看到背后有伤的就当场杀死，因为这是逃跑留下的痕迹，是个胆小鬼。他轻财好施，只要有缴获的财物都分给将士们，所以战士们乐为其所用，奋勇杀敌。

后来，江都发生巨变，隋炀帝被宇文化及杀害。宇文化及随即向杜伏威伸出橄榄枝，任命他为历阳太守，杜伏威思考之后拒不接受，相反，他上表洛阳的越王侗，接受了越王侗的册封，越王侗委任他为东道大总管，封楚王。

杜伏威为什么不接受宇文化及的招安，反倒接受遥远的洛阳越王侗的招安呢？

首先，历史上很多农民起义军都有被招安的意愿，反映出他们斗争意志的不坚决。杜伏威虽然是叱咤风云的英雄，但骨子里还是缺乏自信，对隋朝还是怀有幻想。

其次，他认为宇文化及属于乱党，不可能成气候，而越王侗则是正统的皇室，可以投靠。而隋炀帝之死是个天下重新洗牌的机会，自己趁机可以获得正式的名位。

他的地盘俨然是一副中国的样子，选拔人才，任命官吏，整顿军备，减轻农民税负，废除殉葬法，部下有犯奸或者犯盗者一律杀之，官员有贪污枉法者不论轻重一律杀之，他的统治地盘内竟然出现了欣欣向荣的景象。

也就在此时，他与另外几股武装力量发生了冲突。

当时江南地区有沈姓豪族，世代在南朝为官。隋炀帝被杀的消息传开，沈姓首领沈法兴举兵，将宗族子弟组成军队，又夺取了当地隋军将领的指挥权，以诛杀宇文化及为名向江都进军。他从东阳出发，接连攻克余杭、乌程（湖州）、毗陵（常州），势力逐步壮大到六万人，自称江南道总管，部署百官。后来听说越王侗称帝，他和杜伏威一样，上表越王侗，接受其册封。

江南地区还有另外一股势力——李子通部。李子通早年参加过长白山农民起义，依附于左才相，后来遭到其猜忌，于是离开了他，来投奔杜伏威。

　　但是与其他人不一样，李子通野心很大，他投奔杜伏威实际上是想图谋杜伏威。不久他就趁杜伏威毫无戒备发动突然袭击，想杀死杜伏威，杜伏威的部将拼死相救，将重伤落马的杜伏威背到了芦苇荡中隐藏起来，这才逃得一命。杜伏威伤势刚有好转，就发动了对李子通的攻击，李子通被击败，率领手下逃到了海陵。

　　此时的长江下游，杜伏威据历阳，陈棱据江都，李子通据海陵，都有称霸的野心。李子通势力稍微振奋，就开始围攻陈棱所据守的江都城。

　　陈棱自料打不过李子通，情急之下，他用派遣人质的办法向沈法兴和杜伏威求救，于是杜伏威率领军队出发，来到了清流县，此时沈法兴派自己的儿子沈纶带兵数万也来增援江都，驻扎在扬子，双方间隔数十里。

　　对李子通来说，江都尚未攻克，外面又来了两路援军，形势对自己极端不利，就在此时，他的谋臣毛文深给他献上了一计，这是怎样的计策呢？

江淮风云

李子通面对杜伏威和沈法兴两大强敌，采取了一招"挑拨离间"的计策。他在自己的部队里挑选江南人，然后穿上沈法兴儿子沈纶部队的服装，夜袭杜伏威大营，杜伏威勃然大怒，以为是沈纶部队干的，立即又来反攻沈纶。沈纶莫名其妙遭到攻击，不过也不甘示弱，于是双方交恶并且对峙，这就给李子通赢得了一个大好局面。

李子通趁着援军产生矛盾，抓紧攻击江都城，最终江都城被攻破，陈棱没有办法，走投杜伏威。紧跟着李子通又乘胜攻击沈纶，沈纶战败撤退，杜伏威一看三方力量折了两个，只剩下自己，当然不愿单独面敌，于是也撤退了。

李子通在江都即皇帝位，国号为吴，改元明政，当起了地方小皇帝。

对于杜伏威来说，遭此重创，下一步该怎么办，他面临着艰难的抉择。

也就在此时，李渊派遣的使者来到了江淮，招降杜伏威，杜伏威就此投降了唐朝，被委任为淮南安抚大使。

　　此时是武德二年九月，杜伏威做出这样的决定可谓极具眼光。为什么这么说呢？

　　因为此时的李渊，不过是天下诸多武装力量当中的一支而已，当时河西薛氏刚被平定不久，刘武周、宋金刚正在与李渊争夺河东，河北窦建德正在发展自己的力量，洛阳王世充正在跟唐朝发生冲突，李渊的地盘主要是关中和河东一部分，自己能否成功都是未知数。但杜伏威竟然选择了在此时降唐，预判能力令人钦佩。他为什么这么做，史料没有明确的记载，估计是李渊身上所笼罩的谶言光环又发挥作用了，而且必须指出，这不是杜伏威第一次对别人称臣，杜伏威自信心还是不够强，他随时在寻找靠山，而缺乏独当一面的霸气。

　　虽然杜伏威投降了唐朝，但是唐朝此时并没有能力直接管辖他的地盘，双方只是名义上的君臣关系，杜伏威仍然掌控着军队和江淮一带大片领土。

　　局势稍微稳定后，杜伏威就要着手进行最重要的事情——击败李子通。李子通是长江流域第一个敢于称帝者，其人狡猾，兵力雄厚，又占据着江都等重要城市，控制了运河，自己要想在江淮立足，必须铲除此强敌。

　　此时已经是武德三年，北方形势是李渊、窦建德、王世充三大巨头对峙。长江下游则是李子通、杜伏威、沈法兴三巨头对峙。而南方这三巨头里局面最占优势的当然是李子通，沈法兴已经是风雨飘摇，所以杜伏威要集中力量歼灭李子通。

　　也就在此时，李子通率先开始行动了。他采取了先易后难的策略，武德三年冬季，李子通对沈法兴发动了进攻，沈法兴历经多次战败，加上自身残酷无情，已经众叛亲离，所以很快就被李子通打败。李子通占领了重镇京口，这里自古是长江重要渡口，联通南北，沈法兴丢失这里可谓大势已去。

这下子长江下游三雄去了一个，杜伏威就必须直面李子通的挑战了。此前唐朝加封他为吴王，使持节、总管江淮以南诸军事、扬州刺史、东南道行台尚书令、淮南道安抚使，赐姓李氏。以辅公祏为行台左仆射，封舒国公。这样做无非是为了鼓舞他们两人的斗志。

此时杜伏威决定先下手为强，派遣辅公祏为大将，率领副将阚棱、王雄诞，以总兵力数千人前来攻击李子通。长江下游的各股武装力量普遍没有北方武装力量那么壮大，所以以数千人的兵力也不算少。

尤其是副将阚棱、王雄诞，那可是杜伏威的爱将。王雄诞两次救过杜伏威的性命，当时杜伏威被李子通追杀，他的养子王雄诞背负他藏匿到芦苇丛中，躲过了追杀。趁着杜伏威兵败，隋军也前来进攻，杜军大败，杜伏威部将西门君仪的妻子是个勇壮女子，她背了杜伏威夺路而逃，王雄诞率军拼命掩护，杜伏威又逃得一命。

所以这一次兵力虽然不多，却可以说是杜伏威拿出了家底，要与李子通血战到底。辅公祏攻克丹阳，然后进逼溧水，在这里遭遇了李子通亲自率领的主力。这将是一场血腥而又戏剧化的战斗。

李子通兵力多达数万，占据了优势。但是辅公祏毫不畏惧，亲自挑选了精兵千余人，手持长刀在前，又挑选精兵千人紧随其后，起到督战作用，下达的命令是"有退者即斩之"，自己率领剩下的部队作为预备队。

李子通的部队排列成了方阵，辅公祐正面进攻，长刀手们大呼而入，李子通一时间站不稳脚跟，而辅公祐则立即指挥预备队从两翼包抄，李子通支撑不住，只好后撤。

辅公祐立即指挥军队追击。但是他忘了，自己的兵力处于绝对劣势，排列成紧密的队形还有战斗力，一旦撒开在平原上追击敌人，劣势就立即显现出来了。李子通稍微站稳脚跟就立即指挥部队反扑，辅公祐反倒被打败，只好逃回营垒，坚壁不出。

王雄诞比辅公祐还有胆识，在一片失利后的唉声叹气里，王雄诞反倒建议袭击敌军。他说："子通无壁垒，又狙于初胜，乘其无备击之，可破也。"（《资治通鉴》卷一八八）李子通的军队夜晚就驻扎在野外，没有营垒，这说明李子通不是一个优秀的将领。古代无论东西方，优秀将领都很重视行军营垒的建设，甚至每天行军到了新的地方都要不顾疲劳构筑营垒才可安心休息。李子通面临如此大战却没有营垒，可见他的军事素养不高。王雄诞认为，李子通刚刚胜利，所谓骄兵必败，正是可以袭击的时候。

但是辅公祐似乎已经被白天的战斗吓破了胆，他不敢出战，也不把指挥权下放给王雄诞。王雄诞无奈，只好率领自己的私属数百人趁着黑夜出击，顺着风向纵火，点燃了李子通的大营。李子通部队在大火中一片混乱，四散而逃，王雄诞在战场上抓获数千人。

辅公祐见状这才壮起胆子发动了进攻，李子通不仅兵败，而且又遭遇缺粮，所以一败再败，放弃江都，走保京口，地盘悉数落于杜伏威之手。杜伏威移居丹阳，继续遥控战局。

李子通复东走太湖，沿途收拾残兵败将，一共收集到两万人，下一步该怎么办？

打杜伏威，李子通是打不过了，但是他可以捏软柿子，这个软柿子就是沈法兴。此时沈法兴正龟缩在吴郡一带养伤，李子通率军袭击吴郡，大破之。与李子通两次大战，均以沈法兴的失败宣告结束，最后沈法兴又丢失了吴郡，可谓连家底都输光了，逃出吴郡的时候只有几百人跟随。此时他想去投奔吴郡一路农民军领袖闻人遂安，闻人遂安派出了自己的部将叶孝辩迎接他。没想到沈法兴走在半路上又后悔了，想杀死叶孝辩，兼并其部队，然后走投他处。可是被警觉的叶孝辩发现了，窘迫之下，沈法兴只能投水自尽。三雄中沈法兴成了第一个灭亡的。

通过占领沈法兴地盘、兼并其队伍，李子通意外地满血复活了。他迁都余杭，尽收沈法兴之地，北起太湖，南至五岭，东到会稽，西到宣城，都是他的地盘。

转眼到了武德四年，秦王李世民正在率军围攻洛阳王世充。杜伏威派遣两千兵马前来助战。

两千兵马不算多，但这是杜伏威第一次与唐王朝的实质性合作。此时双方的关系十分微妙：

首先，双方需要合作。杜伏威正需要借助唐朝的威名以对抗李子通。唐朝也需要杜伏威的归顺从东南方向对中原一带构成威胁。

其次，双方貌合神离。唐朝政府明白，杜伏威的归降只是名义上的，实际上他就是一个割据政权，而且此人前面多次改换门庭，对他不能全盘信赖。杜伏威心里也明白，唐王朝一旦统一中原，下一步必然指向自己。增援李世民是他对唐朝的示好，可能也带有试探的意味。

借着唐朝战胜窦建德、王世充的声威，杜伏威也展开了对李子通的总攻，他派遣王雄诞攻打李子通。此处插句题外话，杜伏威以往委将出征，一般都是派遣辅公祏，但是这一次他派出了王雄诞，我高度怀疑是因为上一次攻打李子通，辅公祏表现不佳，而王雄诞有勇有谋，表现上乘，所以此番就将这个任务交给了他，绕过了自己的副手辅公祏。这也为后来两人关系破裂埋下了伏笔。

王雄诞与李子通大战于苏州，李子通以精兵防守独松岭，王雄诞派其部将陈当世率兵一千人，趁着黑夜，乘高据险，大张旗帜，并且把火把绑在树上，遍布山泽之间，营造出一种大军居高临下并且铺天盖地而来的假象。李子通恐惧，烧营而逃，退保余杭，王雄诞又包围余杭城。最后李子通不得不投降，杜伏威接受了他的投降，将他和左仆射乐伯通一起押送长安。

这一战标志着长江下游三雄鼎立局面的最终结束，杜伏威取得了最终的胜利。李子通到了长安，唐高祖李渊没有杀他，而是将其释放，还赐予宅第一所、田地五顷，赏赐钱物颇多。实际上是将他软禁起来了。到了武德五年七月，杜伏威入朝，被留在长安，任命为太子太保，仍兼任行台尚书令。此时李子通开始动心思了。这个人一生多次起起伏伏，还是有雄心壮志的，他对败于杜伏威一事一直不服，看到杜伏威入朝，他对乐伯通说："东南未靖，而伏威来。我故兵多在江外，若收之，可建大功。"（《新唐书》卷八七）于是与乐伯通一同逃跑。他们想越过秦岭逃往南方，但是到蓝田关时被官吏抓获，押回长安，均被处死。

刚才提到杜伏威入朝，杜伏威为何在此时入朝了呢？

这仍然是杜伏威与唐王朝之间的微妙关系所导致的。

此时的唐王朝已经基本上奠定了在黄河流域的胜局，现在只有长江流域、岭南等地方亟待解决。而杜伏威的胜利在唐王朝眼里是亦喜亦忧，喜的是杜伏威是唐朝属臣，战胜了李子通等一系列强敌，为唐朝拿下了长江下游地区。忧的是唐王朝实际上一直没有真正控制过杜伏威，杜伏威与唐王朝之间与其说是君臣关系，倒不如说是盟友关系。此时的唐王朝已经腾出手来，要认真对待一下杜伏威的问题了。

就在战胜窦建德、王世充之后不久，李世民又去攻打徐圆朗。徐圆朗曾与窦建德结盟，后来又与刘黑闼为盟友，所以唐朝要攻击他。但是攻打徐圆朗其实还有另外一层用意，《资治通鉴》卷一九〇的说法是："世民击徐圆朗，下十馀城，声震淮、泗，杜伏威惧，请入朝。"

徐圆朗所处的地带刚好是唐王朝与杜伏威之间的中间地带，李世民对徐圆朗这样的小杂碎一点也不关心，战事尚未结束他甚至就把任务交给了李神通、李世勣等，自己班师了。他此行的主要目的其实是向杜伏威耀武扬威，是一场武装大游行。果然，杜伏威害怕了，立即奏请入朝，李世民于是放心地回到了长安。

杜伏威为什么会害怕？李世民这一次明显是在敲山震虎，以战胜窦建德和王世充的虎狼之师向杜伏威示威，而杜伏威此前作战的对象李子通之类的都是地方割据势力，不论是兵力还是军队战斗力都没法和唐王朝相对抗，更何况李渊头上还有"天命"的耀眼光环，而且现在看起来这个光环还越发耀眼了。对于杜伏威来说，他原本就缺乏逐鹿中原的霸气，更何况现在唐朝一统江山看起来只是时间问题了，于是他立即奏请入朝，放弃了兵权。

杜伏威来到长安，李渊接见了他，那个场面非常隆重热烈，李渊甚至拉他一起坐到了御榻上，拜其为太子太保，仍兼行台尚书令，留居长安，位在齐王元吉上。对于李渊来说，兵不血刃获得江淮、长江下游地区大片领土当然是大喜事。而留居长安这是必须的，这种枭雄唐朝是不会放虎归山的。

但仅杜伏威归顺长安是不够的，他的部队还很完整，地盘还在他的部下的管制中，唐朝只是名义上领有这块土地而已，过了不多久，这里果然出问题了。

武德六年八月，也就是杜伏威入朝一年以后，他以前的副手辅公祏公然打出了反唐的旗号，这是为什么？

杜伏威与辅公祏原本关系特别好，虽然是副手，但辅公祏年长于杜伏威，所以杜伏威平时称呼其为兄，军中则称辅公祏为伯父。

但是久而久之，两人之间的矛盾也逐渐出现并且扩大。人就是这样，事业干大了，同伴之间就容易出现缝隙，所谓可以共患难不可同富贵就是这个意思。尤其是在与李子通的战争中，辅公祏指挥失当，差一点导致战败，而杜伏威的爱将王雄诞不服从辅公祏指挥擅自发动夜袭，反倒反败为胜，这让辅公祏威望受损，很没有面子。

从那以后，杜伏威不再信赖辅公祏，不仅重用王雄诞，还重用自己的养子阚棱，这两人其实都起到了分割辅公祏权力、制衡辅公祏的作用。辅公祏眼看情形对自己极为不利，立即采取了韬光养晦的策略。他跟随故人左游仙学习道术，练习辟谷，一副闲云野鹤、与世无争的模样。

杜伏威入朝的时候，留下辅公祏镇守丹阳，自己带走了养子阚棱，但是同时任命王雄诞为辅公祏的副手，掌控兵权，其实就是让他看守辅公祏。杜伏威在临走时再三叮嘱：我到了长安之后，你要小心谨守，千万不要让辅公祏生变。

有人可能要问了：既然疑心辅公祏，那就不要让辅公祏掌权，或者干脆杀了他不就可以了吗？为何又要用他又要提防他呢？

实际上这也是杜伏威无奈的选择，辅公祏虽然威望有所降低，但曾和自己一起打天下，在军中也是元老级人物，颇有些拥趸，如果直接弃用，势必导致内部分裂，所以只好采取这样的折中策略。

不过杜伏威没有意识到，留下来的王雄诞在战场上是骁勇善战足智多谋的将领，但是论起政治斗争和鬼心眼，他可就是门外汉了。杜伏威一走，左游仙就开始劝说辅公祏趁机夺权，而辅公祏立即就听从了，两人日夜谋划，要首先夺取兵权。

其实这两个人真的是小聪明大糊涂，此时夺取兵权，即便成功，也把自己摆在了唐朝的对立面上，以他们的实力，堪与唐王朝一战吗？我们跳出丹阳，看一眼当时的大形势，也就明白了辅公祏等人的选择。当时北方地区窦建德、王世充还有后来的刘黑闼都已经失败，而长江中游的萧铣政权也被唐王朝铲除，唐王朝的势力正在全面渗透南方，甚至伸向了岭南。在辅公祏眼里看来，不管自己怎么做，唐王朝都不会放过他们的，所以不如干脆亮出反旗。至于像杜伏威那样归顺，看来他是不甘心的，说到底，还是个人的野心在作祟。

他们最大的障碍就是王雄诞，辅公祏和左游仙采取了挑拨离间的招数，他对外谎称得到了杜伏威的书信，书信称杜伏威怀疑王雄诞有二心，要他提高戒备云云。王雄诞性格耿直，根本没想到这是个阴谋，还以为杜伏威真的对自己不满，于是满肚子委屈。他觉得自己在战场上出生入死，还救过杜伏威的命，杜伏威却如此对待自己。伤心之余，他竟然赌气不再管事，将兵权拱手相让于辅公祏等。

辅公祏的第一步成功了，那么下面他将采取什么措施，而王雄诞会一直被蒙在鼓里吗？

激荡长江

辅公祏第一步成功，于是立即开始着手准备反叛，还让自己的党羽西门君仪劝说王雄诞参加举兵。王雄诞此时才恍然大悟，可是木已成舟，兵权已经不在自己手里。他大声说：今天下刚刚平定，吴王又在京师，你们这些人搞这些阴谋诡计，自己揣摩一下，你们是大唐的对手吗？你们不是自取灭亡吗？我今日若从了你们，无非给自己延长百日性命，却陷我于不义之境地！

辅公祏知道王雄诞是绝不可能跟随自己的，于是下令将王雄诞杀死。王雄诞作战勇敢，为人坦荡，善于带兵，军纪严明，所以他的死令军中民间都感到悲伤，很多人为之流泪。

辅公祏知道军中和百姓还是服气杜伏威，所以他假称得到杜伏威书信，说唐朝扣留自己，不得还江南，要辅公祏立即整顿兵马，准备开战。将士们不辨真伪，于是被裹挟其中。这就等于正式举起了反唐的大旗。

军队动员起来了，粮草筹措差不多了，辅公祏开始露出真面目。他在丹阳称帝，建国号为宋，以当地陈朝旧宫为皇宫，任命百官，左游仙被任命为兵部尚书、东南道大使、越州总管。

李渊得知消息，十分震怒，立即筹集兵马开始平叛。此次平叛，唐朝可谓家底雄厚，四路大军出击：

襄州道行台仆射赵郡王李孝恭指挥水军趋江州。

岭南道大使李靖率领岭南、闽地军队趋宣州。

怀州总管黄君汉率军出谯、亳二州。

齐州总管李世勣率军出淮泗。

这支队伍雄壮到何等地步呢？且不说兵力上占据绝对优势，单说将领，四路将领中后来的凌烟阁功臣就占了三个，李孝恭、李靖、李世勣。豪华阵容专为辅公祏提供服务。

临出发前，李孝恭与群将一起喝酒。席间命取水，取来的水忽然发红，在座者都大惊失色，认为是凶兆，但是李孝恭镇定自若，他说："碗中之血，乃公祏授首之后征！"（《旧唐书》卷一九〇）然后一饮而尽。

水变红可能是某种藻类导致的，古人迷信，将此视为流血之凶兆，而李孝恭善于因势利导，将不利因素说成是有利因素，给部下和自己打气。成功人士大约都有这样的心理素质，善于利用一切要素给自己建立信心。

辅公祏当然不愿束手就擒，他也抓住一切机会反攻，趁唐朝大军还未来临，他先后攻打了海州、寿阳。唐朝黄州总管周法明率军反击，在荆口驻扎的时候，辅公祏部将张善安派遣壮士化装成渔民，乘坐小船潜入周法明的舰队之中，周法明正在一条军舰甲板上喝酒，结果被张善安的人刺杀，刺客逃走。

但是紧跟着一报还一报，唐朝这边也用诡计击败了张善安。当时唐军李大亮在洪州攻打张善安，双方隔水对峙，李大亮先对张善安谕以祸福，张善安此时也首鼠两端，回答说：我没有反心，全是手下将士误我，现在想投降又不敢。

李大亮回答说：既然你有意投降，就与我是一家人。

于是他策马一个人渡过河来到对岸，握着张善安的手，嘘寒问暖。张善安其实一直在犹豫是否投降，跟随辅公祏肯定死路一条，可是自己前面已经杀了唐军大将周法明，唐朝会如何处置自己？看到李大亮如此有诚意，张善安放心了，立即表示要投降。

于是张善安带着数十骑兵和李大亮一起返回唐军大营，进营门的时候，李大亮让那些骑兵在门外等候，自己拉着张善安进了营帐。双方坐下来聊天许久，张善安想告辞，李大亮大喝一声，有壮士冲进来将张善安擒住，张善安的骑兵们听到动静不对，吓得逃回本营。张善安的部下们整顿兵马悉数来战，李大亮派人对他们大喊说：张总管是赤心向唐，自己不肯还营，并非是我扣留。他对我说：假如还营，恐怕将士人心不一，将要加害于他，所以才留在我营中，你们如何迁怒于我？

张善安的手下听到这番话，联想起这些天张善安犹豫不决的样子，还有阵前和李大亮亲如兄弟的那模样，觉得还真有可能是张善安自己不愿回营，于是大骂说：张总管卖我求荣！然后一哄而散。张善安用阴招害了周法明，李大亮紧跟着就用阴招害了张善安。

李大亮将张善安送往长安。张善安在唐高祖面前辩解说：我早已赤心向唐，虽然是辅公祏部下，虽然也与唐军交手，但我实际上已经与辅公祏没有关系了。此人巧舌如簧，唐高祖竟然听信了，于是将其释放，并且给予善待。一直到辅公祏灭亡，缴获了辅公祏很多书信文件，才发现张善安其实一直听命于辅公祏，唐高祖将其重新收监，然后处死。

武德七年二月，辅公祏遣兵围猷州，李大亮引兵击辅公祏，大破之。紧跟着李孝恭攻鹊头镇，拔之。然后唐军乘势又攻克丹杨、芜湖。

当时，辅公祏派遣三万军队驻扎博望山，另外三万军队驻扎青林山。江面上用铁索横贯，江西岸设置堡垒，以此对抗唐军。李孝恭和李靖合兵一处，率领水军抵达舒州，李世勣率步兵一万人配合行动。

辅公祏守军采取了坚壁不出的策略。李孝恭派遣部队骚扰其粮道，很快敌军乏粮，于是着急起来，主动求战，夜袭唐军大营。唐军震动，唯有主帅李孝恭仰卧不动，这才稳定住了军心。

李孝恭召开军事会议，将领们一致认为，当前之敌凭借天险，易守难攻。但是敌人主力大半集于此处，丹杨空虚，不妨绕过此处，直取丹杨。李孝恭听了表示赞成。

但李靖表示了反对。他说：虽然此处是敌军主力，但丹杨辅公祏自己率领的兵力也不少，这里打不下来，那里就能打下来吗？进攻丹杨，一旦多日不下，博望山守军回援，我们腹背受敌，此危道也。

那么应该怎么办？李靖给出的建议是继续攻打博望山守敌。他认为，关键之关键在于将敌人吸引出城，在野地里解决战斗。李孝恭最后听从了李靖的建议。他率领精兵在敌人看不到的地方排好阵形，然后派遣一些老弱残兵去攻打敌人的壁垒。

敌人击退了进攻的唐军，然后乘胜追击，走出数里，突然间唐军主力出现在眼前，阵容整齐，士气高昂，守军大惊失色，唐军发动全面进攻，尤其是唐军中闪出一人，摘下头盔对守军们喊话：认得我吗？竟然敢与我战？

此人不是别人，正是杜伏威养子阚棱。阚棱可不是个等闲之辈，是杜伏威军中公认的勇士，擅长使用双刃大刀，刀长一丈，可以一次毙敌数人。他跟随杜伏威入长安，听说辅公祏叛乱，立即加入唐军参加平叛。博望山守军中很多人就是他的部下，看到他露面，有的人望风而走，有的人甚至下拜，由此守军战败。博望山、青林山两处壁垒都被攻破，被杀和淹死江中的多达上万。

李靖率领大军直扑丹杨，辅公祏此时已经接到战败的消息，魂飞魄散，尽管还有数万兵力，他也无心恋战了，于是弃城东走，想去与左游仙汇合。李世勣在后面紧紧追赶。跑着跑着，辅公祏身边就由几万人变成了几百人了，除了卫队之外其余人都四散奔逃了。晚上宿营，他的卫队将领也在谋划捉住他献给唐朝。辅公祏听见了，立即逃跑，连妻子都不要了，只带了铁杆心腹数十人。最后在湖州附近遭到了当地农民的攻击，辅公祏被俘，农民把他献给了唐军，然后辅公祏被送往丹杨，枭首示众。

就在辅公祏覆灭之前的武德七年二月，一件蹊跷的事情发生了。原本健康状况不错的吴王杜伏威暴毙。《新唐书》卷九二是这样记载的："伏威好神仙长年术，饵云母被毒，武德七年二月，暴卒。"

杜伏威难道真的是因为吃丹药而死吗？可以说他的死疑点重重。

第一，死得太突然。有关他的死其余史料都语焉不详，但都使用了"暴卒"这样的词汇，可见死得很突然，出乎意料。只有《新唐书》说是与丹药有关，但是比《新唐书》更早的《旧唐书》等史料都没这个说法。

第二，死的时间太微妙。他死的时候刚好是唐朝平定辅公祏期间，而辅公祏举兵反叛的借口之一就是杜伏威给他写信要求他举兵，此时杜伏威突然死亡难免让人浮想联翩。当然，他究竟是被唐王朝害死还是因为恐惧自杀，还是真的因为丹药而死，目前都没有明确的证据。

就在平定辅公祏之后，唐军缴获了辅公祏的大批文件档案，据说找到了那封所谓杜伏威写给辅公祏的信。李孝恭据此举报杜伏威谋反，李渊大怒，命令剥夺杜伏威官爵，剥夺其属籍，家产罚没。按理说辅公祏伪造杜伏威书信这件事不难查证，为什么李渊就偏听偏信了呢？

这跟李孝恭密切相关。李孝恭是铁了心要把此事坐实，因为他憋着想害阚棱。

阚棱从长安出发，加入唐军，对自己以前的部队作战，这毫无疑问是奉了杜伏威的命令，大约想以此证实他们的无辜。在战斗中，阚棱多次发挥关键作用，此人不仅骁勇善战，而且每每他出现在敌人面前，都会有效瓦解敌人的士气，可谓厥功至伟。但是阚棱由此产生了骄傲情绪，很快他就与唐军前线总指挥李孝恭发生了激烈冲突。

李孝恭此人做事往往有不够光明磊落的时候，此番平定辅公祏，对于李孝恭来说是个发财的机会。他到处搜查罚没叛党田宅，不仅将辅公祏死党们的田宅尽数罚没，还把贪婪的魔爪伸向了杜伏威、王雄诞、阚棱的田宅。阚棱当然怒了，他是个武将，直筒子脾气，立即向李孝恭讨个说法，这下子触怒了李孝恭。李孝恭立即要找借口收拾阚棱，借口是现成的，抓获辅公祏的时候，李孝恭亲自进行过审讯，辅公祏不知道出于什么心理，临死还一口咬定说阚棱和自己是一伙的，有通谋。李孝恭就拿此事做文章，说阚棱谋反，证据确凿，将阚棱杀死了。

阚棱是杜伏威派出来的代表，既然他谋反了，那杜伏威能脱得了干系吗？李孝恭一口咬定，杜伏威的确与辅公祏一起密谋造反。远在长安的李渊根本不知道李孝恭与阚棱之间的私人恩怨，他当然要听信前线总指挥的说辞，于是对杜伏威进行了追加处罚。

杜伏威实在是冤枉，而他悲剧的根本原因还是在于唐朝一直把他视为割据势力、潜在的敌人，稍有风吹草动就立即对其下手。一直到唐太宗上台之后，才重新审理此案，断定为冤案，并且在贞观五年以国公礼改葬杜伏威。

唐朝能顺利平定辅公祏，与占据中上游之利密切相关。自古以来对付长江下游割据政权，一般都要先占据中上游，以取水战和运输粮草之便利。那么唐朝是如何取得长江中上游的呢？这又要从一个人开始说起——萧铣。

萧铣，要说起他的身份，与其他各路草莽英雄还有些不大一样，他算是贵族出身。他是西梁宗室，西梁宣帝萧詧的曾孙，西梁后来被隋朝所灭。他的祖父萧岩曾经叛隋投降了陈朝，陈朝被隋朝灭亡之后，萧岩被抓获，然后又被隋朝政府处死。

萧铣出生的时候家道已经败落，他过着"佣书自给"的生活。所谓佣书自给就是指给人当抄书手。那个年代还没有印刷术，人们要想获得一本书就得先借到书，然后找抄书手抄写，敦煌文书中很多都是抄书手的作品。

隋炀帝上台后，萧铣的日子好过了，因为隋炀帝的皇后是萧皇后，出身西梁，所以萧铣就以外戚的身份担任了罗川县令。

后来他能成为一方霸主，全靠这个皇家身份。当时隋末大乱，岳州地区一些隋朝的地方官和军人就在一起密谋举兵反隋。他们本来要拥立校尉董景珍为主，但是董景珍拒绝了，说道：我本是寒贱出身，不能服众，我们今天推举主帅，必须是深孚众望者。他说："罗川令萧铣，梁氏之后，宽仁大度，有武皇之风。吾又闻帝王膺箓，必有符命，而隋氏冠带，尽号'起梁'，斯乃萧家中兴之兆。今请以为主，不亦应天顺人乎？"（《旧唐书》卷五六《萧铣传》）我们可以看到，隋末起了无数次作用的贵胄天命观又开始发挥作用了。普通阶层人士往往缺乏自信心，一定要拥立一位所谓的应天命者，只不过这次占便宜的不是李渊、李密之类，而是南方的萧氏。这足以说明关陇集团的影响力主要在北方，而南方人还是认萧氏政权。董景珍认为萧铣有贵胄身份，有梁武帝一般的风范，隋朝官员冠带称为"起梁"，无意中应了"梁朝崛起"的意思。这是萧氏中兴的预兆，我们不如拥立萧铣。

于是他们派一个使者携带书信去找萧铣，萧铣看了大悦，立即回信说：我的本国西梁曾向隋朝称臣纳贡，但是隋朝背信弃义，占我疆土，毁我宗庙，这个奇耻大辱我时刻不忘，今天你们来请我，岂非天意？我会率领手下来与你们汇合。

萧铣这就正式开始了自己称霸一方的宏图伟业，只是这场宏图伟业一开始就是个闹剧。为什么这么说呢？

当时罗川县有个外来的贼寇领袖沈柳生，此人堪称一朵奇葩。他此时正在攻打罗川县城，而萧铣与他对战屡次败北，此时他想以岳州来请这件事说服沈柳生从了自己，于是他自立为梁公，去掉了隋朝旗号，改用以前的梁朝旗号，然后以此劝说沈柳生。沈柳生觉得自己有机会当开国元勋，于是立即归降萧铣。萧铣拜其为车骑大将军，然后合兵一处，率众前往巴陵，一路上五日间就有数万人来投军。

董景珍听说萧铣来了，心花怒放，立即派遣以徐德基为首的数百个首领去迎接萧铣。这些人半途迎到了萧铣的队伍，队伍打头的正是沈柳生。沈柳生一看对方来了这么多首领官员，立即想到一个问题：我是最早奉梁公为主的，建国以后我应该是首功，现在看来岳州兵多将广，这么多人位次都会在我前面，这还了得？不如我杀了他们领头者，然后挟持这些首领，独自携梁公进岳州城。于是他立即动手，杀了徐德基，扣留了其他首领，然后再来向萧铣禀报。

萧铣闻听大惊失色。他说：起兵本为了拨乱反正，你却为了功名利禄自相残杀，我不能为你主了。于是走出营门，大有一副要出走的样子，沈柳生立即伏地请罪，萧铣于是宽恕了他，让他继续带兵。

此事反映出萧铣必不能成大事，手下有如此狠戾的凶徒却不能当机立断铲除之，还继续留任。沈柳生是个养不熟的狼，而且做事逻辑如此奇葩，其他属下必然寒心，百姓也不可能归附，萧铣却只是责骂一顿了事。

等到萧铣入了岳州城，董景珍立即来找他，对他说：徐德基忠心向您，高高兴兴去迎接您，却遭到沈柳生无故残杀，此人若不除，以后如何施政？此人落草为寇久矣，早已养成凶狠悖逆的性格，今日参加义军也必然不是诚心，只想捞取个人好处而已。现在我们与他同处一城，稍有不慎，此人必然作乱，到时候悔之晚矣。萧铣听了，又觉得董景珍说得有道理，于是默许了。董景珍立即命令手下抓住沈柳生，斩首示众，沈柳生带来的那些土匪们一哄而散。

平定江陵

萧铣之所以同意杀死沈柳生，说白了就是想以沈柳生换取城内各派力量对他的支持。沈柳生的贪婪和暴戾已经威胁到了所有人的安全，此时只有杀了他才能凝聚人心。果然，沈柳生一死，城内欢呼雀跃，萧铣趁机开始了他的登基大业。

他按照天子礼制，在岳阳城南筑坛祭天，自称为梁王。因为下属报告说有凤鸟祥瑞，所以年号为凤鸣，没过多久他又称帝。按理说他的力量远不如当时的李渊、王世充、窦建德等，那么为何如此着急称帝呢？——形势使然。他必须称帝，而且必须沿用梁的国号，这是他与其他北方起义军不同的地方。因为他所举兵的地域是原先梁朝的势力范围，乡绅和民众都对"梁"这个国号以及南朝有怀念，所以他必须要打出这个旗号，而且一定要利用自己西梁宗室的政治资源，所以称帝势在必行。

不仅国号，他的一切典章制度都模仿原来的梁朝，上溯追封自己的先祖为帝为王，又封了董景珍以下一系列重臣以王号。

萧铣的帝业此时看起来比他的西梁先祖们还要显赫。西梁只占据了荆州一带，而此时从长江中游到岭南，隋朝的统治已经崩塌，北方三巨头李渊、窦建德、王世充又无暇南顾，所以就给萧铣带来了极大的便利。其时，隋朝地方官纷纷归降，农民起义军也纷纷归降，紧跟着他又发兵攻打南郡（今湖北荆州）和岭南，征服了这些地区，一时间可谓风头无两。史书记载说："东至三峡，南尽交阯，北拒汉川，皆附之，胜兵四十余万。"（《旧唐书》卷五六《萧铣传》）可以说长江中游到岭南几乎尽为其所有。

坦白说，萧铣能拓展出如此大的地盘，不是他的能力有多强，全因为这里暂时是权力真空，真正有实力的割据力量正在争夺北方，而长江上游和下游都没有能与他抗衡的力量，所以才使得他一时间狂飙突进。

我们可以举个例子，比如始安郡（今广西桂林）郡丞李袭志，本身是陇西李氏，隋朝官吏，镇守始安郡。隋末动乱的时候，他得不到来自中央的支持，只能自己散尽家财，组织起一支数千人的队伍，据城自保。萧铣等三番五次前来攻击，都被他击退。后来听说隋炀帝死在江都，李袭志率领军民大哭三日以示哀悼。有人劝他说：当今天下大乱，群龙无首，你本身是中原名门望族，又素有威望，刚好可以学赵佗故事。所谓赵佗故事，就是秦末农民大起义的时候，秦朝南海郡守将赵佗趁机发兵遮断岭表，割据岭南，建立南越国的故事。李袭志听了后却勃然大怒，他说：我家世代忠于王朝，虽然皇帝已死，但社稷犹在，赵佗之流不过是悖逆狂徒，我怎么会学他！说罢还想杀了劝说他的人。大家谁也不敢再劝其割据。但是此时没有任何人可以帮助李袭志，隋朝很快就土崩瓦解了，李渊等北方势力对此地鞭长莫及，杜伏威等长江下游集团对这里也有心无力，于是萧铣可以放心大胆地、逐步地蚕食李袭志的地盘。李袭志坚守始安郡长达两年，一点外援的影子都没有，最终城陷，被迫投降萧铣，萧铣委任他为工部尚书，检校桂州总管。

华南、岭南自古以来就是边缘地带，容易给割据势力和地方酋长留下发展空间，一旦中央失去了对这里的控制，各种地方势力则会取而代之。而且这里局势的发展往往与中原不同步，最后只有强有力的中央政权才能来解决这里的问题。萧铣就是利用这个时间差发展了自己在华南、岭南的势力。

唐武德元年，萧铣正式迁都江陵，也就是荆州，这里是当年西梁的首都所在。他在这里重修西梁宗庙和陵园，以大才子岑文本为中书侍郎。紧跟着又派遣大将杨道生攻打峡州（今湖北宜昌），这回萧铣算是与唐王朝直接开战了。其实这场冲突早晚要来，萧铣是想趁着唐朝正把主要精力投向潼关以东这个当口占点便宜。峡州控扼三峡，是战略要地，位于长江中游的萧氏政权要想安宁，就必须拔掉这个钉子。他的野心远不止于此，他还准备好了水师部队，准备一旦拿下峡州就大举进攻巴蜀，拿下长江上游。

此时镇守峡州的是唐朝将领许绍，此人与唐高祖李渊的关系不一般。他少年时候曾是李渊同学，而且是关系特别好的那种同学。隋炀帝时期他担任夷陵通守，当时天下已经大乱，流民到处都是，他的辖区内安抚流民工作做得非常好，秩序井然，先后安置流民多达数十万人。隋炀帝死讯传来，他归降了洛阳越王侗，当王世充发动政变取代了越王侗之后，许绍立即投降了长安李渊，李渊委任他为峡州刺史，又写亲笔信和他叙旧，善加抚慰。

许绍对萧铣的来犯是有心理准备的，双方地盘接近，自己又
位居上游，敌人一定是把自己看作眼中钉肉中刺的。当萧军来攻
击的时候，许绍率部大举出击，将萧军打得落花流水，很多人掉
入江中淹死。许绍一直追击敌军到西陵，并抓获敌军水军总指挥
陈普环。萧铣大为恐慌，立即动员军队在荆州以西布置防线，抵
御许绍。

这一仗使得李渊开始正视长江中游问题。他派出了李靖前往
夔州，正式展开对萧铣的进攻。这是李靖在唐朝第一次独当一
面。此前他跟随秦王李世民讨伐王世充，表现出色。至于李渊，
从李靖当年向隋炀帝举报他谋反开始，对李靖就一直心存芥蒂，
虽然在刑场上饶了李靖，但是心中块垒还是难以消除。此番委任
李靖出击，某种程度上也是对他的考验，所以李靖这次出征可谓
背负重担。

李靖攻击萧铣，一度进展不顺利，李渊竟然又产生了杀心，
密令许绍杀了他。许绍觉得这太过分了，李靖是人才，不应该这
样对他，于是向李渊请命。到底是老同学，许绍在李渊面前还是
有面子的，李渊这才饶了李靖。后来李靖在战场上屡建功功，唐
高祖这才逐渐信任李靖，他对臣下们说："朕闻使功不如使过，
李靖果展其效。"（《旧唐书·李靖传》）与其奖励他，不如刺激
他。这一批评果然让李靖发挥出能量了。他给李靖写了一封书信，
大大表扬了李靖，然后说：你放心吧，以往的事情我早忘了。

在此后的一段时间内，唐军对萧铣没有展开大规模行动，估
计是此时的精力主要还是用来对付王世充和窦建德。萧铣地盘虽
大，但实力尚不足以威胁到唐王朝的腹心之地，所以就暂时搁

置了。

但是萧铣内部却闹起了纷争。人就是这样，在大敌当前的时候往往可以同仇敌忾，一旦压力减轻，内部就有很多矛盾得以爆发。

萧铣这个人从气质上来说就不是一个合格的领袖，从最初沈柳生事件就能看出这个特点来。此人做事拖泥带水，优柔寡断，搞不清楚自己的核心利益何在。此时称帝已有一段时间，人爬得越高缺点就越容易显现出来。萧铣性格多猜忌，对手下人的控制能力又有限，诸将领领兵日久，逐渐骄横，滥杀无辜，横行霸道，萧铣想夺了他们的兵权，又没有那个杀伐决断的勇气。他想了一招，说是天下暂且无事，要罢兵务农，这就是找借口剥夺将领兵权。

当年拥立他的人中，董景珍是最重要的一个。可是这场罢兵活动最终却导致董景珍叛逃了。怎么回事呢？董景珍从萧铣称王称帝开始就备受重用，此时担任大司马，而他的弟弟恰恰是一位军将。萧铣的罢兵活动导致董景珍弟弟的部下被遣散，势力一落千丈，他十分不满，开始密谋造反。此事被人揭发，萧铣先下手为强，杀了董景珍的弟弟。

可是问题在于大司马的弟弟被杀，大司马作何反应？萧铣此时又担心董景珍作乱。而此时董景珍正出镇长沙，萧铣想把他召回来下手。董景珍也是聪明绝顶的人，还能看不出这点伎俩？他思前想后，决定降唐，于是派遣手下去秘密联系唐军李孝恭部。

董景珍拒绝回江陵，萧铣就正式展开了对他的讨伐。他下令齐王张绣去攻打董景珍。而董景珍则给张绣写信说："前年醢彭越，往年杀韩信，卿岂不见之乎？奈何今日相攻！"（《旧唐书》

卷五六《萧铣传》)这是给张绣提醒,不要忘了汉高祖杀功臣的往事。当年彭越和韩信,各自独当一面,手头都有兵权,在面临汉高祖的大清洗时却不能团结一致,导致被各个击破。现在你我就面临着当年彭越和韩信的局面,还要相攻吗?

张绣不听,继续攻打长沙,董景珍最终兵败城破,他突围而走,却在半路上被手下人杀死。至此,董家势力被萧铣扫荡一空。

但是董景珍劝张绣的话是有道理的。此时萧铣的行动针对的是所有权臣,不止董氏一门。张绣诛杀董景珍之后被提拔为尚书令。张绣一时间变得踌躇满志,而且逐渐骄横起来,这又引来萧铣的厌恶。最后萧铣又把张绣杀死,一时间萧氏政权内人心惶惶,人人自危,不断有人来投奔李唐。

由最初的拖泥带水到最后连杀功臣,萧铣的所作所为越发引起内部的不满。从这个角度来说萧铣最终失败、李渊最终成功不是没有道理的,哪个团队、哪个集团都有内部矛盾,但是处理起来有高下之分,特别能考验领袖的能力和气质。遇到矛盾,不要忘记自己的大目标和终极目的,不要被矛盾束缚住手脚,不要被细节和眼前的急需迷惑住,要团结一切可以团结的力量为终极目的服务,个人的恩怨和自尊该放下就放下。李渊可以妥善解决与李靖的矛盾,而萧铣不能解决与功臣的矛盾,在本身实力就不如李唐的情况下还施行内部清洗,灭亡可谓指日可待。

武德四年,黄河流域激战正酣,战事正在向着有利于唐军的方向发展,而李靖通过对萧铣政权的侦察和多次接触摸清了基本情况,于是他献上了一个"平萧铣十策",具体内容史料没有记载,但对萧铣政权内部的分析,以及各种应对策略,使得唐高祖看了之后大为欣赏。他让宗室李孝恭为荆湘道行军大总管，让李靖做副手，李孝恭是李渊的侄子，后来也是名列凌烟阁的功臣。但是李渊对此时的李孝恭并不放心，原因很简单，此时的李孝恭还缺乏军事经验，所以唐高祖将实际指挥权交给了李靖。

唐军没有选择在峡州进行集结和编练，而是选在夔州（今重庆地区）。为什么选择这里？我估计有两个原因：

首先，巴蜀地区物质丰富，方便筹措粮草，而且植被丰富，有利于打造战舰。

其次，隔着三峡屯兵，有利于保密。

唐军在这里日夜打造战舰，教习水战，而且李孝恭还招募了不少巴蜀地区酋长子弟放在身边，一方面是增加兵力，一方面是作为人质，防止刚刚归顺不久的巴蜀地区发生骚乱。最终，李孝恭和李靖在这里集结了战舰两千余艘和大批的兵力、粮草。

集结完毕上船出发的时候，遇到了一个不小的难题——当时是秋季汛期，江水暴涨。说实话，三峡这个地方不是汛期行船都有很大风险，而萧铣就是认为唐军在汛期绝不敢来，所以警备十分松懈。果然，唐军来到三峡的时候将士们因担心安全，都不愿意继续前进。李靖对李孝恭说：兵贵神速，我们现在重兵集结，萧铣还不掌握这个情报，我们应该趁着涨水直抵江陵，对方认为咱们不敢来，咱们就偏偏来，打他个措手不及，机不可失，时不再来啊。于是全军在他的鼓舞下冒着危险闯过三峡。

过三峡不久就进入了敌人的地盘，遇到了一股多达数万人的敌军大部队。敌人人数虽然不少，但是战备很松懈，压根没料到唐军此时出现，大吃一惊。唐军猛扑过去，获战舰三百余艘，被杀死者、江中溺死者多达万余人。李靖出其不意的计策果然成功，沿途敌人不断投降。

　　紧跟着兵锋直指江陵。自从罢兵务农运动以来，萧铣留在身边的常备军只有数千人，听说唐军大举来犯，萧铣十分惊慌，这就是前面所说的内部斗争导致迷失方向的结果。当今天下逐鹿，为了剥夺将领兵权而将首都常备军削减到如此地步，实在是不可理喻。

　　萧铣紧急下令征兵，并且召唤各地援兵。他的重兵集团一支在南方，一支在长江下游，一支在江陵以西。江陵以西的部队已经被李靖等击溃，其他部队路途遥远，一时赶不来，所以萧铣只好鼓舞仅有的这几千人与唐军死战。

　　李孝恭看到敌人人少，很轻敌，就想一举击溃之。李靖阻拦——这是困兽，困兽犹斗，正是他们为了保命要拼命的时候，你不要马上打，等上一两天，他们心中惶惑，士气也会低落，那时再打可以确保胜利。李渊也早就告诉李孝恭军事上要听李靖的，但他不听，把李靖留在营中，自己率领精锐出战，结果果然如李靖所料，被打败了。敌人追击过来，看见唐军遗弃的物资钱粮，便停下来抢东西，每个人都抢了很多，路都快走不动了。李靖在后方瞭望，看到这个场景意识到机会来了，立即率领营中留下来的部队奋力出击。敌人抢东西的时候连阵形都乱了，根本扛不住李靖的冲击，大败。李靖乘胜直扑江陵城，先攻破外郭城，再攻破水城，就剩下内城还没打下来。此时俘虏了大量的敌人舟船，李靖命令把这些船都放开，任它们漂到长江里。部下不明白了：好不容易缴获的船只，应该留给自己用，为啥丢到江里去？

此时的李靖就体现出他的智慧了。他说敌人的援兵正在从下游赶来，我们有腹背受敌的危险："今弃舟舰，使塞江而下，援兵见之，必谓江陵已破，未敢轻进，往来觇伺，动淹旬月，吾取之必矣。"（《资治通鉴》卷一八九）现在咱们把这些无人驾驶的船放到江里去，顺流而下，敌人援兵看到了肯定以为江陵已经被攻破，船都没人管了，肯定就不敢来。等他们回过劲来，怎么也得十天半月的，那时我们早就拿下江陵了。

果不其然，敌人援军看到这些船，真以为大势已去，很多人就此还投降了唐军。援军不来，江陵城里的敌人就丧失了希望。萧铣召集开会，问大家有何办法。岑文本劝说他投降。萧铣思前想后也没有别的办法，只好宣布投降。城内哭声一片。萧铣祭祀太庙后，穿上丧服和大臣们出门投降。

见了李孝恭和李靖，萧铣说：罪该万死者只有我一人，百姓无罪，希望不要抢掠屠杀他们。李孝恭答应了。但是李孝恭手下有些将领心有不甘，总觉得辛苦一场没有抢些财物实在是不甘心，很多人蠢蠢欲动。而岑文本则劝告李孝恭说：江南百姓原本就对隋朝不满，现在战乱年代，更是翘首以待真命天子，而且贵军这是刚刚开始经略江南，假如纵兵劫掠，恐怕从此以后江南再也无向化之民了！

李孝恭觉得有道理，连忙下达军令，再三强调严禁劫掠屠杀。但很多将士还是不甘心，他们来了个退而求其次。普通百姓不可骚扰，军人家庭呢？他们建议严惩敌人，没收其军人财产分给将士们。李靖坚决反对，他说：咱们是官军，应该宽宏大度，而且南边还有很多地盘没打下来，你这样一搞，他们一定会坚守，得不偿失。李孝恭听从了其建议，果然，不久萧铣的地方官们纷纷投降。

萧铣被送往长安。唐高祖数落其罪过，萧铣回答说：隋失其鹿，天下共逐之。我无天命眷顾，故至于此，你要是认为我有罪，我无话可说。这番话暗含顶撞，惹恼了唐高祖。唐高祖下令将萧铣斩于市场。一代江南枭雄至此谢幕。

特进卫国公李靖　字药师京兆三原人破荆郢封永康县公平江南

进行台兵部尚书实封四百户定襄有功封代国员观十三年命为濮州刺

史国于卫难不就加开府仪同三司年七十九赠司徒并州都督谥曰景武

李靖肖像图
（《凌烟阁功臣图》清刘源绘　上海同文书局石印本）

岭 南 冯 氏

平定了长江中游的萧铣，唐王朝得以腾出手来，把力量分为两个方向，一支针对长江下游，一支针对岭南。长江下游的杜伏威、辅公祏政权问题，前面已经讲过了。此文单独说一下岭南问题。

岭南自古以来就是一个特别的存在，它距离当时的中原路途遥远，再加上当时的五岭交通困难，所以这里十分封闭，此地气候不仅与内地迥异，就连文化和习俗也与内地有极大的差异，民族成分也很复杂。所以这里与中原的政局往往不能保持同步，在汉代还曾出现过南越国这样的割据政权。当年秦末动乱，有野心的秦国地方官赵佗趁机发兵攻打其他郡，并且遮断岭表交通，而无论是当时已经焦头烂额的秦王朝也好、新兴的汉王朝也好，都拿它无可奈何，南越国虽然生产力、军事都无法和中央王朝相抗衡，却可以存在近一个世纪，中央王朝对岭南实行掌控之难由此可见一斑。

如何统一这里，是唐王朝亟待解决的问题。

对唐王朝来说，其实有一个先例可以借鉴，那就是隋文帝对岭南的统一。隋朝以前，岭南曾归属于南朝历代政权，但是实际上保持着很大的独立性。南朝历代政府在这里实行的都是一种委托化统治，官府要依靠地方酋长才能有效控制这里。

南朝后期，南越地区影响力最大的是冼氏，冼氏家族世代都是南越首领，是多个部落联盟的首领，据说控制着十余万家。这在当时的岭南来说毫无疑问是第一大家族。南朝末期，冼氏家族首领是一位杰出的女性——冼夫人。冼夫人据说从小聪明伶俐，多谋略，善于抚慰民心，又能运筹帷幄打胜仗，并且为人公正，常常劝人向善，因此以信义著称于世。她的哥哥曾经被朝廷委任为刺史，恃强凌弱，还常常攻击其他州郡，岭南人民苦不堪言。就是这位冼夫人劝说哥哥与人为善，缓和了局势。当时各地民众都很仰慕她，甚至连海南岛的很多少数民族都依附于她。

冼夫人长大后嫁给了罗州刺史冯融的儿子冯宝。冯融家原本是北燕宗室，北燕灭亡后浮海南下，在岭南定居，成为南朝的官员。但是他们是外来户，所以说话分量不足，因此向冼氏家族的求婚说白了就是一场政治联姻。

这场联姻可以说达到了冯融希冀的效果。冼夫人嫁过来后，帮助打理政务，做事井井有条，连冯家人都很快被她折服。尤其是后来"侯景之乱"的时候，冯宝的上司想叛乱，引诱冯宝前来，冼夫人及时制止，认为其中有诈，召冯宝前去是为了将其挟持为人质以索取钱粮物资。果不其然，过了不多久，那位上司举兵反叛，而冼夫人则率军参加了平叛，最终与陈霸先等配合，帮助平定了"侯景之乱"。

陈朝建立之后，冯氏家族继续与陈朝朝廷保持良好的合作关系，在丈夫去世之后，冼夫人彻底成为岭南当之无愧的领袖，全盘主持政务。冼夫人高寿，在岭南统治数十年，岭南秩序井井有条。隋朝灭陈之后，大军南下，却被陈朝残余势力所阻挡，不能到岭南。而隋文帝审时度势，认为岭南问题的关键在于冼夫人，而冼夫人的关键在于保持与朝廷的合作关系，所以她虽然对陈朝忠心耿耿，但不至于违背现实利益需求，公然与隋军对抗。所以隋文帝决定按兵不动，而是让被俘的陈后主写了一封信给冼夫人劝降，随信附上了当年冼夫人进贡给陈后主的犀杖。冼夫人看到这个信物，知道陈朝真的是灭亡了，痛哭流涕，但是她始终是一个理智的人，她知道，不管中原城头变换什么样的大王旗，自己必须保持与中原王朝的合作关系，这是维系自己在岭南地位的关键，也是岭南社会秩序的定海神针。所以她派遣自己的孙子率众去迎接隋军，彻底打开了岭南的大门。

后来地方上发生叛乱，冼夫人又主动平叛，甚至将消极怠战的孙子绳之以法，委任另一位孙子冯盎平叛。叛乱平息后，八十岁的冼夫人披甲乘马，亲自护卫隋朝特使巡抚各州，岭南遂定。

隋朝册封冼夫人为谯国夫人，孙子冯盎被委任为高州刺史。可以说，冼夫人就是中国妇女史上的一个传奇。而隋文帝平定岭南的策略可以说为唐朝提供了借鉴，有哪些经验可以借鉴呢？

首先，武力不是第一选择。对于岭南，当然要保持一定的军事压力，但是武力不是最佳选择。岭南的问题不是一个政权对另一个政权的征服那么简单，这里的问题错综复杂，涉及民族问题，而且文化习俗、地理气候与中原迥异，中原政权贸然动兵实为不智之举。当年秦朝征服岭南、东汉征服交趾费了九牛二虎之力，并付出了巨大代价，所以一切应该以争取民心为上。

其次，地方首领是关键。要争取人心，中原王朝必须找到合适的代理人，否则仅各个部落错综复杂的关系就很难摆平，找一个岭南地区总的代理人是最重要的。冼夫人就曾经是这样的一个角色。

现在对唐王朝来说，需要寻找一位新的"冼夫人"，到哪里去寻找一位名望、地位与她相当的岭南人士呢？毫无疑问，冼夫人的孙子冯盎就是个合适的人选。

冯盎，字明远，父亲是冼夫人的儿子冯仆。冯仆聪明伶俐，冼夫人曾在他身上寄予厚望。九岁那年，冯仆代表冼夫人和岭南百越酋长入建康去朝贺陈霸先，等于是宣布岭南全面归顺陈朝。陈霸先非常高兴，厚厚赏赐了他们。

后来广州地方官叛乱，冯仆还及时给母亲通报消息，里应外合，帮助平定了叛乱。从哪个角度来看，冯仆都是冯氏家族理所当然的继承人。但是可惜的是，冯仆三十五岁英年早逝，冼夫人备受打击。

冯仆一共留下三个儿子，刚开始冼夫人着重培养的是冯暄，很多大事都交给冯暄去处置。

隋开皇十年(590年)，岭南又发生了叛乱。当时番禺将领王仲宣举兵反隋，岭南一时之间骚然。王仲宣还围困了广州，隋军兵力有限，守城战打得很艰苦，主帅中箭阵亡。一时间广州乃至隋王朝对整个岭南的统治都岌岌可危，冼夫人及时出手，派冯暄率兵救广州，没想到冯暄与王仲宣所部关系密切，不愿意与之为敌，因此三心二意。冼夫人发现后勃然大怒，她意识到冯暄其人根本不懂得利害关系，看不清大利益在哪里，碍于故友关系贻误战机，可谓不智。所以她果断罢免冯暄，将其投入大牢，然后改派冯盎领兵讨伐叛军，终于解了广州之围，稳定了隋朝在岭南的统治。冯盎由此开始成为冯氏家族新的中坚力量。

到了仁寿年间，潮州等地又发生叛乱，冯盎亲自快马加鞭赶往长安向隋文帝汇报情况，并奉隋文帝命令，与大臣杨素等商讨平叛事宜。冯盎头脑清晰敏锐，判断能力强，杨素等人原本以为岭南蛮荒，酋长都是些大老粗，没想到却是如此睿智之人，非常惊讶。

冼夫人病逝后，冯盎就成了冯氏家族的新掌门人。而且通过潮州平叛，朝廷也很看重他的能力。隋炀帝伐辽东的时候还特地招他前来参加，因功升任左武卫大将军。

隋末动乱的时候，冯盎觉得不能与隋朝一起覆灭，于是返回了岭南。而此时岭南的形势已经比较复杂，他首先需要面对的是当时占据着五岭南北的一股强大的武装力量林士弘部。

林士弘，鄱阳人，好武艺，有谋略，曾经响应北方农民大起义，在鄱阳湖一带揭竿而起，反抗隋朝。当时他投靠了一支农民起义军，被委任为大将军。他们攻占了豫章（今江西南昌）。隋军来讨伐，起义军主帅阵亡，军队全归林士弘统辖。林士弘决心在鄱阳湖与隋军决战。他充分利用自己对地理的熟悉，大败隋军，杀死敌方主将。这场仗大胜之后，林士弘的军队扩充到十余万人，紧跟着他四处攻城略地，并对外号称南越王，然后又自称楚帝，定都豫章。他的地盘主要在江西到今广州一带。

如此一来，他的地盘就与萧铣地盘犬牙交错，所以双方爆发了冲突。林士弘不敌萧铣，丢失了大片地盘，但是还占据着豫章、虔州、循州、潮州等数州之地。

此时冯盎返回了岭南，林士弘已经侵占了冯氏家族大片地盘，并且控制着通往北方的交通要道。对于冯盎来说，林士弘当然不是什么真命天子，可是从政治现实利益出发，自己必须暂时与之妥协，更何况此时萧铣开始侵扰岭南，自己必须在萧铣和林士弘之间做一个选择，于是他最终选择投靠林士弘。在武德元年，冯盎以苍梧、高凉、珠崖、番禺等地归附林士弘。

但是冯盎之投降林士弘，不过是暂时妥协而已，只能用"三心二意"来形容。例如武德三年，番禺、新州的贼帅高法澄、冼宝彻也归附于林士弘。但是冯盎对于这两个卧榻之旁的人毫不客气，发兵攻打之，很快将敌人打散。不久敌人又在新州聚集起来，冯盎再次来攻打。敌人人多势众，但是冯盎明白，这其中很多人都是岭南土著，甚至有世代受冯氏家族和冼夫人优待者，因此攻心为上。两军刚刚接触，冯盎忽然摘下了头盔，大喊道：你们不认识我了吗？

敌军见状，纷纷扔下武器，解开铠甲，还有人脱掉上衣，以示不战。冯氏家族的威望由此可见一斑。冯盎由此彻底占领广州一带。

武德四年，萧铣被唐军击败，林士弘趁机吸收了不少萧铣的旧部，重新振作起来。此时，唐军李孝恭部奉命剿灭林士弘，毕竟此时唐朝统一天下的态势已经比较明显，所以林士弘的内部就产生了分歧，不断有人投降李孝恭部。第二年冬季，林士弘派遣自己的弟弟率军两万攻打已经投降唐朝的循州，被守城的唐军击败，林士弘弟弟阵亡。林士弘的部下也开始作鸟兽散。

林士弘没有办法，一方面派使者对李孝恭说要投降，一方面却又犹豫，怕唐军害他，最后逃往江西偏远地区，在那里忧惧交加病死了。

眼见着萧铣败亡，林士弘也将不敌唐王朝，冯盎必须要做出抉择了。而且与此同时，他的眼睛还盯着两位近邻，就是占据今广西地区的岭南另两个大家族甯氏家族和李氏家族。

甯氏家族

岭南自古以来缺乏强有力的中央集权政权，政权实际上常常以部落联盟的方式存在，当年的南越国赵佗虽然称帝，其实也是一位部落联盟首领，靠联姻等手段与地方大酋长们保持关系。冼夫人当年也是一位部落联盟首领。既然是部落联盟，就需要与各地大酋长折冲樽俎，相互之间的关系或友好或对抗，起伏不定，全看实力和谋略。

冯家与甯家之间就是这样的关系。

甯氏是今天广西地区的大酋长，陈朝末年，甯猛力担任宁越太守。陈朝灭亡之后，甯猛力觉得自己和陈后主是同一天出生，所以当为天子。于是拒绝向隋朝称臣，而此时的冼夫人已经代表冯氏家族投诚了隋朝。

隋军前来攻打甯氏，但是因为瘴气导致部队大面积因病减员。后来甯氏虽然归降隋朝，隋朝拜他为安州刺史，却很少来朝见天子。隋朝桂州总管令狐熙秉着团结至上的原则，与甯氏家族保持良好关系，甯猛力母亲病了，令狐熙不断遣医送药，甯猛力感动了，这才稍稍安定。

宁猛力死了以后，其子甯长真继任刺史。隋文帝时期讨伐林邑，甯长真也参加了。这场战役十分艰苦，林邑军队使用了隋军从未见过的战术——象阵。他们的军队以战象为核心，用战象冲击隋军，然后步兵跟进。隋军则针锋相对，在本方阵线后挖掘了很多小坑，然后把这些小坑掩盖起来。战斗一开始，隋军佯装败北，林邑军队驱赶着战象穷追不舍，但是忽然间，只见战象纷纷歪倒在地，原来是大象腿陷入了小坑之中。大象一旦跌倒是很难扶起来的，林邑军队就此陷入恐慌，隋军趁机反过头掩杀过来，林邑军队大败，隋军趁机攻克其都城。在这场战役中，甯长真负责包抄敌人后路，立有大功。后来隋炀帝征辽东，他和冯盎一样都在被征召之列。战后被隋炀帝授予鸿胪卿，然后遣回岭南。

隋末战乱期间，岭南与隋王朝失去了联系，一时间群龙无首，萧铣、林士弘都把触角伸向了这里。作为岭南最大的两个家族，冯氏和甯氏做了不同的选择，甯氏选择投降萧铣，而冯氏选择投降了林士弘。这对于他们来说也是无奈的选择，岭南酋长没有强有力的后援是没法在部落林立的岭南站住脚跟的。此时隋朝的统治已经分崩瓦解，他们只有投降当时在长江以南势力较大的军阀们。

当萧铣失败之后，甯氏家族的选择就是投降唐朝。

李氏家族

除了甯氏家族，岭南还有个藤州李氏，也是地方大酋长。他们家族曾经掀起过反隋的叛乱，但是被隋朝官府军队镇压了。这个家族的重要成员李光度、李光略虽然被俘，但是不久又被隋朝委以重任。为什么这么做，史料没有明确的记载，我估计只有一个原因——收买人心。李氏家族势力较大，所以安抚为上，因此把被俘的李光度等人重新起用，委以重任。前面提到的冼夫人披甲陪同隋朝特使巡视岭南的过程中，李光略就曾经赶来谒见隋朝特使。

李氏家族的史料已经散佚很多，所以他们家族的具体事迹多已失传。但是我们可以肯定的是，唐高祖统一战争期间，李氏家族首领李光度选择了投降唐王朝。

所以，对冯盎来说，局势已经比较明朗，只有投靠唐王朝才是明智之举，而且甯氏家族、李氏家族当时已经或者正准备投降唐朝，假如自己不及时做出选择，势必导致冯氏家族在岭南日渐式微，从而丧失主导地位。

就在此时，有人却来劝告他割据称王。来人是这样说的：隋失其鹿，天下分崩瓦解，唐朝虽然看起来有天命，但是其声教尚未波及岭南，当年赵佗只具有九个郡，而您现在却克定五岭二十余州，地位比赵佗高多了。不如现在就称南越王。

冯盎听了正色说："吾居南越，于兹五代，本州牧伯，唯我一门，子女玉帛，吾之有也。人生富贵，如我殆难，常恐弗克负荷，以坠先业。本州衣锦便足，余复何求？越王之号，非所闻也。"（《旧唐书》卷一〇九《冯盎传》）我家五代统治岭南，人间一切富贵我都有了，我担心的只有行为不当导致祖业败落，越王的名号不是我所求的。

冯盎这番回答很值得玩味。首先，当然是拒绝了称王的请求。其次，他反复强调本家在岭南的历史地位，并且强调不能使得祖业败落，暗示手下，赵佗的时代早已经过去，冯家要想维

持自己的地位，就只有归顺中央这一条路。这的确是一个明智的
选择。

　　唐王朝派来经略岭南的正是李靖。李靖作战历来注重攻心
为上，在对萧铣的战争中已经体现出了这一点。此番奉命平定
岭南，他心里很清楚，收服岭南与攻打萧铣不一样，争取人心尤
其是地方酋长至关重要。而当年隋朝平定岭南的那一幕还历历在
目，所以，冯氏家族是关键中的关键。李靖也洞悉冯盎的心态，
强大的唐朝国力和军力是他的后盾，在这种情况下，冯盎那么聪
明的人知道利害关系，一定会做出明智的选择。所以李靖此行并
没有选择大兵团前进，而是传檄四方，静待其变。

　　果然，武德五年秋，冯盎接受了李靖的劝降，率领部众降
唐。唐朝在其地盘上设置了八个州，以冯盎为高州总管，封耿国
公。岭南终于再度归顺中央。

　　隋初的冼夫人，唐初的冯盎，他们都做出了类似的选择，虽
然从主观动机上来说他们有保持本家族利益的目的在内，但是客
观上他们用自己的影响力和明智的选择保持了王朝的统一。

祸起萧墙

　　就在唐朝的建国战争进行得如火如荼的时候，危机也在悄悄
酝酿，那就是太子李建成与秦王李世民之间的矛盾。自魏晋以
来，战乱频仍，儒家宗法制度所强调的嫡长子继承制在皇位传承
这个方面做得并不好，皇位的继承常常由武力或者权谋来决定，
这个时代的人们崇尚实力。偏偏唐朝的建国战争中皇子们得到的
机会并不均衡，李世民毫无疑问是最能干的，也是获得机会最多
的，越能干机会越多，作为最高军事领导人的李渊一定会做出这
样的抉择，无可厚非。

　　但是时间久了，李建成和李世民之间的关系就微妙起来了，
他们的矛盾因征讨刘黑闼的战役而浮出水面。但是在此之前，另
外一位重要人物的死被视为是李世民集团的重大损失，也是皇帝
与秦王之间微妙关系的体现，而且李世民当了皇帝后也无法完全
为他平反。

　　此人就是刘文静。

　　我们在前文已对刘文静进行过描述，总之一句话，刘文静一
直是太原举兵预谋阶段的核心人物之一。在消灭王威、高君雅的

过程中，刘文静起到了关键作用。在整个建国过程中执干戈为王前驱，功劳很大。比如在对隋军主力屈突通的战斗中，刘文静勠力苦战，差点牺牲在战场上，三座大营被他拔了两个，要不是敌方指挥官犯了错误，命令停止攻势，休息吃饭，那刘文静可能真的就出师未捷身先死了。

刘文静在起兵过程中起到的最大作用还不止于此，他在另一件事上再次展现了其价值。那就是联合突厥。

刘文静劝说李渊笼络突厥，结好突厥，并且向其借兵。李渊派他出使突厥的目的也最终达到了，且很是成功。虽然后来突厥觉得李渊实力坐大，开始与唐朝为敌，但是最关键的初期阶段他们没有干扰李渊，这就是李渊要的效果。

可以说，一个刘文静，一个裴寂，是太原举兵乃至建国战争的首席功臣，不分伯仲。耐人寻味的是，这两位都没有进入唐太宗时期的凌烟阁二十四功臣名单，这是怎么回事呢？这与两人的政治派别密切相关，可以说他们都是政治斗争的牺牲品。裴寂没有进入凌烟阁纯粹是因为他是老皇帝李渊的嫡系，并且在玄武门事变前一直是李世民的对头，或者起码可以说没有站在李世民一边。

而刘文静的问题则比较复杂，他后半生的经历告诉我们——面对成功和财富权势，失去内心的平衡是多么可怕的事情，我们接下来看看他究竟怎么了。

建国后的政坛，可以说分为三大股力量。一股是皇帝，刘文静的好友裴寂就是唐高祖李渊这个集团的核心成员，群臣第一。另一股是太子李建成和齐王李元吉，他们实际上受到了皇帝的支持，其实要我说这也无可厚非，人家是皇太子，皇帝支持他理所应当。第三股就是秦王李世民一派，这一派在建国之初最主要的人物除了李世民本人外就是刘文静了。李世民和刘文静私人关系非常好。

所以说，此时的刘文静代表的不是他本人，而是秦王集团。所以后来围绕他发生的这些事情，就不能简单地看作是独立事件。更何况，刘文静与突厥有千丝万缕的联系，所以他的命运早已和局势紧密相连。

可惜的是，刘文静本人看不到这一点。建国之后，他居于高位，作为太原元谋功臣，与秦王李世民、裴寂一同得到"恕二死"的特权。意思是只要不是十恶不赦的大罪，可以被宽恕两次死刑。当时朝廷初建，各种典章制度都缺乏。唐高祖命刘文静领衔修正隋朝《开皇律》，暂且将此作为唐朝的法律。

与此同时，刘文静继续带兵出征，包括讨伐薛举、薛仁杲的战役，刘文静全程参与，而且立有大功。尤其是第一次战役失败的时候，是他与殷开山为秦王李世民承担了失败的责任，这是一种另类的、心照不宣的功绩。

可以说刘文静为唐王朝做出了很大的贡献。但是他心理却逐渐失衡，为什么呢？因为裴寂。

虽然说裴寂和他是莫逆之交，但是古人有句话：可以共患难，不可以同富贵。这是人性的弱点，患难当头的时候想的是如何勠力同心，同仇敌忾，这时候内部矛盾少。到了大敌消退，压力减轻，共享荣华富贵的时候，你多吃一口，我少吃一口就会斤斤计较了。尤其是个个都认为自己有天大功劳，少吃一口都不干。刘文静事件就是个典型的例子。

此时的裴寂，俨然是群臣第一，老皇帝最信任的人，压刘文静一头。刘文静十分不服，觉得自己才干在裴寂之上，又有军功，功劳也在裴寂之上啊，但是为什么自己地位就不如裴寂呢？因此他心中愤愤不平。可是这人有个问题，他有什么事都挂在脸上，搞政治最忌讳就是这个，喜怒形于色。他把对裴寂的不满公开表达出来，而且他采取的方式，老实说，真有点无聊。他在朝堂上经常和裴寂吵架，而且是为吵架而吵架，你说东我就说西，你说白我就说黑，史籍说他"寂有所是，文静必非之。"（《旧唐书·刘文静传》）由此，不仅裴寂记恨他，就连高祖李渊也非常厌恶他。古代君主有时需要部下内部有点矛盾，这样他可以居中制衡，这算是一种帝王术。但是像刘文静这样不干正事就顾着吵架的主，谁也不会喜欢的。

有一次，刘文静和自己的弟弟刘文起一起喝酒，喝着喝着高了，刘文静又开始发牢骚，说到激动处，拔出腰刀一刀砍到了柱子上，说：早晚有一天要杀了裴寂！

过了几天，家中闹鬼，古人迷信，有鬼就请个法师作法。他弟弟刘文起请了一个巫师来跳大神。这两件事都被一个人看在眼里，谁呢？刘文静的一个小妾。

这个小妾本来是刘文静的爱妾，可是不知道什么原因失宠了。此女狠毒，蓄意报复。刘文静拔刀击柱和家里请法师都被她看到了，她就想借机告发。要知道古代官员是不能擅自请术士的，皇帝很忌讳此类事，因为术士总是搞一些黑巫术害人，或者妄言所谓天下兴废，预言政治形势什么的。

小妾身为女流，出门不方便，于是她委托自己的哥哥去告状。这一状告到了唐高祖面前，高祖勃然大怒。早就看刘文静不顺眼了，所以这次逮着机会就整他，他把刘文静兄弟下狱，然后让大臣来审。

您猜派来审案子的是什么人？裴寂、萧瑀。刘文静声称要杀的就是裴寂，派裴寂来审案子，这不是明摆着要置刘文静于死地吗！

一开始审讯，刘文静就和盘托出：我就是因为觉得自己功高盖世，是建国大功臣，但是待遇不及裴寂，所以心生怨气，酒后失态。

高祖把刘文静的供状拿到朝堂上给群臣观看，说刘文静要造反，事实很清楚了。高祖这番话很明白就是要判死刑。

但是群臣也不是没不同意见，比如和裴寂一起审案子的萧瑀就反对判死刑，大臣李纲也反对。秦王李世民更是竭尽全力为刘文静说情，他求见皇帝说：刘文静有大功，他也就是有怨言而已，不是真的谋反。但是裴寂在老皇帝面前竭力主张判死刑，他说：刘文静的才能超群，但生性猜忌阴险，丑行已经败露。如今天下未定，外有劲敌，若赦免刘文静，必贻后患，祸起萧墙。他和刘文静的矛盾已经不可调和，他当然主张死刑了。

最后高祖拍板——死刑。临刑的时候刘文静长叹一口气说：高鸟尽良弓藏，这句话一点也不假啊。终年五十二岁。

他的死看起来似乎是私人恩怨的结果，但没有那么简单。历来有两种看法：第一种认为刘文静之死是老皇帝警告秦王府集团，第二种看法认为刘文静之死和突厥有关。

我们先来看第一种看法：刘文静死于杀鸡儆猴。

　　刘文静从太原举兵预谋阶段就是李世民的人，请不要忘记那番狱中谈话。此后刘文静一直是给李世民出谋划策的人物。裴寂是老皇帝的人，刘文静是李世民的人，所以他们两个的矛盾应该看作是高祖这一方与秦王这一方的矛盾体现。那么高祖与秦王有什么矛盾呢？那当然就是因为秦王不服太子，老皇帝出于维护太子的目的，借着刘文静一事警告一下秦王。在案件审理过程中认为刘文静罪不至死的萧瑀等人都是李世民的亲信，再加上李世民竭力为刘文静说情，大家就更倾向于相信这个说法了。

　　但是第一种说法也不是没有问题，刘文静是李世民的人没问题，可是他被杀于武德二年，此时秦王和太子、高祖之间的矛盾还不是很明显，那么此时杀刘文静是不是为了警告李世民，就很值得怀疑了。

　　所以又有了另一种说法：刘文静死于联系突厥。

　　这个联系突厥指的是太原起兵时候的那次联系。那次联系突厥虽然被看作是刘文静一大功，但是实际上也留下了很多不快。

　　在那番始毕可汗和刘文静的对话中，其实还有下文。始毕可汗提出：唐公不应该再继续打着隋朝的旗号，你应该自立为帝。

　　刘文静和裴寂等人都主张听从突厥的建议，干脆建立新王朝。但是李渊老谋深算，他不愿意在豪杰并起的情况下树大招风，所以起码在攻占长安之前他不想称帝。李渊不愿意，而且态度很坚决，部下们看到他这个样子都不敢再劝。

　　但是此事却险些酿成了一场兵变。驻扎在兴国寺的部队担心李渊不听从突厥建议导致突厥干涉，所以人心骚动，说："公若更不从突厥，我亦不能从公。"（《大唐创业起居注》卷一）您不听突厥的，我们也不打算听您的。这就是兵变的前奏。而刘文静和裴寂等借此机会再劝李渊，但是李渊仍然态度坚决。最后的结果就是李渊起兵时仍然打着反昏君不反隋朝的旗号，用的旗也是绛白旗，一直到长安拿下、隋炀帝死去、时机已经成熟的时候他才正式称帝。所以说这件事等于是顶着突厥干的。

问题就在于，刘文静和突厥走得很近，起码可以说他是个亲突厥派。尤其是那次兴国寺事件，很有可能让李渊认为背后的主使是刘文静，因为那些军人的主张和刘文静的口径一致，而且也是刘文静代为求请的。因此后来李渊重用裴寂，冷落刘文静，也不是没有原因的。而刘文静也从此开始心理失衡，尤其是武德初年，突厥已经和唐朝正式为敌，一方面支持唐朝的敌人例如刘武周等，另一方面直接以武力威胁唐朝。在这种情况下，高祖更会对刘文静冷眼相待了。刘文静之死也可看作是李渊对突厥示威的手段。

以上两种看法各有各的证据，不好说哪种对哪种错，或许两种都有可能。但是不管怎么说，刘文静本人的性格酿成的错误是导致他死于非命的首要原因。

那么唐太宗当了皇帝后，凌烟阁图画功臣像时为何不把刘文静列进去？原因很简单，刘文静是老皇帝杀的，老皇帝去世还不到十年，此时你大张旗鼓表彰刘文静，岂不是打老皇帝的脸？唐太宗经过玄武门事变后最怕人家说他不孝，所以为了老皇帝的面子，刘文静的名誉就暂时做一个牺牲品吧。一直到唐宣宗时期，唐宣宗已经没有了这份顾忌，因此刘文静这才进入了凌烟阁，总算获得了一个和其功勋相当的评价。

【三十三】

罗艺叛乱

武德六年，就在唐王朝的统一大业顺风顺水的时候，平阳公主因病去世了。这给唐高祖的内心造成了极大的创伤，公主是他和窦氏所生，视如掌上明珠，更何况这位公主在建国战争中立有大功，是一位富有传奇色彩的公主。

李渊下令隆重举行葬礼，并且要加上鼓吹之乐。但是此事遭到了主管丧事的太常卿的反对，他的理由是妇人葬礼不合加鼓吹之乐，唐高祖很恼火，他说："鼓吹，军乐也。公主亲执金鼓，兴义兵以辅成大业，岂与常妇人比乎！"（《资治通鉴》卷一九○）于是在他的坚持下，公主的葬礼按照军礼进行，这是对这位女将军短暂而辉煌的一生的致敬。

就在此时传来一个好消息，使得唐高祖的丧女之痛稍稍得到慰藉，那就是幽州罗艺入京了。

罗艺本是河北地区的军阀，河北地区势力最大的军阀当然是窦建德，而罗艺就一直在窦建德、高开道等军阀之间求生存，与他们互有攻伐。武德三年他主动降唐，唐高祖大喜过望，封他为燕王，赐姓李氏。彼时天下形势并不明朗，窦建德、王世充等人势力正盛，罗艺选择投降李唐，就是为了给自己找一个靠山，否则自己孤悬于河北北部，早晚被窦建德或者高开道等人吃掉。有了李唐的支持，罗艺就有了策应，让窦建德等人有后顾之忧。当然，事实证明他的选择很正确，很有眼光，但不得不说多少也有政治赌博赌赢了的意味。

此后，罗艺打着唐军的旗号与窦建德、高开道等人周旋。此人骁勇善战，而且颇有计谋，再加上手下有薛万彻、薛万钧这样的骁将，所以并不落下风，并为唐朝立下了汗马功劳。此阶段内他的事迹在前面已经提过，这里就不再说了。

现在窦建德已经败亡，而刘黑闼也在不久前被平定，罗艺也就选择在此时入长安，为什么呢？

其实他的心态和杜伏威一样，虽然名义上早已归降，但是与唐朝政权之间的关系十分微妙。在唐政权的眼睛里，他们毕竟是军阀，也是统一的对象；而他们都知道自己的实力不足以与如日中天的唐朝相对抗，所以都选择了入朝，以打消唐朝对自己的戒心。

在整个武德年间，罗艺都比较安静，还曾经奉唐高祖命令率军在泾州抵御突厥。罗艺出色地完成了任务，因为当年在幽州的时候他没少和突厥打交道，有着丰富的对付突厥的经验。

但是，到了贞观时期，罗艺却造反了，这是怎么回事呢？

这事还要从头说起。罗艺在河北地区曾先后配合过秦王李世民和太子李建成。而最后他成了太子李建成的人，能够主动入长安，也与李建成的劝告密切相关。这当然就是前面我们所说的，太子借着平定刘黑闼的机会在河北发展自己的势力的结果，可是这也就成了罗艺降而复叛的一个重要的原因——因为他曾是李建成的人，所以玄武门事变后越发不自安。其实唐太宗还是很想笼络他的，就在唐太宗即位后一个月，即武德九年（626年）十月，大封建国功臣，而且拟定的功臣名单很有意思，一共四十三人，以太上皇在位时候的首席大臣裴寂为第一名，大多数太上皇的老臣都得到封赏，其中也包括罗艺，罗艺一共获得一千二百封户，和唐高祖的女婿、平阳公主的夫君柴绍相当。唐太宗明显是想以此表达自己的善意，稳定当时微妙的局势。

但是，此时罗艺却担心不已，为什么呢？因为他曾经冒犯过唐太宗。那是他刚刚入长安不久的事情。他是带着部队来的，秦王李世民的手下来到他的军营，不知道什么原因遭到了他的羞辱，这事情闹得不小，曾经引发唐高祖勃然大怒，甚至将罗艺关押起来。不久因为突厥入侵，这才把他释放出来戴罪立功。

这件事可以说是罗艺的一大心病，尤其是玄武门事变发生后。罗艺虽然不是直接当事人，内心却受到了极大的冲击，十分不安。

那么他为何此前对李世民如此不恭？

首先，错误估计形势。他知道李建成与李世民之间的矛盾，而自己在河北成了太子的人，所以一定要有所表现，向太子表忠心，所以才采取了这样的不理智的态度。

其次，性格使然。罗艺的性格桀骜不驯，而且屡次以下犯上。此人出身将门，父亲曾是隋朝四品武将，自己从青少年时代就以武艺而著称，尤其擅长使用马槊，并且屡立战功，因此，他很受隋炀帝的器重，所以特别骄傲，把谁都不放在眼里。《新唐书》说他"负其功，且贵重不少屈"，意思是自负功高，所以很矜持，受不了任何委屈。

早年间他在幽州的时候，曾经是隋朝大将李景的部下，就因为这个性格，与李景闹得不可开交。他很骄傲，可是要知道李景也不是等闲之辈。其一，从年龄上来说，李景可以做罗艺的父亲；其二，李景也是一员名将，从北周时期就屡建战功，曾经参与北周平定北齐，杨坚讨伐尉迟迥，隋朝灭陈、伐辽东等大战，深孚众望，甚至于他去世后连契丹、靺鞨人都扼腕叹息。

在隋末战乱中，李景坚守幽州，多次击败各种武装力量对幽州的侵扰。后来幽州周边环境越来越糟糕，李景为了以防万一，开始在本地招募壮士从军。可是罗艺偏偏与李景关系不睦，他曾经向隋炀帝秘密举报李景，说李景招募壮士是想谋反。这场告御状的结果却令罗艺失望，隋炀帝根本不信，还特地派遣李景的儿子来到幽州跟李景说："纵人言公窥天阙、据京都，吾无疑也。"（《册府元龟》卷九九）这使得罗艺闹了一个下不来台。罗艺就是这么个人，刚愎自用，而且也不会隐忍，一切都放在脸上。

再次，傲视李世民。我们可以换位思考一下，从罗艺的角度体会一下他的思想。李世民毫无疑问是建国战争中的第一功臣，既可以冲锋陷阵，也可以运筹帷幄，这是公认的事实。但是对于罗艺这种性格的人来说，只相信眼见为实，此前他一直是孤军奋战，在平定刘黑闼的过程中才与唐军有了配合。刚开始是与秦王李世民，可是这一战李世民的表现实在是不佳，叛军一再死灰复燃，而且李世民当时对河北采取的政治政策也比较笨拙，与此形成强烈对照的是李建成。李建成的河北之战打得实在漂亮，政治和军事双管齐下，不仅彻底荡平了刘黑闼，而且表现得礼贤下士，在河北地区赢得了广泛的赞誉。可以说罗艺非常服气李建成，相反比较轻视李世民，所以他就死心塌地跟着李建成了，因此出现侮辱李世民部下的事情也就毫不奇怪了。

我们说罗艺是李建成的人，不仅体现为他本人对李建成死心塌地，而且还体现在他的铁杆干将薛万彻也成了太子李建成的心腹爱将，并且在玄武门事变中扮演了重要的角色。

薛万彻号称"万人敌"，罗艺能在河北站稳脚跟，全靠薛万彻、薛万钧兄弟两个奋力打拼。归唐之后，太子李建成觉得薛万彻是个不可多得的猛将，于是将其收入麾下。后来又安排他到齐王李元吉手下做了齐王府副护军。当时太子李建成和齐王李元吉是一党，为了对付秦王李世民，他们在私底下招募壮士组成了私人军队，号称"长林军"，人数可能多达数千，而薛万彻等人就成了这支军队的领导者。

事变爆发这一天，秦王李世民带领数名心腹在玄武门内诛杀李建成和李元吉，消息传到东宫和齐王府，薛万彻率先冲了出来，和冯立、谢叔方率东宫、齐府精兵两千人猛攻玄武门，要搭救太子和齐王。而此事可能牵涉到另一位著名将领——秦琼。

很多人有疑问，李世民带入玄武门一共几个人？九个，很明确，《旧唐书》的《长孙无忌传》《张公瑾传》《隐太子建成传》都记载共九个人。哪九个？经过分析，学界认为有尉迟敬德、侯君集、张公瑾、刘师立、公孙武达、独孤彦云、杜君绰、郑仁泰、李孟尝，没有秦琼。这么一员猛将，为何李世民不带着他？《旧唐书·秦叔宝传》明明白白说"六月四日，从诛建成、元吉"，怎么解释？

　　这么重要的事情，秦琼当然会参与，只是他应该不在刚开始进门的那九人之中。他在事变中的具体位置史籍没有详尽记载，可以推想，李世民带进门的虽然只有九个人，但是太子和齐王有私蓄的武装，冯立、薛万彻、谢叔方等都是些万人敌，所以李世民一定带来了更多的人预防他们，只是没有全部进门。《资治通鉴》记载说太子李建成被射死、李世民追击李元吉的时候，尉迟敬德带了七十人紧跟而来，这七十人从哪里冒出来的？估计就是原本在门外埋伏，事变一发生，被收买的禁军打开大门，这些人就冲进来了，可见带来的人不算少。

　　我推测秦琼埋伏在门外，这不是说他不重要，反倒强调了他的重要性。为啥？因为杀太子和齐王有尉迟敬德等人就够了，门外更重要，需要强力人物镇守。果然，太子和齐王刚被杀，薛万彻等就赶来了，而且兵力超过了秦王的人和玄武门禁军的总数。双方在玄武门下展开激烈战斗，估计秦琼就在这个战场上，李世民给他的任务就是对付太子这边冯立、薛万彻等人。当时战况非常激烈，禁军两名将领阵亡，但是仰仗着宫墙高厚，薛万彻等人又没有带什么攻城设备，所以还能守得住。

　　眼见打不开玄武门，薛万彻等人立即大喊着要调动部队去攻打秦王府，而秦王府里还有长孙氏和房玄龄等谋臣，老窝被端了可不得了。此时李建成和李元吉都被杀死了，尉迟敬德把太子的头出示给敌人看，太子党这边的人才一哄而散。薛万彻悲愤万分，但是又无可奈何，只好带着几个部下逃到了终南山里。

　　李世民则在此时主动向他伸出了橄榄枝，说他是忠于职守，无可怪罪，并且派人进山找到他，善加抚慰，薛万彻这才走出山来，投降了李世民。

李世民很欣赏薛万彻，觉得其人不仅武艺高强，而且性格憨直，可以为我所用，于是拜他为右领军将军，并且把自己的妹妹嫁给了他。但是薛万彻是赳赳武夫，没什么文化，他娶的是丹阳公主。这个丹阳公主有一次听唐太宗跟别人说"薛驸马村气"，意思是土气。这对丹阳公主造成了极大的打击，从此丹阳公主就不喜欢自己这个夫婿，不愿意跟他一个席子上坐着，数月如此。唐太宗听说后笑了：原来是我害得人家夫妻俩不和睦了。于是他就想补救一下。他专门把薛万彻叫来，俩人一块儿下棋，叫"握槊"。握槊又称"双陆棋"，是当时很盛行的一种棋类游戏，下棋的过程当中，他有意输了让公主看，而且还把自己所佩戴的一把刀子输给薛万彻，公主看见之后，心花怒放，回程时候主动招呼驸马坐到车上来。薛万彻后来在战场上为唐朝屡立战功。

薛万彻能成功做到自我转换，可是他的老上级罗艺不行。罗艺其人不仅自负，而且多疑，按理说薛万彻这种太子死党都可以得到赦免和重用，罗艺好好表现也未尝不可，可是他却时刻担心李世民的报复，尤其是长林军中还有他提供的三百人，所以他更加忧虑。唐太宗对他的善意也被他理解为对自己的麻痹，《旧唐书·罗艺传》记载说："太宗即位，拜开府仪同三司，而艺惧不自安。"

惶恐彷徨之余，他就开始求助于巫婆神汉。有个巫师李五戒对他说：您贵色已发。意思是已经有了九五至尊的气象，罗艺竟然受到了鼓舞，决心造反。

此时他的部队还在泾州，于是他声称要在泾州阅兵，将部队从各个驻地集中到了泾州，然后谎称接到密诏，要自己带兵入朝。部下们都蒙在鼓里，被他牵着鼻子走，他直接带着部队到了幽州。幽州的唐朝官员不知道罗艺已经谋反，还按照礼节出城来迎接，罗艺突然发难，占据了幽州城。

消息传到长安，唐太宗立即召开御前会议。罗艺反叛这件事十分严重，这不仅意味着太子党的势力死灰复燃，而且幽州地理位置十分重要，靠近长安，又可通往河西，罗艺可以威胁长安，也可以远投突厥。局势变得十分复杂，于是他立即部署对幽州的讨伐。拍板决定，派出两个重磅级人物担负指挥任务，一个是长孙无忌，另一个是尉迟敬德。

就在唐军积极准备的时候，传来一个消息——罗艺被杀了。原来，罗艺的部下赵慈皓、杨岌不想跟着罗艺造反，私底下商量要抓住罗艺献给唐太宗。这件事被罗艺知道了，他来个先下手为强，将赵慈皓抓住投入监狱，但是此时杨岌不在城内，在城外带领部队行军，听说赵慈皓被抓，杨岌当机立断，立即鼓动部队反水，攻打幽州。罗艺眼看守不住城池，不得不丢妻弃子，带领着几百个骑兵逃出城外，思前想后实在是走投无路，于是决定投奔突厥。他们过宁州，又过乌氏驿。一路上风声鹤唳狼狈逃窜。很多部下就开始有自己的盘算了——我们凭什么跟着罗艺亡命呢？于是很多人悄悄溜走，最后罗艺身边只剩下几个人，而这几个人最后一合计，下定决心动手，杀死了罗艺，然后带着他的头回来自首。唐太宗下令将其头挂在市场上以示惩罚。

这里顺便说一下跟罗艺密切相关的一个历史传说，这个传说在中国可谓家喻户晓，尤其是喜欢听评书的人更加熟悉。传说里罗艺有个儿子叫罗成，骁勇善战，是所谓隋唐好汉中排名第七的人物，与秦琼是表兄弟，精通枪法，相貌英俊，但是不苟言笑，绰号是"冷面寒枪俏罗成"。而且他与秦琼、程咬金等私交甚厚，于贾家楼结义，还曾经帮助瓦岗军攻破长蛇阵、铜旗阵，在扬州参加反王大会，夺得比武状元魁。后来遭到李建成陷害，死于刘黑闼之手。

故事很生动，但历史上没有罗成这个人，他纯粹是小说家虚构出来的，明末清初作家袁于令写了本小说《隋文遗史》，说罗艺是北齐大将，北齐国破，不肯事隋，占据了幽州，还联合突厥对抗隋朝。隋军攻打幽州不成，不得不将幽州割让给了罗艺。罗艺手下有雄兵十万，还有个骁勇无敌的儿子罗成，后来的《隋唐演义》一书就是在《隋文遗史》的基础上发挥而成的。

由于《隋唐演义》影响巨大，罗成"美男子+悍将"的身份设置又十分受欢迎，很多人误以为罗成确有其人，但他就是个文学形象，而且袁于令等人的创作原型极有可能是罗士信。罗士信姓罗，而且他的确和秦琼关系特别好，并且是个少年将军，参加过瓦岗军，威震敌胆，而且最后也是死于刘黑闼之手。从哪个角度来看，罗士信都是罗成的原型。只是有一点——罗士信和罗艺没有任何关系。

罗艺之死揭示了另一个重要的问题——唐朝的建国战争虽然已经接近尾声，但是突厥的威胁却依旧存在。唐朝的敌人几乎都和突厥有关系，而且敌人们走投无路的时候往往也第一时间想起突厥来。直至此时，突厥还在支持李唐的敌人负隅顽抗，那么这个被支持的敌人是谁呢？李唐将如何应对？

【三十四】

最后的胜利

对于唐朝来说，有一个问题贯穿于整个建国战争，令他们如鲠在喉，那就是突厥对各路割据力量的支持。而唐朝建国战争就是以对突厥所支持的梁师都的最后一击宣告结束的。

突厥自打崛起以来，一直是北方草原的霸主。早在北朝的时候，它就公开同时操纵北齐和北周，意图追求一种平衡，维持中原分崩离析的局面。隋朝统一后，通过军事和政治策略的双重手段，使得突厥暂时臣服于自己。随着隋末动乱的展开，东突厥再次崛起，并且敢在雁门关包围隋炀帝，到了李渊在太原举兵的时候，形势已经发展到李渊不得不臣服于突厥的地步。那时几乎所有的北方武装力量都或多或少与突厥有关系，《新唐书》说："隋大业之乱，始毕可汗咄吉嗣立，华人多往依之，契丹、室韦、吐谷浑、高昌皆役属，窦建德、薛举、刘武周、梁师都、李轨、王世充等倔起虎视，悉臣尊之。控弦且百万，戎狄炽强，古未有也。"突厥又回到了当年操控北齐、北周的那种好日子。

随着李唐建国战争的顺利进行，突厥越发不安。他们不愿意看到一个强大的统一政权出现在长城以南，所以时不时有各种小动作。而李渊此前虽然称臣于突厥，但实际上只是避免他们不要对自己掣肘即可，并非真就死心塌地追随突厥。后来的战争期间，突厥时不时派兵入侵内地，或者明里暗里扶持唐朝的敌人；而唐朝的敌人一旦战败，首先就想到跑到突厥去避难求援，比如刘武周、宋金刚、刘黑闼，比如本文的主人公梁师都。

　　梁师都，唐朝建国战争的最后一个敌人。他这个人有个特点，与突厥的关系最为紧密，虽然当时北方各路武装力量都和突厥有瓜葛，但都不如他那么紧密。一则是因为他的地盘主要在朔方、雕阴、弘化、延安等地，也就是说是今天陕北到宁夏一带，靠近突厥，有地理之利。二则是因为他的地盘虽然不算小，但是地广人稀，实力远不如其他武装力量，所以想站稳脚跟就必须抱住突厥的大腿。

　　对突厥来说，梁师都的地盘简直是个宝。当时中原政治核心在长安，而有了梁师都在陕北的策应，河套地区以南便畅通无阻，突厥骑兵可以轻松越过陕北高原一路南下，直接威胁长安。因此突厥很重视梁师都，给予梁师都的待遇与刘武周基本相当。当时梁师都自立为帝，国号为梁，年号为永隆。突厥始毕可汗送他狼头大纛，并赐给"大度毗伽可汗""解事天子"的称号。几乎与此同时，始毕可汗赐给刘武周以"定杨可汗"的称号，这两个人，一个在黄河以西，一个在黄河以东，成了突厥的左膀右臂。

　　梁师都一高兴，引导突厥兵马占据河套以南，攻占了盐川郡。对于唐朝来说，梁师都虽然实力并不算强大，但是他背后的突厥力量却不能不重视，所以一定要坚决反击。

　　武德二年，唐高祖派遣段德操为延州总管，率军反击梁师都。双方在野猪岭展开大战，段德操使用了正面按兵不动、以轻骑兵背后迂回攻击的策略，梁师都大败，向北逃亡二百余里。不久，他又纠集了步骑兵五千人再次来犯，再次被段德操击败，而且这次很惨，几乎是全军覆没，梁师都带领少数亲信逃走了。

几次接战，梁师都均失败，他意识到如果单打独斗根本不是唐朝的对手，还是必须抱住突厥大腿。

也就在此时，传来了刘武周被击败的消息。要知道刘武周的实力在梁师都之上，甚至一度打得唐军在河东地区站不住脚跟，可就是这样的雄厚力量也难免失败，梁师都觉得十分胆寒。不仅是他，他手下的将领们也都开始为个人前途考虑了，手下有大将接二连三投降唐朝。梁师都极度焦虑，必须想办法挽救局面。

他劝突厥处罗可汗说：前些时日群雄并起，分为数国，无人有实力能抗衡突厥，所以才依附于突厥。现在刘武周失败了，唐朝实力迅速增长，下一步可能就是要灭我了。假如我被唐朝消灭，那么唇亡齿寒，下一步可就是可汗您了。希望可汗能效法当年北魏孝文帝征南齐，亲率大军南下，我当为向导。

处罗可汗听了觉得有理，于是开始军事部署：一路由陕北南下，与梁师都配合；另一路向太原，这一路军队主要护送隋炀帝杨广之孙杨政道，此人是齐王杨暕儿子，江都事变后落到宇文化及手里，后来又到了窦建德手里，又被处罗可汗要了去。他要杨政道的目的就是培养一个傀儡，一个隋朝皇室的嫡系子弟。再一路联合奚、契丹、靺鞨向幽州进发，与窦建德配合。假如三路大军真的大举南下，对于唐朝来说自然是一个极大的威胁。但是唐朝的运气就是这么好，一个戏剧化的事件使得局势一下子得以扭转。

什么戏剧化事件呢？处罗可汗暴毙，而且他的死很蹊跷。史料中有两种说法：一种说法是处罗可汗突然得病，义成公主给他吃了五石散，导致他发疽而死。第二种说法是唐高祖听说处罗可汗要与梁师都、刘武周等联手，于是派来使臣郑元璹与之谈判。就在谈判期间处罗可汗暴毙，以至于手下有人怀疑元璹投毒，将其囚禁起来，可是又找不到过硬的证据，一直到颉利可汗即位，唐高祖答应与之通婚，这才换取

元璹持节使颉利

（《新刊徐文长先生评唐传演义》明熊大木著　明万历四十八年武林藏珠馆刊本）

郑元璹归来。唐高祖夸赞郑元璹堪比苏武、张骞。

吊诡的是，这两种说法都来自《新唐书》。一本史书里怎么有两种死因呢？揣摩两种说法，可以感觉到，所谓郑元璹投毒，不过是突厥人的无端怀疑，唐高祖也绝对不会在这个关键时刻用政治斗争中最下三烂的招数去刺激东突厥，如果那样做，可能反倒招来更猛的报复。最后突厥人也没杀郑元璹，可见自己人也没有能认定这种说法。而义成公主喂五石散这件事则可能是突厥人最后调查的结果。五石散的成分里有很多重金属，隋唐时期很多人都死于此物，当然，要说义成公主是有意毒死处罗可汗也是冤枉她了，她是真心相信五石散有效的，当时很多人迷信这个。而且此时处罗可汗正意图重新扶植隋朝宗室，义成公主高兴还来不

及，怎么会有意害夫君呢？

处罗可汗之死使得唐朝稍微松了一口气，但是梁师都这个钉子一日不拔，长安的北面就一日不安宁。所以唐高祖等到局势稍微稳定，再次派出段德操攻打梁师都的战略据点石堡城，梁师都率军来救援，而段德操的真实目的在于围城打援。这一仗梁师都再次败在了段德操手下，最后总共剩下十六名骑兵跟着梁师都逃走了。段德操趁势率领大军追击，唐高祖也派来了援军，他们要拔掉梁师都的大本营夏州。

夏州治所在统万城，这是十六国时期大夏国赫连勃勃建起来的一座城，位于今陕西省靖边县境内。

这座城十分坚固，根据《晋书》的记载，当时赫连勃勃采取了极其残酷的监工方式，夯土完成后，要用锥子来刺，如果能刺入一寸，那么工匠就要被当场杀死。所以这座城坚固异常，用常

统万城遗址

规手段很难攻破。右面是这座城
的平面考古复原图。

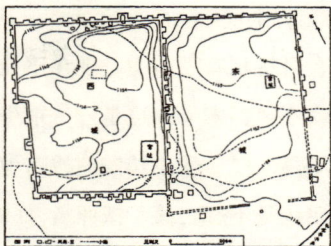

统万城遗址实测图（来源于 1981 年
《考古》第 5 期《统万城城址勘测记》）

可以看到这座城分为东西两
部分，当时唐军奋力攻打，终于
攻破东城，紧跟着围攻西城。梁
师都困兽犹斗，奋力抵抗，加上
城墙坚固，所以唐军一时间进展
缓慢。也就在此时，突厥颉利可汗派遣一万余骑兵来救援，唐军
顿于坚城之下难以取得进展，而敌人援军又要到来，唐高祖思前
想后，最终决定招段德操班师。这次攻势可谓无果而终。

梁师都依靠突厥兵又一次渡过难关，十分得意。得意之余，
他又开始了"作"。当时稽胡大帅刘仚成也与唐朝为敌，来投靠
梁师都，意思是抱团取暖。但是梁师都看稽胡人多，又听信了谗
言，竟然产生了杀心，将刘仚成杀死。这不仅使得稽胡畏惧，他
自己的部下也都开始人心惶惶，很多人投降了唐朝。

眼见局势不利，梁师都又祭出了他的法宝——求助于突厥。
他开始频繁怂恿突厥入侵，想让唐朝应接不暇，无力来打他。从
此以后突厥就经常从河套这个方向侵扰唐朝腹地，威胁唐朝安
全："自此频致突厥之寇，边州略无宁岁。"（《旧唐书》卷五六
《梁师都传》）

期间，突厥有两次最具威胁的入侵。

一次是武德七年八月，突厥颉利、突利二可汗举全国之兵南
下，一直打到豳州以南，此地距离长安不过三百余里，严重威胁
到了长安的安全。在此之前，由于突厥屡屡入侵，唐高祖李渊已

经非常不安，有人劝说他：突厥频繁入侵，都是因为长安的子女金帛特别有吸引力，现在不如放弃长安，迁都到别的地方，敌人就不会再来了。这是一个很愚蠢的建议，先不说突厥是否会因此不再入侵，就说长安的战略地理价值也是不可替代的，主动放弃实在是不智之甚。按照后来的官方史料记载，唐高祖真的开始犹豫，李建成、李元吉等都赞成，并且派人到秦岭以南寻找合适的定都地点。

只有秦王李世民挺身而出加以反对，并且提出隐忍一段时间，以后他一定会生擒颉利可汗。据说因此还遭到了李建成等人的嘲弄，并且说他是欲借抵御突厥给自己积攒权力。此事出于官方史料，真假已经难以判断。但突厥威胁性之大还是可以感受到的。

秦王承诏征突厥
（《新刊徐文长先生评唐传演义》明熊大木著 明万历四十八年武林藏珠馆刊本）

这次突厥二可汗联手入侵，唐高祖还是把抵御的重任交给了秦王李世民和齐王李元吉。

李世民等人率军星夜兼程赶往战场，在五陇阪遭遇敌军。李世民只率领百余骑兵前往阵前，对着颉利可汗高喊：我唐与突厥有盟约，为何背约入侵？可汗要是能打，就请出来和我决斗，如果不敢单挑，那我就用这一百余人对抗你们突厥大军！李世民深知突厥内部矛盾重重，想挑拨两个可汗之间的矛盾，所以转而又对着突利可汗喊话：你以往与我有香火之情，为何此时引兵来攻？所谓香火之情就是拜把子兄弟的意思，突利可汗听了一言不发，可能是真有其事，或者是不知道怎么作答，因为此时怎么作答都会引起颉利可汗疑心。可是突利可汗不吭声，颉利可汗心里照样敲鼓了。他以前并不知道突利可汗与李世民的关系，疑心突利可汗会不会在关键时刻撒手不管甚至谋害自己，所以更不敢贸然进攻，只笑着对李世民说：我没有别的意思，只是来与贵方申固盟约罢了。

紧跟着天降大雨。李世民对手下说：突厥作战仰仗的是弓箭，现在大雨，弓箭开胶，我们仰仗的是刀剑之利，现在正是时候！

看到这里您以为唐军会趁雨突击大败突厥吗？并非如此，唐军的确突前，敌军大惊，但是李世民并没有趁势进攻，而是派人再度与突厥突利可汗谈判。突利可汗率先表示不愿与唐为敌，颉利可汗最后也没有办法，与李世民达成协议而撤军。

至于是什么协议，武德九年突厥再次入侵的时候，李世民曾斥责突厥使者执失思力说："吾与汝可汗面结和亲，赠遗金帛，前后无算。汝可汗自负盟约，引兵深入，于我无愧！"（《资治通鉴》卷一九一）看来当时答应的条件是和亲、赠送大量财宝。由此可见，当时李世民也无实力与突厥决战，只能采取以前中原王朝应付突厥的方式。所以说武德七年这次突厥入侵，给唐朝留下的依旧是屈辱。

武德九年秋，突厥再次大举入侵，号称百万。颉利可汗率军一直打到长安以北的渭水岸边，距离长安只有咫尺之遥，而且他选择的这个时机实在是太微妙了。此时玄武门事变已经发生，唐太宗刚刚接受父亲的传位，登上大宝，而突厥就选择在此时入侵，这对于唐太宗来说当然是个重大的挑衅。

当时突厥仰仗着梁师都的引导和骑兵的快速机动能力迅速来到长安以北，唐军根本来不及集结大部队。李世民决定冒险，仅率领房玄龄等少数亲信直奔渭河，在渭河岸边与颉利可汗面对面对话，说了什么，史料没有明确的记载，但可以想见的是又答应了不少屈辱的条件，所以官方史料才回避详细内容。此时唐军大部队陆续赶到，烟尘蔽日，颉利可汗决定就此撤军。唐与突厥在便桥举行盟约仪式，突厥撤走。

这次突厥入侵对唐太宗的名望当然是一次重大损伤，尽管史料夸赞唐太宗如何孤胆英雄，如何料敌如神，但不可否认的是，这就是一次城下之盟。突厥对唐朝的威胁可谓越来越大，这是新皇帝李世民亟待解决的问题。

要解决突厥问题，必须先解决梁师都。正是他敞开了河套地区，使得突厥入侵毫无阻碍；也正是他多次怂恿突厥，甚至提供向导，严重威胁长安安全。此时唐朝的敌人已经全部被消灭，只剩下他一个在负隅顽抗。因此，唐太宗决定兵锋直指梁师都，要消灭这个建国战争中最后的敌人。

唐军积极准备，并且多管齐下。派遣小股部队不断骚扰梁师都地盘；在庄稼成熟之前以骑兵践踏粮田，导致梁师都缺粮；凡是抓获的梁师都的人都放还，目的是让梁师都对这些人起疑心，离间他与手下的关系。梁师都内部有将领想抓住梁师都献给唐朝，结果计划泄露，这些部将逃到了李唐这边。

梁师都眼看朝不保夕。就在此时，颉利可汗派遣使者来到长安，提出以梁师都交换逃到唐朝的契丹酋长。此时突厥连年遭遇部落叛乱，已经有些力不从心，所以想牺牲梁师都来铲除契丹，唐太宗没有答应，而且颉利可汗这番要求坚定了唐太宗消灭梁师都的决心——突厥已经开始抛弃梁师都了。

贞观二年（628年），唐军发动了建国战争的最后一战。右卫大将军柴绍、殿中少监薛万均率军出征。突厥听说消息又派遣大军来救，在距离统万城数十里的地方，唐军与突厥军队遭遇，唐军大举进攻，突厥大败逃走，而唐军趁势围城猛攻。梁师都率军拼死抵抗。不久城中粮食吃光了，人心惶惶。梁师都的亲戚将梁师都杀死，举城投降。至此，唐朝建国战争取得了最后的胜利，唐朝以统万城为夏州治所，然后大军凯旋。

当然，消灭梁师都的目的在于消灭突厥。就在第二年，也就是贞观三年（629年），机会来了。突厥遭遇了双重打击：一方面颉利可汗镇压部落叛乱失败；另一方面遭遇天灾，游牧经济特别容易受天灾打击，当时发生了雪灾，牛羊大量死亡，突厥人陷入了绝境。其时，突厥饿到了什么地步？将雪层下面死了的牛羊的骨头挖出来磨成粉喝掉，突厥牌壮骨冲剂，就已困窘到这个地步。

唐太宗意识到千载难逢的机会来了，于是他拜李靖和李世勣为将，倾全力攻打突厥。

李靖先是击败了突利可汗，然后一方面四处略地，一方面又派人在草原上大行离间计。不断有突厥所部来投降，李靖仍然不肯轻易罢休，他意识到突厥此时是最虚弱的时候，假如放过他们，来年水草丰美之后他们就死灰复燃了。

李靖精选了一万骑兵，带上二十天的干粮，星夜兼程，深入草原，直扑突厥大营。路上凡是遇到突厥零星人马一律俘虏，带着走，免得他们去报信。颉利可汗一直到李靖骑兵距离他大帐十几里的地方才发现，此时组织人马为时已晚，于是他只身逃跑。李靖冲进营地，突厥人纷纷归降，俘虏多达十余万人。不多久，颉利可汗也被俘虏，并被押解往长安。

消息传到长安，举国欢庆。唐太宗和太上皇一起喝得大醉，太宗还借着高兴劲跳了一场舞。应该这么说，平定东突厥是唐朝前期最辉煌的胜利，一个心腹大患被铲除，而且威震整个东亚和中亚，奠定了唐朝东亚领袖地位的基础。最终，唐太宗被各国酋长拥立为"天可汗"也与此事直接相关。唐朝用这个方式为建国战争画上了一个圆满的句号。

盛世序幕

唐朝通过艰苦卓绝的斗争建立起来了。唐朝是历史上与汉朝比肩的令人魂牵梦绕的时代。中国人对历史上各个朝代的评价标准无非是两个字——富强。而汉朝和唐朝在这两个方面做得比较均衡，所以经常让国人感怀。

但是作为一个现代人，我们评价一个时代必须有现代的眼光，不能沉浸在关心帝王将相、权谋战争的旧思维中。一个时代对历史有什么促进作用，对人类文化有什么样的贡献，留下了哪些积极因素，这才是更值得关注的。

陈寅恪先生曾这样评价唐朝："唐代之史可分前后两期。前期结束南北朝相承之旧局面，后期开启赵宋以降之新局面，关于政治、社会、经济者如此，关于文化学术者莫不如此。"（《论韩愈》）

唐朝就是一个承上启下的时代，它的盛世固然令人魂牵梦绕，但更重要的是，它是中国历史的一个重要转折期。这体现在它的继承与发展两个方面。

唐朝继承了隋朝的优点，又注意避免其缺陷，为王朝的繁荣奠定了基础。继承的一面都有哪些体现呢？

其一，继承了开放包容的大趋势。

任何一个民族或者国家的发展都不可能与世界隔绝。中国作为欧亚大陆的东端，一方面自身文化向外辐射，一方面又不断汲取各个国家或者各个民族的智慧与文化。唐朝的文化特质之一就是开放包容，各种文化、各种人种、各种民族在唐代都有机融合在一起，大大促进了唐朝的发展。必须指出，这种大趋势早在魏晋南北朝就已经出现，隋朝时期已经基本成型，唐朝是继承了前代的发展。魏晋南北朝虽然是个动乱的时期，但并不是一无是处：民族之间有战争、有仇恨，但是也有融合；文化在发展，各种典章制度、法律也在逐步完善，唐朝继承了其中很多积极因素。唐朝皇室自己就有少数民族血统，文化特质又是鲁迅所说的"拿来主义"，所以在开放包容方面成了中国古代史上的一座丰碑。

其二，继承大运河。

隋朝虽然二世而亡，但隋炀帝绝非等闲之辈，而是一个雄才大略的君主，具有极强的战略前瞻性。

他率先意识到了中国经济重心正在南移的历史大趋势，所以新建洛阳城，开凿大运河，都是为了适应这个历史大趋势，这个眼光可以说领先当时人百年以上。中国经济重心的南移从魏晋南北朝开始，到了南宋彻底完成，而隋唐时期恰恰是转折期的关键。隋文帝时期曾经多次出现关中地区不堪重负、粮食不够吃的局面，隋文帝甚至曾经率领百官、后宫前往洛阳暂寓，被称为"天子就食"。而隋炀帝的大运河绝不是为了什么游乐而开凿，它是为了将中国的经济重心与政治重心有机结合而修建的，战略意义十分重大。一直到元代建都于大都的时候，还不忘修建一条京杭大运河取代隋唐大运河，可见运河的意义之重大。唐朝在这方面完全继承了隋朝的遗产。

其三，继承了对关陇集团势力稀释的思想。

隋炀帝率先意识到了关陇集团的局限性，所以急于打破关陇集团对政权的垄断。他从大业二年开始的爵位和勋官改革，直接破坏了关陇集团的既得利益，并且在政权中加入大批山东、江南人士。这是为了建立一个适应统一大帝国需求的全国性的中央政治枢纽，而不再是一个照顾地方利益的地方性小集团。唐朝毫无疑问也继承了这一点。李唐出身于关陇集团，而且李渊八柱国后代的身份在建国战争中起到了至关重要的作用，使得他迅速赢取人心，并在各方势力林立的乱局中后来者居上，这与他的关陇贵族身份是密切相关的。唐朝的建立某种程度上是得到了关陇集团的帮助，这是毋庸置疑的。但是唐朝建国之后，随着大量山东人士和江南人士的加入，政权已经逐步开始摆脱关陇集团的地域化色彩，开始向一个大帝国的执政集团方向发展。尤其是唐太宗时期，重臣中已经出现了极多的非关陇身份的人，例如房玄龄、李勣、尉迟敬德、秦琼、程咬金、高士廉、魏徵等等。在选官、任命等各个方面也看不到对关陇集团的特别照顾，关陇集团从此时开始已经逐渐消失。从这点上来说，唐朝，特别是第二位皇帝李世民继承了隋炀帝的政治理想。

其四，继承了科举制。

隋文帝所建立、隋炀帝所继承的科举制度也是影响深远。虽然隋朝自身并没有意识到这个举措的重大历史意义，但是唐朝意识到了，并且把它发扬光大，而这也成为稀释贵族政治影响力、促生官僚政治的一把利器。

魏晋南北朝是贵族政治时代，曹魏时期开始实行九品中正制，延续多年，上品无寒门，下品无士族，北朝时期又是个军功贵族时代，平民百姓很难在政治方面有出头之日。贵族是要照顾家族利益的，而且对皇权会产生掣肘，皇帝有时还不敢拿他们怎么样。有个小故事能充分体现出这一点来。

曹丕还是世子的时候曾经问群臣："君父各有笃疾，有药一丸可救一人，当救君邪，父邪？"（《三国志》裴松之注引《邴原别传》）这就是最早版本的"我和你妈都掉到水里你先救谁"。大臣们众说纷纭。大臣邴原刚开始不吭声，曹丕特地要听他的意见，他站起来大声云："父也！"那时候重门阀，曹氏出浊流，需要贵族门阀大族支持，所以邴原才有这样的底气，而曹丕也不敢为难他。这种事如果搁到明清是难以想象的。为此唐长孺先生专门写过一篇《魏晋南朝的君父先后论》，讨论这个时期"忠"与"孝"哪个更重要的问题。

而科举制的出现是划时代的大事，它可以给所有阶层一个公平竞争的机会，但是隋文帝、隋炀帝都没有意识到它的伟大意义。隋朝科举规模小，与荐举制还有千丝万缕的关系，而唐朝则意识到了科举制的意义所在：它可以维持统治阶级的流动性，给社会各阶层人士以希望，稀释贵族影响力，促进官僚政治。官僚与贵族不一样，官僚没有家族势力可以依靠，除了皇帝没有别的服务对象。所以皇权政治最希望塑造官僚队伍取代贵族政治，而且，通过考试科目的确定，可以让天下读书人都接受官方价值观。一个小故事可以展现唐朝对科举制的认识，《唐摭言》记载说贞观时期某次科举，唐太宗站在端门之上看着天下的举子们络绎不绝进入考场，得意之余说了这样一番话："天下英雄入吾彀中矣！"（《唐摭言》）"彀"原意是弓箭射程，这算是无意中说漏嘴了，意思是你们都上我的道儿了，从此以后都为我所用了。从唐代开始，科举制日渐兴盛，逐渐排挤了其他的选官渠道，到了宋代，宰相绝大多数都出身于进士，那时候科举已经成了当官的最主要途径。从此时开始，官僚政治完全取代了贵族政治，到了明清终于发展到了顶峰。

其五，继承了三省六部制。

魏晋南北朝是官制改变的重要阶段，到了隋代三省六部制基本定型，后来被唐朝所继承。这个制度将行政效率与互相制衡、互相监督的机制结合起来，同时被唐朝所继承。

其六，继承了隋朝的财富。

说了这么多，可以总结为一句话——唐朝的繁荣是建立在隋朝的基础之上的。这里也包括钱财物资。不过这里要澄清一个误解，这个误解在网上非常普遍，说唐朝继承了隋朝很多东西，甚至隋朝的存粮唐朝吃了二十年还没吃完。这是对史料的误解。这个误解出处是《旧唐书·马周传》里马周对唐太宗的一番话："隋家贮洛口仓，而李密因之；东都积布帛，而世充据之；西京府库，亦为国家之用，至今未尽。"的确，第一段话说的是粮食，李密占据洛口仓之后，的确有吃不完的粮食，他以此招兵，短时间聚集数十万人，老百姓来取粮，他也不管，只要背得动就行。中间那段是说占据洛阳的王世充，获得了隋朝储存的大量布帛，王世充还曾以布帛与李密交换粮食。问题在于第三段："西京府库，亦为国家之用，至今未尽。"这里在说什么？——长安城里隋朝囤积的钱财，我朝也在用，至今没有用完。这钱财可能是铜钱，也可能包括布帛，但不会是粮食。为什么？"府"字，《康熙字典》：《礼·曲礼》在府言府，在库言库。注：府谓宝藏财贿之处也。又掌财币之官皆曰府。"这里明确说放钱币的地方叫作"府"。"库"字，《说文解字注》："兵车藏也。此库之本义也。引伸之，凡贮物舍皆曰库。"放杂物的地方叫作"库"。那么两字连在一起是什么意思？"府库"，《国语辞典》："国家储藏财物的处所。"那么放粮食的地方叫什么？叫作"仓"或者"廪"，比如《孟子·梁惠王》："而君之仓廪实，府库充。"在这里"仓廪"和"府库"对应的是不同用途的场所。所以马周说的是，长安城里隋朝留下的钱财，咱们还在用，不是指粮食。从常识来说，粮食不可能储存二十年以上还可以吃。但不管怎么样，马周这段话证明，唐朝不仅继承了隋朝的政治制度和政治理念，还继承了隋朝的不少财富。

虽然隋朝是个极富活力的时代，是个极具创造力的时代，但是由于苛政，老百姓不堪重负，愤然起义，并最终推翻了它。从这点上来说，历史教训也足够大。那么唐朝汲取了哪些教训、发展出哪些认识呢？

其一，爱惜民力。

隋炀帝最糟糕的一点在于他的执行力。他虽然有许多极具前瞻性的顶层设计，但是在具体执行的时候不计成本，也不考虑老百姓的承受能力，并且急于将所有的事业朝夕完成，因此出现了民众不堪重负的现象，据记载，当时很多百姓为了逃避徭役和兵役，不惜自残手足。他把个人伟业建立在老百姓的痛苦之上，灭亡指日可待。而唐太宗则是这一切的见证人、亲历者，他对于民众力量的巨大有了切实的感受，所以日后才有了那句"水能载舟亦能覆舟"的名言。这句话不是一句虚话，是在经历了血雨腥风的残酷战争之后的领悟。所以唐朝从建国之初就注意与民休息。比如要修建洛阳宫，预算不足就放弃。唐朝皇帝个人生活也比较节俭，唐太宗身患气疾，大臣们纷纷说太极宫低洼潮湿，最好修建一座高台居住。唐太宗予以拒绝，说：我要学习汉文帝，不能为一己私利随意滥用民力。再加上唐朝不像隋朝爱搞"花活"，所以唐朝的国力是"包子有肉不在褶上"，以至于高昌国国王麴文泰在隋朝时期来过内地，唐太宗时期又来到内地，得出一个结论——唐朝国力差隋朝远矣。当然，这起码部分合乎事实，唐朝的财力的确不如隋朝，但是这同时也是一个误判，他没有看到唐朝与民休息的用意和这背后蕴藏的巨大的积极意义。

其二，虚心纳谏。

隋炀帝个性中也有极端的倾向，极容易亢奋，又容易颓废，缺乏应对复杂形势的能力。而且他刚愎自用，文过饰非，这一点也被唐高祖、唐太宗看在眼里，他们从建国之初就一直在刻意避免成为这样的皇帝。唐太宗虚心纳谏的故事众所周知，从某种程度上来说这也是汲取隋朝教训的结果。

其三，遵循法度。

隋炀帝行政的随意性很大，虽然隋朝也有较为完备的法律制度，但是隋炀帝经常视法律如无物。当然，这个不好的风气从隋文帝时期就已经有苗头了，隋文帝在开皇十七年（597年）曾经下诏允许律外斟酌决杖，这就是跳出原有法律体系，给了皇帝更大的自由裁量处罚权。他的法杖还特别粗，打三十下顶得上以前法杖打上百下，所以经常有被当场打死者。到了晚年甚至规定，有盗窃一钱以上者斩首。表面看起来严刑峻法，刑乱邦用重典，带来的结果则是官员都把法律放在一边，滥用刑罚，引发了极大的民愤。以致发生百姓劫持官员，不为钱不为利，只为了让他转告皇上：自古以来没有如此严酷的法律。隋文帝听了才稍稍醒悟。

隋炀帝即位之初曾经想改变父亲法律过于严酷的弊端，但是好景不长，不多久他自己就开始了破坏法治的举措，而且愈演愈烈，经常滥杀无辜，还恢复了车裂等酷刑。杨玄感叛乱被镇压后，隋炀帝派遣酷吏一口气杀了三万多人，其中半数以上是无辜者，甚至于接受过杨玄感开仓赈济的贫民也被大批杀害。

这些都被李渊和李世民看在眼里，所以他们总是注意不要让自己的行为超出法律之外。比如贞观三年濮州刺史庞相寿犯了贪污罪被解除官职，此人曾经是秦王府旧将，所以向皇帝求情，请求官复原职。唐太宗心生怜悯，想赦免了他，但是魏徵对此坚决反对。魏徵说：您的旧部下很多，如果今日不依法办事，以后人人都将有恃无恐，肆意妄为。唐太宗幡然醒悟，他说：我已经不是秦王，而是四海君主，再不能有这种照顾部下的思想。于是接受了魏徵的规劝。唐朝的法制建设是比较成功的，整个行政体制都围绕法令运转，以至于现代学者称唐朝为律令制王朝。

隋朝和秦朝是非常像的，都是旧秩序的破坏者，新秩序的建立者。但是在实行的过程当中都急于求成，并且没有考虑到民众的承受能力，所以都是短促而亡。但是他们所建立的新秩序、新原则却被后世所继承，并且在他们以后都出现了一个盛世。秦朝后面有一个强盛的汉朝，隋朝后面有一个强盛的唐朝，这都不是偶然的。

唐朝建国战争是一次历史的纠错，它摒弃了隋炀帝施政的种种弊端，继承了隋朝的种种优点，促成了唐朝盛世的到来。只是这个过程实在是太过痛苦，代价太过巨大，尤其是整个建国战争的主战场在黄河中下游，这是中国自古以来的核心地带——"白菜心"，战争严重破坏了这里的经济，杀伤了大量人口，还导致很多人变成流民。隋朝鼎盛时期人口估计在六千万以上，到了唐朝建国的时候人口只剩下不到一半。当然，消失的人口一部分是脱离了官府的户籍掌控，变成了流民。但不管怎么样，大量人口死亡是不争的事实，而且城市也在战争中受到了严重的破坏，使得唐朝要用近百年的时间慢慢恢复，一直到唐玄宗开元时期才超越了隋朝的鼎盛时期。

决定整个唐朝建国战争走向的不是帝王将相，而是人民。作为一个农业民族国家，古代的中国人民对于稳定的社会秩序、遵守农时和农业发展规律的朝政是有着内在的渴望的。只要有这样的条件，人民就能发挥出巨大的能量，可是一旦这样的条件遭到破坏，而又没有纠错机制的话，那么他们也会爆发出巨大的愤怒来。虽然文章里我们说到的是各路风云人物，但是他们成功的背后是民众的力量。懂得顺势而为的唐朝笑到了最后，所谓天时、地利、人和，其实，人和是最重要的。